Dieter Thomä

Unter Amerikanern

Eine Lebensart wird besichtigt

W0059574

Verlag C. H. Beck

Die Deutsche Bibliothek – CIP-Einheitsaufnahme

Thomä, Dieter:
Unter Amerikanern : eine Lebensart wird besichtigt /
Dieter Thomä. – Orig.-Ausg. – München : Beck, 2000
  (Beck'sche Reihe ; 1394)
  ISBN 3 406 45934 X

Originalausgabe
ISBN 3 406 45934 X

Umschlagentwurf: +malsy, Bremen
Umschlagabbildung: © gettyone stone, Mark Harris
© Verlag C. H. Beck oHG, München 2000
Gesamtherstellung: C. H. Beck'sche Buchdruckerei, Nördlingen
Printed in Germany

www.beck.de

Für Helmut und Brigitte Thomä
in Dankbarkeit
und als Erinnerung an New Haven (1955/56)
und Washington/Chicago (1950)

„Alle Entwicklungen gehen hier so schnell vor sich", sagte der Onkel, das Gespräch abbrechend.

Franz Kafka („Der Verschollene"/„Amerika")

Die amerikanische Sache ist in einem hohen Maße die Sache der ganzen Menschheit. Viele Ereignisse sind eingetreten und werden eintreten, die nicht von lokaler, sondern von universaler Bedeutung sind; von ihnen sind die Grundsätze aller Freunde der Menschheit berührt, und ihre Neigungen nehmen an deren Ausgang Anteil.

Thomas Paine („Common Sense")

Ich stelle Dir ein Leben dar & nun sieh, wie Du Dich dazu verhältst, ob es Dich reizt (drängt) auch so zu leben, oder welches andere Verhältnis Du dazu gewinnst. Ich möchte gleichsam durch diese Darstellung dein Leben auflockern.

Ludwig Wittgenstein („Tagebücher")

Inhalt

Einleitung

Bewegung

Jay Gatsby wird reich und unglücklich +++ Holly Golightly frühstückt bei Tiffany +++ Donald Trump schaut Videofilme schneller, als sie sind +++ Mindy Turner sucht sich selbst und findet sich nicht +++ Nur wer sich ändert, bleibt sich treu +++ Was ist besser: Überraschung oder Planung? +++ Erfolg, Nonkonformismus und Toleranz +++ Unterschiedenes ist gut +++ Ist Irresein gesund? +++ Schwarze sind weiß, Weiße sind schwarz

Bildung

Schule, Test und Chaos +++ Ein Schüler im Fegefeuer der Eitelkeiten +++ Wie man Kindern ein eigenes Leben schenkt +++ Zur Einmaligkeit verurteilt +++ Die Nacht der nackten Studenten und andere Ausnahmen von der Regel +++ Soldatische Selbstverwirklichung +++ Die Feier zum Anfang des wahren Lebens

Ethik

Wir werden immer besser, jeden Tag ein Stück +++ Besserungsanstalt und Ford-Fabrik +++ und Mietvertrag +++ und Bill Clinton +++ Toleranz und Rigorismus: Jerry Springer und Dr. Laura Schlessinger +++ Ein Bankkonto für Gefühle +++ Ökonomisierte Ethik? Vorbehalte von Nikolaus Lenau, Ferdinand Kürnberger und Max Weber +++ Das getriebene, flexible, beherrschte, bodenlose Leben

Politik

Politik oder Natur? Pariser Salons im Streit um Amerika +++ Die Unabhängig-keitserklärung als Gelegenheitsarbeit +++ Nichts ist so alt wie das Gesetz von gestern +++ Politik per Meinungsumfrage +++ Politik per Klospülung — oder doch nicht? +++ Kalifornische Volksherrschaft +++ Malibu muß brennen! +++ Steht Gott auf der Seite des Volkes? +++ Ich liebe mein Land, aber ich fürchte meine Regierung +++ Derridas Amerika: Wer sind WIR? +++ Die Nation als würdigstes Schauspiel +++ Der Glanz der Gründerväter liegt auf allen

Wohltätigkeit

Das Paradies ist gefunden in Amerika +++ Das verhungerte Baby +++ Sozialhilfe und Selbstvertrauen +++ Die Ich-GmbH +++ Roosevelt gegen Arbeitslosigkeit +++ Sind sie meine Armen? Eine Debatte über Ralph Waldo Emerson, Hippies, Yuppies, Jesus Christus und vergiftete Almosen +++ Selbstvertrauen und schwaches Herz +++ Faule Unterklasse und amerikanischer Traum +++ Arbeit und Wohlfahrt +++ 175 Milliarden Dollar Spenden +++ Platon für Arme +++ Helfen will gelernt sein +++ Was hat Spenden mit Sex gemeinsam?

Geld

Gold, Amerika und ein Schweizer +++ Der Handel als intellektuelle Kraft +++ Geld als Garant des Individualismus? +++ Don Quixote des goldenen Westens +++ Hollywood, Eisenstein und Stalin, Luis Trenker und Goebbels +++ Wer sind die Leitbilder: Geldleute oder Ingenieure? +++ Roosevelt und Wilson streiten ums Geld +++ Die technokratische Mode +++ PS-Propheten mit Reformplan +++ United Shareholders of America +++ Die Geld-Krankheit +++ An sich selbst glauben: Null Dollar +++ Geld − die Glückseligkeit in abstracto

Künstliche Realität

Ein paar Regeln vorab +++ Baseball: im Fernsehen +++ und als Lachnummer +++ Wie im Stadion die virtuelle Realität geschaffen wird +++ Baseball im Weltall +++ Fakten kann man machen +++ Maxim Gorki in Coney Island +++ Rem Koolhaas in Manhattan +++ Martha Rosler in der U-Bahn +++ Matrix im Kino +++ Ein Mörder am Bildschirm: Tote können nicht nerven +++ Ein Yankee an König Arthurs Hof

Geschichte

Häßliches Washington +++ Amerika, du hast es besser (Goethe) +++ Die Lust am Wegwerfen +++ Der Radiergummi im Kopf des Managers +++ Geschichte ist Mumpitz (Henry Ford) +++ Vergessen als amerikanischer Traum +++ Geschichte im Lehrplan +++ Friedrich Nietzsche als Wahlamerikaner +++ Monumentale Vergangenheit mit kleinen Fehlern +++ Walter Benjamin in Texas +++ Der tiefere Sinn des Kaiserschnitts +++ Der kalte Krieg ist vorbei, der nächste Feind ist noch schlimmer

Sachdienliche Hinweise

Einleitung

Sitzen Sie gut? Ja? Dann stehen Sie bitte auf. Nein, nicht stock-
steif stehenbleiben! Lockern Sie sich, bewegen Sie sich. Lesen Sie
im Laufen. Sitzen ist schlecht.

+++

Wenn Sie durch dieses Buch hüpfen wie ein Stein, der, flach über
das Wasser geworfen, an immer neuen Stellen aufspringt, dann
nehmen Sie die Lesehaltung ein, um die es – als Lebenshaltung –
in diesem Buch geht: Sie sind in Bewegung wie *die Amerikaner.*

+++

Ein Gespenst geht um in Europa: das Gespenst Amerikas. Gemeint sind, genauer gesagt, die Vereinigten Staaten, und die Rede
ist von der Amerikanisierung der Alten Welt. Uneins ist man nur
darüber, was man davon halten soll. Die einen verweisen besorgt
auf *fast food,* Kunst als Kommerz, Politik als Schaugeschäft und
auf die *Wall Street* als Weltmacht, die die Reichen reicher und die
Armen ärmer macht. Die anderen schwärmen von *high tech* und
shareholder value; sie können es gar nicht erwarten, die verkru-
steten Verhältnisse in Europa aufzubrechen.

Sie alle scheinen dabei gar nicht zu merken, wie einig sie sich in
ihrem Bild der USA sind. Die einen meinen, Amerika, das Land
des schnellen Geldes, habe nicht viel hervorgebracht, was für Europäer attraktiv sein könnte; sie äußern sich abfällig über das amerikanische Wesen, von dem sie zu wissen meinen, daß es durch
Selbstüberschätzung, Realitätsferne, falsche Freundlichkeit etc.
bestimmt sei. Die anderen preisen das amerikanische Wirtschafts-
wunder, halten sich eben an die vom Geld getriebene Dynamik
und wollen sie auf Technik, Wirtschaft und Politik anwenden.
Während die einen die Platitüden des amerikanischen Lebens
schrecken, werfen sich die anderen furchtlos auf den schnöden
Mammon. Bewunderung und Verachtung lösen sich im Eiltempo
ab. (Manchmal geschieht dies sogar innerhalb einer Person: Der
Soziologe Werner Sombart war zunächst fasziniert von der Dynamik des amerikanischen Kapitalismus, später sah er im *Ameri-*
kanismus eine *Volkskrankheit wie Pest, Cholera, Lepra.*) So oder

9

so ergibt sich ein Bild von einem Land, das in groben Zügen gezeichnet ist, und man streitet sich nur darüber, ob man es mag oder nicht.

Dieses Bild ist falsch. Europa ist verbündet mit einem Land, dessen Verächter es ebenso schlecht zu kennen scheinen wie dessen Verehrer. Mit den Vereinigten Staaten kommt man offenbar leichter ins Geschäft als ins Gespräch. Das ist jammerschade, denn die Lebensformen, die dieses Land hervorgebracht hat, haben das, was man eine gewisse Finesse nennt.

+++

Die Amerika-Verehrer haben vor, einzelne Elemente von drüben zu kopieren, bedenken aber nicht, daß deren Wirkung verfälscht wird, wenn man sie aus dem Originalzusammenhang reißt. Wer zum Beispiel den Sozialstaat nach amerikanischem Muster ‚verschlanken‘ will, übersieht dabei, daß die dort eingebürgerte private Wohltätigkeit hier gar nicht etabliert ist. Das amerikanische Modell ist viel zu verschachtelt, als daß man einzelne Stücke daraus eins-zu-eins auf hiesige Verhältnisse übertragen könnte.

Und was machen die Amerika-Verächter? Sie halten sich ihr Kleinbild Amerikas vom Hals, ohne sich darum zu kümmern, daß manches, was von diesem Bild abgeschnitten ist, doch auch für sie in ihrer fest verschanzten Welt attraktiv sein könnte. Sie schütteln zum Beispiel den Kopf über Jesse *The Body* Ventura, den ungehobelten Ex-Wrestler, der 1998 zum Gouverneur von Minnesota gewählt wurde, und vergessen dabei, daß dieses Land eine demokratische Tradition hat, vor der Deutschland und Rußland, aber auch Italien und Frankreich schamrot werden müßten. Peter Gay, einer der großen Kenner der Alten Welt, sagt: *Nichts brachte mich mehr auf (und tut es noch), als wenn Deutsche die Vereinigten Staaten des Materialismus und der Kulturlosigkeit bezichtigen. Die müssen gerade reden!* Das amerikanische Modell ist viel zu stattlich, als daß man es rundweg abtun könnte.

Man sollte sich von der These verabschieden, daß Europa schon amerikanisiert wäre, wenn McDonald's und Coca-Cola flächendeckend die Herrschaft ergriffen hätten. Da Amerika *viel mehr* und auch *ganz anderes* ist als dies, wäre die Alte Welt selbst dann nicht *wirklich* amerikanisiert, wenn es zu jener Herrschaft käme. Ich wäre froh, wenn dieses Buch dazu beitragen könnte, daß das

Gerede von der sogenannten Amerikanisierung verstummt und man sich diesem Land mit sorgsamer Neugier zuwendet.

Das Verhältnis zu den Vereinigten Staaten – oder zu ‚Amerika‘, wie ich der Einfachheit halber weiter sagen werde – wird damit schwieriger und spannender zugleich. Aus der Ferne können Europäer sich fragen, *wie es wäre*, amerikanisch zu leben, und damit sind sie dort angekommen, wo sie sich beim Blick auf Amerika aufhalten sollten: im *Konjunktiv*. *Wie wär's?* heißt die Frage, und sie schillert zwischen Gedankenspiel und Lebensernst.

Die Unterschiede zwischen Hüben und Drüben sind weit dramatischer, als man sich das in einer scheinbar immer einförmigeren Welt gern weismacht. Ein Manager, der regelmäßig mit Bankiers von beiden Seiten des Atlantiks zu tun hat, bemerkte kürzlich, hier wie dort werde zwar vom Geld geredet, ansonsten gebe es aber bei der Entscheidungsfindung über eine Kreditvergabe wenig Ähnlichkeit zwischen Amerikanern und Deutschen. Direkt hinter den Krawatten beginnt die Fremdheit.

Eingefleischte Gewohnheiten lassen sich nicht naßforsch reformieren. Man ist in ihnen aber auch nicht lebenslänglich gefangen. Deshalb auch liegt in dem Gedankenspiel, wie es denn wäre, amerikanisch zu leben, eine Chance – getreu der Devise *Vergleiche dich! Erkenne was du bist!* (Goethe, *Torquato Tasso*, V. 5).

Ein solcher Vergleich kann zu dem Ergebnis führen, daß man sich vom Fremden mit Grausen abwendet und auf seinen Eigenheiten umso nachhaltiger beharrt; man kann sich von jener anderen Welt aber auch anstiften lassen, sein Leben zu überholen, und sich mit manchem, auf das man dort trifft, langsam anfreunden. So oder so lernt man ein Leben zur Probe kennen und stellt damit sein eigenes Leben auf die Probe.

Dieses Buch ist die Einladung zu einer solchen Probe. Es geht mir dabei nicht darum, Amerika zu feiern, mich über dieses Land zu amüsieren oder zu beschweren; *ich will von der amerikanischen Lebensart eine möglichst gute Beschreibung liefern*. Denn eines kann man sich gegenüber den Vereinigten Staaten auf keinen Fall leisten: Ignoranz.

+++

Zum Glück gibt es auch viele Menschen, die die Vereinigten Staaten gerade *nicht* rundweg verwerfen oder verehren. Von ihnen wird gerne betont, daß Pauschalurteile über dieses Land schon deshalb fehlgehen, weil es zu vielfältig sei, um gewissermaßen *en gros* beurteilt zu werden. Hält man sich an diesen Befund, wirkt freilich das, was ich vorhabe, wie ein Fehlversuch, denn immerhin soll es in diesem Buch um *das* amerikanische Leben gehen. Aber gibt es überhaupt *den* Amerikaner? Oder nur Schwarze, Gelbe, Rote, Weiße, *Cowboys*, *Broker*, Frauen, Männer, *Amish People*, *Gay People*? Nur New York und den Rest des Landes, wo die Taxifahrer sagen: *Ach, Sie kommen aus New York? Na, dann erstmal willkommen in Amerika!*

Natürlich könnte man die Vielfalt, die dort herrscht, einfach auf sich wirken lassen; dann stieße man auf lauter verschiedene Menschen und dächte, sie wären unterschiedlich (sonst nichts!). Dieses Bild wäre aber doch auch wieder nur ein Zerrbild. Wohl gibt es eine ungeheure Vielfalt in diesem Land, aber diese Auskunft ist nicht schon alles, was man eintönigen Klischees entgegensetzen kann.

Schon die Tatsache, daß Amerika nach außen hin so wuchtig auftritt, läßt die These ein bißchen lächerlich wirken, im Innern würde nur alles durcheinandergehen. Die Vereinigten Staaten werden zusammengehalten von einer Vision des amerikanischen Lebens, die quer durch's Land, quer durch die Rassen zur Geltung kommt. (Im Englischen würde man von *U.S.-ness* reden können, also etwa von der *Amerikanischheit*.) Wer sich im Innenleben dieser Großmacht umschaut, erlebt das wunderbare Schauspiel einer eigenen, in sich geschlossenen Welt. Man ist *unter Amerikanern* – und gehört doch nicht dazu. Immer dann, wenn sich Amerikaner über etwas *nicht* wundern, was man selbst doch ungewohnt oder gar sonderlich findet, darf man annehmen, einen Zipfel von deren Welt zwischen den Fingern zu haben.

Das heißt natürlich nicht, daß alle Amerikaner gleich seien; Unterschiede gibt es in der Tat zuhauf. Doch aller Streit steht über einem Bodensatz von Selbstverständlichkeiten. Die Amerikaner bewegen sich auf *einem* Schauplatz, und gerade diese Gemeinsamkeit verschafft ihnen die Themen, über die ihre Meinungen dann auseinandergehen. Man würde vielleicht nicht meinen, daß es Gemeinsamkeiten gibt zwischen Meinungsumfragen und Christentum, Spenden und Sex, der Stärke der Frauenbewegung und der Personalpolitik der *Chicago Bulls*, der amerikanischen

Vorliebe für den Kaiserschnitt und der Architektur in Washington, D. C. Und doch gibt es diese Gemeinsamkeiten, und sie sind gemeint, wenn hier von der amerikanischen Lebensart die Rede ist.

Zu Amerika gehören *Schmutz und Glanz*, und beides wird in diesem Buch zu finden sein. Da aber der *Schmutz* nicht gerade zum Probe-Leben einlädt, werde ich aufmerksam nach dem *Glanz* Ausschau halten – getreu meinem Vorhaben, die Versuchungen einer anderen Lebensart zu erkunden. Besuchen möchte ich eine Reihe (keine vollständige!) von Schauplätzen oder Streitplätzen des amerikanischen Lebens, die in besonderem Maße zum Vergleich einladen. Es wird, genauer gesagt, um acht solche Schauplätze gehen.

Am amerikanischen Leben entdeckt man zuallererst eine besondere Beziehung zur Zeit, eine Bejahung des Schwungs, der – inneren oder äußeren – Veränderung *(Kapitel: Bewegung)*. Deshalb gibt es dort auch eine besonders hohe Aufmerksamkeit für die Lebensphase, in der sich am meisten verändert: für die Jugend und deren mal geplante, mal überraschende Bewegungen bei der Einweihung ins Leben *(Kapitel: Bildung)*. Das bewegte Leben der Amerikaner fügt sich nicht einfach feststehenden Normen; als Individuen, die sich verändern oder vervollkommnen, wollen sie besonderen Regeln folgen *(Kapitel: Ethik)*, und deshalb pflegen sie auch ein gespanntes Verhältnis zur Regierung: Die Amerikaner beharren auf der Lust, Gesetze zu machen, aber auch auf dem Wunsch, von ihnen in Ruhe gelassen zu werden *(Kapitel: Politik)*. Wenn der Staat die Bürger in Ruhe läßt, so läßt er freilich manche auch im Stich, und so wird der Umgang mit den Armen ein heikles Thema in diesem Land *(Kapitel: Wohltätigkeit)*, zumal diesen Armen genau das fehlt, was dort zum Symbol für individuelle Beweglichkeit schlechthin avanciert *(Kapitel: Geld)*. Mit Geld kann man – fast – alles bekommen, und wenn man keinen Widerstand mehr spürt, dann fühlt man sich wie in einer Welt nach Wunsch; ist aber die Wirklichkeit nicht willig, sucht man sich eine andere *(Kapitel: Künstliche Realität)*. Nur die Vergangenheit widersetzt sich diesem Dreh und begräbt die Möglichkeiten unter sich, und so steht am Ende die Frage, wozu Vergangenes in Amerika noch gut sein könnte *(Kapitel: Geschichte)*.

+++

In diesem Buch finden sich Zitate, die ich auf den verschiedenen Schauplätzen der amerikanischen Lebensart gefunden habe – Zitate aus alten und neuen Büchern, literarischen und theoretischen Texten, Filmen, Zeitschriften, Zeitungen, Websites und Gesprächen. Diese Zitate sind durchweg kursiv gesetzt, und wer nach den Quellen sucht, findet dazu am Ende des Buches *sachdienliche Hinweise*, geordnet nach der Kapitel- und Seitenfolge.

Bewegung

Jay Gatsby wird reich und unglücklich +++ Holly Golightly frühstückt bei Tiffany +++ Donald Trump schaut Videofilme schneller, als sie sind +++ Mindy Turner sucht sich selbst und findet sich nicht +++ Nur wer sich ändert, bleibt sich treu +++ Was ist besser: Überraschung oder Planung? +++ Erfolg, Nonkonformismus und Toleranz +++ Unterschiedenes ist gut +++ Ist Irresein gesund? +++ Schwarze sind weiß, Weiße sind schwarz

Die Antwort auf die Frage, wie zu leben sei, lautet in diesem Land: Bewege dich doch! Alexis de Tocqueville bemerkte bei seiner Ankunft 1831: *Kaum hat man den Boden Amerikas betreten, befindet man sich in einer Art von Tumult; ein wirrer Lärm kommt von überallher; tausend Stimmen auf einmal dringen an das Ohr (…). Alles um einen herum ist in Bewegung.*

Alle bewegen sich, aber jeder auf seine Weise. Eine kleine Auswahl möchte ich kurz vorstellen – vier bewegte Amerikaner, zwei erfundene und zwei echte: der Titelheld aus F. Scott Fitzgeralds Roman *Der große Gatsby*; Holly Golightly aus Truman Capotes *Frühstück bei Tiffany*; Donald Trump, der meint, die *Skyline von Manhattan* sage *TRUMP*; Mindy Turner, ein Mädchen aus dem kalifornischen *Antelope Valley*.

+++

Die Saison der Feste auf Long Island war zu Ende. Jay Gatsby war tot, sein Freund und Nachbar Nick Carraway löschte die Lichter in dessen *Cottage*, die Nacht brach an, er ging zum Strand und blickte auf's Meer. *Die meisten großen Sommersitze an der Küste waren schon verlassen, und man sah kaum Lichter außer dem schattenhaften, bewegten Schein einer Fähre, die die Bucht querte. Und als der Mond höher stieg, begannen die Häuser wegzuschmelzen, so daß ich nach und nach der alten Insel gewahr wurde, die hier einst vor den Augen holländischer Seeleute geblüht hatte – ein frischer, grüner Busen der Neuen Welt. Die Bäume, die nun verschwunden waren, die Bäume, die Gatsbys Haus weichen mußten, hatten einst wispernd zum letzten und größten aller menschlichen Träume angestiftet; für einen vergänglichen, verzauberten Augenblick muß der Mensch beim Anblick dieses Kontinents den Atem angehalten haben, versetzt in eine ästhetische Versenkung, die er weder verstand noch erstrebte, zum letzten Mal in der Geschichte Aug' in Aug' mit etwas, das seiner Fähigkeit, sich zu wundern, angemessen war.*

Den Ankömmlingen mag der Satz auf der Zunge gelegen haben, daß das Land, das sie betraten, jungfräulich sei (*Virgin Island* statt *Long Island*). Zu diesem Gefühl ließen sich zwei einander fremde Fortsetzungen denken: die Hemmung, auch nur einen Schritt zu tun, die Ehrfurcht vor der Reinheit – und die Bewegung, mit der man eindringt ins unberührte Land. Seit jener Zeit wird Amerika defloriert, und was die Leute ins Land gebracht hat, leben sie in ihm aus: Beweglichkeit.

Beweglichkeit war die Methode, mit der Jay Gatsby sein Leben hatte ausreizen wollen. Er hatte geglaubt an *die hinreißende Zukunft, die Jahr für Jahr vor uns zurückweicht,* er wollte *schneller rennen, die Arme weiter ausstrecken.* Erst sollte sie ihm Geld bringen, dann Glück, erst die marmorbeladene Villa gegenüber von Daisys Sommerhaus, dann – *eines schönen Morgens* – Daisy selbst, die Geliebte, die ihn damals, als armen Offizier, verschmäht hatte.

Gatsby hatte Erfolg gehabt und war unglücklich geblieben. Meist schien er ausgeruht, auch wenn man ihn nie beim Ausruhen erwischte. Manchmal aber wirkte die Beweglichkeit, mit der er der Schnellste im Geschäft war, wie die Unruhe eines Wartenden, der verzweifelt. Wenn er bei seinem Nachbarn Nick vorfuhr in seinem *cremefarbenen, chromglänzenden* Rolls-Royce und spielerisch *auf dem Trittbrett seines Wagens balancierte,* zeigte er jene *Bewegungsfülle, die so typisch amerikanisch ist – sie kommt, wie ich denke, vom Fehlen schwerer Arbeit oder steifen Sitzens in der Jugend und, gar noch mehr, vom formlosen Charme unserer nervösen, sprunghaften Spiele. Diese Eigenart brach durch seine förmliche Art immer wieder durch in Gestalt der Ruhelosigkeit. Er war nie wirklich ruhig; immer war irgendwo ein wippender Fuß oder eine Hand, die sich ungeduldig öffnete und schloß.* Gatsby war getrieben, trieb sich selbst an. Nicht daß er sich in seiner Beweglichkeit – ob auf dem Trittbrett seines Wagens oder im Geschäftsleben – gefallen hätte; sie war nichts als das Prinzip, dem sein Leben unterworfen war.

Im Kreis seiner Ballgäste bewegte er sich wie unter seinesgleichen. Sie alle hatten diese nervöse Art, auf das nächste Gespräch zu lauern, Effekte zu kalkulieren, Geschäfte zu wittern. Und doch spielte Gatsby in diesem Schauspiel, das in Amerika seit jeher und ohne Ende aufgeführt wird, die Rolle des Sonderlings. Bei ihm wurde die Ruhelosigkeit zu einer Krankheit, für deren Heilung es nur ein Mittel gegeben hätte, das ihm doch nicht zur Verfügung stand: eine Zukunft mit Daisy, die zugleich jene ganze ruhelose Zeit davor hätte auswischen müssen. Beweglich war er wohl, in fast jeder Hinsicht, auch skrupellos. Aber zwanghaft hatte er sich festgelegt auf ein unerreichbares Ziel. So verwandelte sich bei ihm jene *typisch amerikanische* Ruhelosigkeit in eine tragische Haltung, und so wurde er zugleich zum Fremdling im eigenen Land, zu einer Figur, in der eine Idee Trauer trägt, die zur Grundausstattung des amerikanischen Helden gehört. Sein Unglück wirkte wie eine Auszeichnung, fast war er zu bewundern dafür, daß er unter der Charaktermaske der Beweglichkeit weinte. Er begab sich an den Rand der Bewegung, aus der doch sein ganzes Leben bestand, und so geriet er zugleich an den Rand seiner selbst; er wollte zur Ruhe kommen, aber sie war in ihm nicht vorgesehen. Jay Gatsby war der tragische Held der Idee der Bewegung. Diese Idee aber war nicht einfach sein Privatvergnügen, seine Sonderkondition; es war die Idee des Amerikaners.

(Als Bill Gates, der Herr von *Microsoft*, sich für 60 Millionen Dollar ein neues Haus bauen ließ, wählte er als Inschrift über der Bibliothek einen Satz aus F. Scott Fitzgeralds *Großem Gatsby*: *Er war einen langen Weg gekommen [...], und sein Traum muß ihm so nah erschienen sein, daß er kaum verfehlen konnte, ihn zu ergreifen.* Daß diesem Traum der Tod Gatsbys gefolgt war, kümmerte Gates nicht.)

+++

Paul Varjak kam als vorerst erfolgloser Schriftsteller nach New York, traf Holly Golightly und machte mit ihr Filmgeschichte. Sie stand auf der *Fifth Avenue* nach durchtanzter Nacht und hatte die dunkle Sonnenbrille auf, die ihn irritierte, weil sie ihre Augen unsichtbar machte. In der Papiertüte, die sie in der Hand hielt, war der Becher mit Kaffee, der ihr reichte zum *Frühstück bei Tiffany*. Sie schob die Brille ein Stück herunter und betrachtete sich selbst über die Schmuckstücke hinweg in der Schaufensterscheibe.

Später schlief sie in Pauls Arm; er löschte den Brand, den sie mit ihrer armlangen Zigarettenspitze in den Haaren eines Partygastes angesteckt hatte; sie klauten zusammen; sie küßten sich. Schließlich kam die Zeit des Abschieds. Sie stiegen ins Taxi, Holly wollte nach Brasilien fliegen, um dort einen Millionär zu finden. Spätestens daran, daß er wütend wurde, merkte er, daß er sie liebte. Er sagte: *Du bist feige. Du hast keinen Mumm. Du hast Angst, deine Nase an die Luft zu halten und zu sagen: ‚O.K. Das Leben ist ein Fakt.‘ Leute verlieben sich. Leute gehören zusammen, das ist die einzige Hoffnung auf wirkliches Glück, die wir haben. Du meinst, du seist ein freier Geist, ein wildes Ding, und du hast eine Heidenangst, daß dich irgend jemand in einen Käfig steckt. Baby, du bist schon im Käfig. Du hast ihn dir selbst gebaut. Er ist überall, wo du auch immer hingehst. Ganz egal, wo du hinläufst, am Ende läufst du doch nur in dich selbst hinein.*

Holly fing an zu heulen, sie fiel ihm in die Arme, küßte ihn und ließ das Flugzeug sausen. Es war wie im Film.

Es war ja auch ein Film, und nur George Axelrod, dem Drehbuchschreiber, ist es zu verdanken, daß Paul am Ende sein Glück mit Holly Golightly (alias Audrey Hepburn) finden durfte. Der Erfinder dieser Geschichte aber, der Autor des Buches *Frühstück bei Tiffany* hatte es anders geplant. Bei Truman Capote war keine Rede von Glück und Liebe. Hollys Golightlys Gefährte wußte nur, daß sie genug hatte von den aufdringlichen Männern, die sie spät nachts vor ihre Wohnungstür brachten und noch einen letzten Drink wollten. Er ahnte auch, daß sie wegwollte, und so kam es, daß er zu ihr sagte: *Du kannst nicht wirklich davonlaufen und alle verlassen.* Sie antwortete: *Ich glaube nicht, daß mich irgend jemand je vermissen wird. Ich habe keine Freunde. Wir haben uns am Fluß getroffen, eines Tages. Das ist alles. Wir sind unabhängig, beide. Wir haben uns keine Versprechungen gemacht. Nie.* Nur die Katze würde ihr fehlen, meinte sie. Er versprach, auf die Katze aufzupassen, und am Ende flog sie davon – nach Brasilien. Sie blieb in Bewegung, und so blieb sie der Idee Amerikas treu, indem sie das Land verließ. Sie wollte nicht bleiben, wo sie war, wollte sich nicht binden an das, was sie gerade hatte. Darin witterte sie die Gefahr, daß ihr etwas Besseres entgehen könnte. Das Bessere war für sie des Bestehenden Feind, die Gegenwart immer nur das Vorletzte. Nie hätte sie zum Augenblick gesagt: Verweile doch, du bist so schön.

+++

Als Donald Trump Anfang der neunziger Jahre kurz vor der Pleite stand, flanierte er mit seiner zweiten Frau Marla die *Fifth Avenue* hinunter. Sie kamen ins Gespräch über einen Mann mit Blindenhund, den sie an der Hauswand stehen sahen.

– *Donald, schau mal – der Bettler da. Ist das nicht furchtbar? Er sieht so traurig aus.*
– *Du magst recht haben: er ist ein Bettler. Aber er ist 900 Millionen Dollar mehr wert als ich.*
– *Wie meinst du das, Donald?*
– *Nehmen wir mal an, er ist nichts wert (nur vom Dollar-Standpunkt aus) – ich jedenfalls bin zur Zeit minus 900 Millionen Dollar wert.*

Donald Trump ist der Nutznießer der *eigentümlichen Nachsicht*, die, folgt man Alexis de Tocqueville, dem *Bankrotteur* in Amerika vergönnt ist und die dazu führt, daß man heute im *Silicon Valley* einen *Bankrott* behandelt *wie einst in der preußischen Offiziersmesse die von Duellen stammenden Schmisse.* Diese Haltung hat, so meinte Tocqueville seinerzeit, damit zu tun, daß man in diesem Land *Kühnheit* schätzt – zumal in Form *kaufmännischer Verwegenheit.* Sie lebt sich aus bei Donald Trump.

Von Christopher Newman, dem Helden des wunderbaren Romans *Der Amerikaner*, sagte sein Autor Henry James: *Er hatte eine besondere Abneigung gegen langsames Fahren.* Wenigstens in diesem Punkt ist Trump Newmans Nachfolger: *Ich hasse Straßenverkehr*, erklärt er: *Ich hasse alles, was mich langsam macht.* Der Verschwendung ist er zugetan, nur eines will er nicht verschwenden: Zeit. *Mein Programm ist*, so sagt Trump, *von der Vergangenheit zu lernen, mich auf die Gegenwart zu konzentrieren und von der Zukunft zu träumen. Das Gefährliche, wenn man zuviel träumt, besteht darin, daß da so viele Dinge außer Kontrolle sind. (...) So halte ich mich an die Gegenwart und konzentriere mich auf laufende Ereignisse.* Trump hat die Gegenwart im Visier wie ein Schütze sein Opfer. *Ich glaube daran*, so sagt er, *Dinge groß zu machen. Ich sage meinen Kindern: Wenn du dabei bist, etwas* zu machen, dann häng' dich rein. *Mach daraus das Größte, mach daraus das Beste. (...) Positives Denken muß etwas Natürliches für dich sein. (...) Genieße, was du tust, und das einzige, was du davontragen wirst, ist Sieg, Sieg, Sieg.* Inzwischen hat Trump aus dem *Minus* vor den *900 Millionen* wieder ein Plus gemacht, und nachdem ihn die Stadtverwaltung daran gehindert hat, New York wieder zur Stadt mit dem höchsten Gebäude der Welt zu machen, will er wenigstens *das höchste Wohnhaus der Welt* bauen, das, wenn es fertig sein wird, die Zentrale der Vereinten Nationen am *East River* in New York in den Schatten stellen soll.

Bei Donald Trumps Art des bewegten Lebens, bei seinem Umgang mit der Zeit stößt man auf eine Mischung aus Souveränität und Panik. Einerseits ist er so überzeugt von sich und seiner Leistung, daß er eine schwer erträgliche Selbstgewißheit zur Schau trägt, andererseits fühlt er sich bedroht – wie auch der Schütze, der treffen will, nie ganz in der Deckung ist. Er muß damit rechnen, aufgerieben zu werden, und um sich zu verteidigen, muß er sich auf dem Schauplatz der Gegenwart tummeln, wo eine Bewährungsprobe in Permanenz stattfindet. Daher rührt die leichte Panik und auch die Angst vor Zeitverschwendung.

Ende der neunziger Jahre, wieder reich geworden, fliegt Trump mit seiner privaten Boeing 727 nach Florida. Ihn begleiten sein Sohn Eric, Ghislaine, die Tochter des ertrunkenen Pressemagnaten Robert Maxwell, ein paar *socialites*, Matthew Calamari, der Leibwächter, und Mark Singer, ein Reporter des *New Yorker*. Trump beschließt, einen Film anzuschauen. Er wählt *Bloodsport* mit Jean-Claude van Damme, ein – wie er meint – *unglaublicher, phantastischer Film*. Hektisch arbeitet er mit der Fernbedienung, schaltet immer auf Vorlauf, wenn im Film zwischendurch mal geredet wird, und schaut sich nur die Szenen an, in denen Nasen eingeschlagen, Nieren gequetscht und Schienbeine gebrochen werden. So *kriege ich diesen Zwei-Stunden-Film runter auf fünfundvierzig Minuten*, sagt er stolz. Besessen von Bewegung sieht er Filme schneller, als sie sind.

+++

Mindy Turner lebt in *Antelope Valley*, einer entfernten *suburb* nördlich von Los Angeles. Die Einwohnerzahl dort hat sich in den letzten zwanzig Jahren verdreifacht und 90 Prozent der Absolventen einer der Schulen vor Ort, der *Quartz Hill High School*, nennen als ihr erstes Ziel, dort wegzukommen. Ms. Louw, Rektorin einer anderen Schule in der Gegend, sagt: *Alles ist so im Fluß hier, das bringt Jugendliche durcheinander. Es ist unglaublich, wie viele hier einfach kein* Zuhause *haben. Ich habe so etwas nie zuvor erlebt.* Der Reporter William Finnegan hat die Geschichte eines der Mädchen, die er im Antelope Valley getroffen hat, aufgeschrieben: Mindys Geschichte.

Als er sie 1996 zum ersten Mal trifft, ist sie siebzehn Jahre alt und seit sieben Jahren Raucherin. Eine Abtreibung hat sie hinter sich, und die Freunde hat sie, wie sie sagt, *echt schnell durchgemacht.* In den letzten Jahren war sie nacheinander, manchmal auch gleichzeitig: Mormonin; Heavy-Metal-Fan; Reggae-Fan; Amphetamin-süchtig; Mitglied der *Nazi Low Rider* von *Antelope Valley*; Sympathisantin der *SHARPs*, der *Skinheads Against Racial Prejudice*. Ihre Zimmerwände sind vollgehängt mit John Lennon-Postern. Das Hakenkreuz, das sie sich auf die Hüfte hat tätowieren lassen, ist kürzlich für viel Geld entfernt worden. Inzwischen, so erklärt sie, finde sie Alicia Silverstone in dem Film *Clueless* toll, und die sei *doch jüdisch: Wie soll ich dann ein Nazi sein können?*

Die Nazis sind mißtrauisch, weil sie ihnen den Rücken gekehrt hat und, wie eine frühere Freundin sagt, zur *Rassenverräterin* geworden ist. Die *SHARPs* sind auch mißtrauisch, denn Mindy steht noch immer in engem Kontakt mit Tory, der im Gefängnis sitzt und *glaubt, daß Weiße besser sind als Schwarze.* Zugleich wirft sie ein Auge auf Darius, einen der *SHARPs* (der später einen Nazi erstechen wird), ist aber eigentlich zusammen mit Jaxon, einem der Nazis (der wegen Mordversuchs im Gefängnis war). Jaxon wiederum ist wütend, weil sie zu einem *rave* nach Hollywood gefahren ist, der, so erklärt sie, das Größte war, was sie je erlebt hat: *Da hat es überhaupt keine Kämpfe gegeben.* Jaxon mag es nicht, wenn Mindy zu *raves* geht, weil sie sich dort *nicht weiß benimmt. Aber*, so fragt Mindy, *was ist das – weißes Benehmen?*

Am Ende hält Mindy sich weder an Darius noch an Tory oder Jaxon, sondern an Dave, den sie in dem Vergnügungspark *Zauberberg* kennengelernt hat, als sie zeitweise an einer der Bahnen dort arbeitete. Er ist, wie Mindys Mutter Debbie sagt, *seltsam normal* und interessiert sich weder für Nazis noch für Skinheads, sondern für tiefergelegte Autos. Gleichzeitig hat sie aber einen Briefwechsel mit jemandem angefangen, der zwei Schwarze umgebracht hat und im Gefängnis sitzt: *Ich flirte gerne*, sagt Mindy, *das ist wahrscheinlich mein Problem.*

Ein alter Lieblingsheld der amerikanischen Geschichte und Literatur ist der *self-made man*, auch wenn er jemanden wie Mindy wohl kaum zum Flirt reizen könnte. Das Lebensmotto eines klassischen *self-made man*, J. J. Hoopers Romanfigur *Captain Simon Suggs*, lautet: *Es ist gut, wendig zu sein in einem neuen Land.* Dieses ‚wendig‘ – englisch: *shifty* – könnte in einem anderen Zusammenhang auch etwas ganz anderes bedeuten, nämlich: unstet. So braucht es nur eine kleine Verschiebung, um aus der vorsätzlichen Beweglichkeit ein Leben werden zu lassen, in dem man getrieben, gescheucht, hin- und hergerissen, eben: unstet ist. Mindys Leben zum Beispiel.

Mindy sagt: *Die meisten Leute hier sagen: „Mindy Turner? Oh, du meinst Nazi-Mindy."* (...) *Ich will aber einfach nur* Mindy *sein. Wenn mich jemand fragt, was ich denn nun gerade bin, sage ich ihm, ich sei Freie Einheit. Das ist keine Gang. Es ist nur das, woran ich glaube.* Sie versucht, eine *Freie Einheit* zu bleiben, rutscht ab von den mörderisch scharfen Eindeutigkeiten, die ihr angeboten werden, und findet doch nicht heraus, wer sie selbst ist.

+++

Auch wenn die Vereinigten Staaten mit Platz, mit Raum protzen können, sind sie ein Land, das sich über Bewegung definiert, also mit der Zeit lebt. Wer stehenbleibt, lebt verkehrt, zum Leben gehört Unterwegssein, und Amerika ist der Schauplatz, auf dem die Menschen – auf ganz verschiedene Weise – unterwegs sind. Jay Gatsbys Tragik, Holly Golightlys Unruhe, Donald Trumps panische Hektik, Mindys verrutschendes Leben sind nur einige ziemlich spezielle Versionen dieser Bewegung. Daneben treten mit gleichem Recht etwa das Leben als religiöse Sendung, das Leben mit einem innerem Auftrag, das Leben als „Verfolgung des Glücks" (wie es in der Verfassung heißt), Allen Ginsbergs Tramper-Leben auf dem Güterzug, das Leben des einsamen Langstreckenläufers oder – auf seine Art – auch das Leben dessen, der den ganzen Tag im Web surft und doch stillsitzt.

Es gibt nicht die eine, einzig wahre amerikanische Bewegung, sondern deren viele. Für Superlative ist sie aber immer gut: Jack Kerouacs *On the Road* ist das meistgestohlene Buch in New York; *The Road Ahead* heißt ein Bestseller von Bill Gates, dem reichsten Mann Amerikas; das *Air and Space Museum* in Washington, bestbesuchtes Museum im Land, feiert in jeder seiner Broschüren den Kult der Bewegung; *People In Motion* ist der Werbeslogan des größten Autoherstellers *General Motors*; *Speed Matters* lautet das Motto von Craig Venters Gentechnik-Firma *Celera*; eine der erfolgreichsten Abteilungen in den Großbuchhandlungen von *Barnes & Noble* heißt *Self-Improvement* (anderswo nennt sie sich *Personal Growth*). Mal ist die Bewegung innerlich, mal äußerlich. Mal schnellt man auf das Ziel der Zukunft zu wie ein Pfeil, mal treibt man im Fluß der Zeit.

Gelegentlich scheint auch dieses Land an sich selbst, an der Idee der Bewegung zu leiden. So hat Tocqueville von der *eigentümlichen Melancholie* gesprochen, die die Krankheit sei, an der die Demokratie in den Vereinigten Staaten leide – eine Krankheit, die mit dem Gefühl zu tun hat, daß es im Leben, vom Tod abgesehen, nur Vorletztes gibt. Manche mögen in der Idee der Bewegung nur ein äußerliches Schreckbild der Geschwindigkeit sehen und sich davon (wie der französische Kulturkritiker Paul Virilio) in einen Verfolgungswahn treiben lassen; sie fühlen sich dann wie diejenigen, die auf der Mittelinsel des ovalen Rennkurses in Indianapolis stehen und von einer Kette rasender Autos eingeschlossen werden. Die amerikanische Bewegung aber ist nicht bloß ein technischer Effekt, sie ist nicht nur ein Schauspiel für das Auge des Betrachters. Die Amerikaner sind nicht die Zuschauer, sondern die Fahrer.

Als Alexis de Tocqueville in dieses Land kam, das er *so großartig zu beschreiben und zu analysieren wußte* (Hannah Arendt), fand er es *seltsam zu sehen, wie fieberhaft die Amerikaner nach Wohlergehen und Wohlstand streben, und wie sie immer von einer unbestimmten Furcht geplagt erscheinen, sie hätten nicht den kürzesten Weg dorthin gewählt. (...) Ein Mensch (...) in den Vereinigten Staaten (...) legt einen Garten an und, wenn er dessen Früchte kosten könnte, verpachtet er ihn. (...) Er ergreift einen Beruf und gibt ihn auf. Er läßt sich an einem Orte nieder und fährt bald danach weg, um mit seinen gewandelten Wünschen anderswohin zu ziehen. (...) Und bleibt ihm am Abschluß eines mit Arbeit ausgefüllten Jahres noch etwas Muße, so führt er seine un-*

ruhige Neugier innerhalb der weiten Grenzen der Vereinigten Staaten dahin und dorthin spazieren. So wird er in wenigen Tagen fünfhundert Meilen zurücklegen, nur um sich besser von seinem Glück abzulenken. (...) Man ist angesichts dieser seltsamen Ruhelosigkeit, die sich bei so vielen glücklichen Menschen gerade inmitten ihres Überflusses zeigt, zuerst erstaunt. Und doch ist dieses Schauspiel so alt wie die Welt selbst; neu ist dabei, daß es von einem ganzen Volke geboten wird.

Ähnelt dieses Volk, das Tocqueville vor vielen Jahren beschrieben hat, den Amerikanern von heute? Jedediah Purdy, ein junger, antimodernistischer Schriftsteller aus West Virginia, dem *Wall Street* und *Hightech*, die lautesten Herolde der Bewegung, fremd sind, gibt zur Antwort: *Ja, in jeder Hinsicht.* Bewegung ist ein Charakterzug der amerikanischen Moderne geblieben, sie gehört serienmäßig zur Innenausstattung des Individuums. Die Devise heißt: Nur wer sich ändert, bleibt sich treu. Wer dem Wandel die Treue hält, bleibt in Bewegung, und damit bleibt er auch dem eigenen Leben treu, das kein fester Gegenstand ist, sondern ein Prozeß. Die amerikanische Abneigung gegen das Bremsen, Anhalten, Erstarren führt dann weiter z. B. zum Mißtrauen gegen das Beschneiden von Spielräumen (vgl. S. 46 ff.), gegen allgemein geltende Gesetze (vgl. S. 72 ff.), gegen das Verharren im Bestehenden (vgl. S. 140 ff.).

Die Aversion gegen äußere Festlegungen leitet die Amerikaner auch bei ihrem Engagement in Organisationen. Es gibt zum Beispiel eine einfache Erklärung dafür, warum die Gewerkschaftsbewegung in Amerika so schwach ist und die Frauenbewegung so stark und erfolgreich. Gewerkschaftler leben von einer positiven Identifikation mit ihrer sozialen Rolle: Sie sind stolz darauf, Arbeiter zu sein. Die Feministinnen dagegen richten ihren Protest gegen die soziale Rolle, die dem weiblichen Geschlecht zugewiesen worden ist. Die Frauenbewegung ist im Kern ein Protest gegen eine biologische Festlegung, während die Gewerkschaftsbewegung auf das Pathos einer sozialen Festlegung setzt. Was W. J. Cash 1941 in seinem Buch *Der Geist des Südens* geschrieben hat, gilt heute mehr denn je: *Wenn man auf der Arbeit Ärger hat, baut man nicht eine Gewerkschaft auf, sondern geht zum Boß und sagt ihm, er könne sich diesen Job sonstwohin stecken.*

+++

Das Eigen-Leben der Individuen, der einzelne Lebens-Wandel ist eine Sache von allgemeinem Interesse. Tag für Tag steht dort schließlich nichts anderes auf dem Spiel als ein Teil der amerikanischen Identität. Er bestimmt sich im Streit um die richtige Art der Bewegung – oder: *als* dieser Streit. Gestritten wird um Lebensformen, die in Amerika zuallererst Bewegungsspiele sind. Was sind deren Typen? Wie sind deren Regeln?

Zwei Haupttypen, zwei Bewegungsformen beherrschen die Szene; sie stehen für verschiedene Umgangsweisen mit der Zeit, in der die Menschen ihr Leben vollziehen. Die einen nutzen die Zeit als Schema, mit dem sie ihren Gestaltungsspielraum organisieren; die anderen sehen in der Zeit die permanente Kündigung des *Status quo*. Die einen versuchen die Bewegung zu steuern, die anderen lassen sich von ihr ergreifen. Die einen verfechten das Planungsmodell der Bewegung, die anderen das Überraschungsmodell.

Kürzlich trafen zwei Helden der Bewegung zusammen. Über hundert Jahre nach seinem Tod unternahm Ralph Waldo Emerson einen Abstecher von seinem Heimatfriedhof in Concord/Massachusetts zur *Harvard University*. Emerson, von dem es heißt, er sei ,der' *amerikanische Philosoph schlechthin* (Judith Shklar, Harvard), *der Vater der amerikanischen Version des romantischen Selbst* (Harold Bloom, Yale), *der amerikanische Shakespeare* (George Kateb, Princeton), besuchte John Rawls, den Autor der *Theorie der Gerechtigkeit*, den großen Mann der neueren politischen Philosophie in Amerika. Im Philosophie-Department von *Harvard*, das sich, wie Emerson zu seiner Genugtuung bemerkte, in der *Emerson Hall* befindet, wurde er von John Rawls respektvoll, aber auch ein bißchen unbeholfen begrüßt. Emerson, der Held des Überraschungsmodells der Bewegung, traf auf Rawls, den Helden des Planungsmodells.

Emerson sagte: *Das Leben ist Fortschreiten, nicht Stillstand.* Rawls nickte bestätigend und meinte, Menschen seien *zeitliche Wesen*. Aber was war menschliche Zeit? Für Rawls war sie Planungszeit. Von Fünfjahresplänen redete er nicht, wohl aber von einem *Lebensplan*, den sich eine Person zurechtlege und dann zu verwirklichen anschicke. Rawls wollte *das Glück eines Menschen* bemessen *nach dem Anteil der von ihm erreichten Ziele, dem*

Ausmaß, in dem seine Pläne verwirklicht werden. So träumte Rawls davon, im Vorgriff *entscheiden* zu können, *welche Bedürfnisse man später haben wird.*

Mit dem *Fortschreiten,* von dem Emerson gesprochen hatte, hatte das nicht viel zu tun, und deshalb warf dieser unwillig dazwischen: *Das Leben ist eine Reihe von Überraschungen. Heute ahnen wir nicht die Stimmung, die Lust, die Macht von morgen, wenn wir unser Sein bilden.* Rawls ließ dies unbeeindruckt, ihm ging es darum, den Lebensplan nur immer *vernünftiger* zu machen, um die Gefahr zu verringern, *daß bei dessen Ausführung eine Sinnesänderung eintritt, daß man lieber etwas anderes getan haben würde.*

Die Gefahr, von der Rawls sprach, war jedoch für Emerson nichts anderes als eine Verlockung. Er fragte ihn: *Nimm mal an, du würdest dir widersprechen; was dann?* Und er lieferte auch gleich die Antwort auf diese Frage: *Eine törichte Beständigkeit ist der Kobold kleiner Geister, verehrt von kleinen Politikern, Philosophen und Theologen. Mit Beständigkeit hat eine große Seele einfach nichts zu schaffen. Genausogut könnte sie sich mit ihrem Schatten an der Wand abgeben. Sprich, was du jetzt denkst, in harten Worten aus, und sprich morgen wieder in harten Worten aus, was du morgen denkst, mag es auch allem widersprechen, was du heute gesagt hast.*

Indem Emerson und Rawls sich über Überraschung und Planung nicht einig wurden, dienten sie als treuer Spiegel eines Landes, das uneins ist mit sich selbst.

+++

Einmal Überraschungsmodell, bitte schön, aus einer Anzeige des Computerherstellers *Apple*:

Hier gibt es etwas für die Verrückten.
Die Außenseiter.
  Die Rebellen.
    Die Unruhestifter.
      Die Menschen, die fehl am Platz sind.
Die die Dinge anders sehen.
Sie alle mögen Regeln nicht.
Und sie haben keinen Respekt vor dem Status quo.

Ihr könnt sie feiern, kritisieren, zitieren, abwehren, verehren oder verachten.
Ziemlich das einzige, was ihr nicht tun könnt, ist: sie ignorieren.
Denn sie ändern etwas.
Sie erfinden. Sie phantasieren. Sie heilen.
Sie entdecken. Sie schaffen. Sie inspirieren.
Sie bringen die menschliche Gattung voran.
Wenn manche in ihnen nur die Verrückten sehen, sehen wir in ihnen Genies.
Denn die Leute, die verrückt genug sind zu glauben, daß sie die Welt ändern könnten, sind diejenigen, denen es gelingt.

+++

Einmal Planungsmodell, aber gern, aus dem Fragebogen einer amerikanischen Privatschule:

Erstelle eine Rangliste der fünf wichtigsten Ziele, die du dir für dieses Jahr setzst!
Überprüfe diese Ziele nach den vier Regeln, die für die Setzung von Zielen gelten: Sind sie positiv formuliert? Sind sie genau beschrieben? Sind sie erreichbar? Kannst du messen, wann sie erreicht sind?
Schätze ab, wann die Erfüllung deiner Träume zu erwarten ist!
Mach eine Bestandsaufnahme deiner Stärken! Beschäftige dich nicht so sehr mit deinen Schwächen!
Denk an Zeiten, in denen du diese Stärken erfolgreich eingesetzt hast. Erstelle eine Liste von mindestens drei solchen Gelegenheiten!
Beschreibe die Art der Person, die du werden willst!
Was hindert dich daran, diese Person schon heute zu sein?
Führe drei Schritte auf, die du unternehmen wirst, um jene Person zu werden!
Beschreibe die perfekte Umgebung für dich. Wie würde sie aussehen?
Wo möchtest du in sechs Monaten, einem Jahr, fünf Jahren, zehn Jahren und zwanzig Jahren sein?
Wenn dir der Erfolg garantiert wäre und du nicht verlieren könntest, was genau würdest du dann tun?

+++

Geht man nach dem Planungsmodell der Bewegung, liegt der Unterschied, den man macht, zuallererst zwischen mehr und weniger, oben und unten. Rund dreißig Bücher sind lieferbar, die den *Way to the Top* im Titel führen und versprechen, ihn planbar zu machen; man schreitet voran auf einem Boden, auf dem ein Maßband ausgelegt ist, an dem die Unterschiede, die man macht, als Fortschritte zu messen sind. In einem Klassiker der Karriereberatung, Napoleon Hills Buch *Think and Grow Rich* aus dem Jahr 1937 heißt es: *Man wird niemals große Reichtümer anhäufen, wenn man sich nicht bis zur Weißglut in die Gier nach Geld hineinsteigert.* Hierzu sollte man, so meinte Hill, *die genaue Geldsumme* festlegen, die man gewinnen will, und sie sich *jeden Abend vor dem Einschlafen und jeden Morgen nach dem Aufwachen vorsagen.*

Ungeachtet solcher verhaltenstherapeutischen Strategien kommt das Planungsmodell aber an seine Grenzen – und zwar nach der inneren Logik des Erfolges selbst. Diese Logik besagt: Wenn man den Fortschritt optimieren will, wenn man das Beste aus einem Leben herausholen will, dann muß man sich ihm mit höchster Raffinesse nähern. Jeder Mensch ist einmalig, hat eine Begabung, die ihn von anderen unterscheidet. Nur wenn man ihr auf die Spur kommt, kommt das Leben in Bewegung. Herausheben kann man sich nur, wenn man nicht das tut, was alle tun. Wer Erfolg haben will, muß seinen eigenen Weg einschlagen, muß etwas Besonderes machen. Zur Zeit der großen Erfolge des Basketball-Teams der *Chicago Bulls* gab dessen Generalmanager Jerry Krause die Devise aus: *Wenn du zwei Leute hast, die das Gleiche denken, schmeiß einen von beiden raus. Wozu braucht man Duplikate?*

Was einmalig ist, läßt sich aber nicht planen. Erfolg basiert auf Nonkonformismus, und deshalb muß das Planungsmodell ehrerbietig zum Überraschungsmodell hinübergrüßen. Das Ideal der amerikanischen Gesellschaft schillert zwischen Standardisierung und Individualisierung. Sosehr dem Erfolgsstrategen Kreativität und Chaos suspekt sind, sowenig ist er doch berechtigt, sie zu verachten. Wer der Idee der Bewegung folgt, wer sie ‚lebt‘, der muß auch die Bewegung des Lebens als Improvisation, als Überraschung respektieren. Es bleibt freilich offen, ob dieser Respekt darin gründet, daß man vorsichtshalber Eigentümlichkeiten achtet, weil sie sich irgendwann in barer Münze auszahlen könnten, oder ob er zurückgeht auf die Toleranz vor den vielfältigen Eigenwegen der Individuen – jene große Toleranz, auf die Amerika zu Recht stolz ist. Sie ist die nächste Verwandte der Idee der Bewegung, sie gesteht jedem Individuum seinen Dreh zu.

+++

Die amerikanische Version von Hölderlins Zeilen *Unterschiedenes ist/ gut* heißt: *You make a difference!* Wenn jemand dies sagt, ist das nichts anderes als ein Kompliment, sogar eines der höchsten Komplimente im Repertoire. Der Rektor fordert seine Schüler dazu auf, *to make a difference*. Der Bettler dankt für die Münze mit dem Satz: *You make a difference*. Michelle Kwan interpretiert ihre Leistung im Eiskunstlauf als *making a difference*. Die Firma *Mobil Oil* behauptet, sie liefere *the energy to make a difference*.

Wollte man dem Kompliment *You make a difference!* im Deutschen nahe kommen, müßte man wohl sagen: ‚Du bist/leistest etwas Besonderes!‘ oder ‚Du hebst dich heraus!‘ *Making a difference* – das soll heißen, daß man auf den Vergleich mit anderen angewiesen ist, um sich selbst zu definieren. Fehlt der Vergleich, kann man von einem Unterschied gar nicht reden. Zwar hat es in diesem Land immer auch Individualisten gegeben, die sich im Abseits hielten. Henry David Thoreau mit seiner Hütte am *Walden Pond* bei Concord ist der Held dieser Tradition (obwohl er sich sehr wohl eingemischt hat). *Ich liebe es, allein zu sein*, sagte er: *Ich habe nie eine Gesellschaft gefunden, die so umgänglich war wie die Einsamkeit.* Statt selbstgenügsamer Individuen trifft man freilich häufig Amerikaner an, die auf den Vergleich mit anderen erpicht und in ihm befangen sind. James Buchan, ein kluger Beobachter der Vereinigten Staaten, der aus seinen altenglischen Vorbehalten keinen Hehl macht, hat gemeint, er verstehe nicht, warum alle vom amerikanischen Individualismus reden, während Amerikaner doch *anscheinend fast nichts für sich allein machen können*. Einsamkeit paßt aber nicht zu dieser Art von Individualismus, wonach Menschen im Vergleich zu anderen *einen Unterschied machen* wollen. Das Besondere, das sie leisten, soll nichts Abgesondertes sein.

Bemerkenswert an dem Kompliment *You make a difference!* ist, daß der *Unterschied*, von dem da die Rede ist, automatisch schon positiv gewertet wird. So wird dieses Kompliment zu einem waghalsigen Motto der amerikanischen Utopie selbst. In ihm liegt die Annahme, daß Menschen, wenn sie nur abweichende Wege gehen, fruchtbar wirken. Umgekehrt können dann Nachahmung, Wiederholung, Gleichförmigkeit, Konformismus nichts anderes sein als das Schlechte, das Böse selbst. Ralph Waldo Emerson: *Wer auch immer Mensch sein will, muß Nonkonformist sein. (...) Jeder ist seinem Gefährten in irgendeiner Fähigkeit unmeßbar überlegen.* Walter Lippmann: *Der amerikanische Traum kann, wie ich denke, in dem Satz zusammengefaßt werden, daß der undisziplinierte Mensch das Salz der Erde ist. (...) So sind wir im Wortsinne ein exzentrisches Volk.*

Würde jemand etwas Schlechtes tun, wäre dies eben nicht etwas anderes, sondern nur wieder die Wiederholung des altbekannten Übels. Zum Guten gehört das Ungewöhnliche, Anstrengende. Darin scheint das Eingeständnis zu liegen, daß in Amerika das Gute die Ausnahme ist, das Schlechte aber die Regel. Da aber jeder Amerikaner ein Individuum, eine Ausnahmeerscheinung ist (oder jedenfalls sein will! oder nur sein soll?), ist jenes Gute doch so selten nicht. So soll sich das Spiel zum Guten wenden: Wenn die Ausnahme zur Regel gemacht ist, wird die Utopie zur Wirklichkeit. Wenn aber jeder einen Unterschied macht, sind sich darin doch alle gleich.

+++

In einem amerikanischen Werbespot der Firma *Reebok* läuft eine große Masse von Menschen, eng nebeneinander, durch eine Straße zwischen Häuserschluchten. Alle sind gleich gekleidet, alle ähneln sich, gezeigt wird so etwas wie ein Marathonlauf im faschistischen Gleichschritt. Schwarz-Weiß-Bild. Die Kamera fährt auf einen der Laufenden zu, und plötzlich zerbricht dessen Haut wie Glas, in Scherben platzt das von ihm ab, von dem man vorher gedacht hatte, es sei eben ,er selbst', und der Mensch bekommt eine neue, bunte Gestalt. Er hat sich nicht nur kosmetisch verändert, er ist verwandelt. Wechsel zum Farbbild. Die alten Schuhe platzen ab, und jetzt trägt er *Reebok*. Dann die Schrift, eingeblendet: *You'll never feel the same.*

+++

Eine der wichtigsten Empfehlungen in dem Bestseller *Die Regeln: Bewährte Rezepte, sich den Richtigen zu angeln* von Ellen Fein und Sherrie Schneider lautet: *Heb dich heraus.* Die Erläuterung dazu lautet: *Ein einzigartiges Wesen zu sein – das hat mit Haltung zu tun, mit einem Sinn für Selbstvertrauen und Ausstrahlung, der dich von Kopf bis Fuß durchdringen muß. Es ist die Art zu lächeln (du erleuchtest den Raum), zwischen Sätzen eine Pause zu machen (du plapperst nicht nervös), zuzuhören (aufmerksam), zu schauen (mit einem ernsten, niemals starren Blick), zu atmen (langsam), dazustehen (gerade), zu gehen (straff, mit zurückgezogenen Schultern). Wenn eine Beziehung nicht funktioniert, wisch dir schnell die Tränen weg, damit sie dein Make-up nicht zerstören, und mach weiter!*

+++

Amerika mag davon träumen, daß jeder Unterschied zum Guten ausschlägt. Und doch gibt es Abwege ins Furchtbare. Direkt nach dem Attentat in der *Columbine High School* in Littleton/Colorado am 20. 4. 1999, in dem die Schießwut zweier Schüler 15 Menschenleben kostete, wurde von zwei ganz verschiedenen Unterschieden geredet, und selten ist die amerikanische Utopie vom schlechthin guten Unterschied so brutal desavouiert worden.

Von den Tätern sagten Mitschüler nachträglich: *They wanted to be different.* Sie galten als Außenseiter, und ihre Hauptfeinde waren der Stolz der Schule: die Sportler, die sogenannten *jocks,* die überall in der ersten Reihe und an erster Stelle standen. Diese Sportler traten nun auf und sagten im Blick auf die weitere Zukunft dieser gebeutelten Schule: *We want to make a difference.*

So fern sind sich Unterschiede selten gewesen. Die sogenannte *Trenchcoat Mafia,* in der Eric Harris und Dylan Klebold, die Attentäter von Littleton, zeitweise Mitglieder gewesen waren, hatte programmatisch erklärt: *Irre sein ist gesund! (…) Bleibt lebendig, bleibt anders, bleibt verrückt!* Und wenn man sich nach dem Attentat sammelte, um gegen Gewalt Haltung zu beziehen, dann berief man sich doch auch wieder auf *making a difference.* Bei denen, die von ferne auf Littleton blickten, wirkte dies manchmal ziemlich arrogant. Joanne Braxton, eine Kulturwissenschaftlerin, sagte anläßlich einer Trauerfeier am renommierten *College of William and Mary* kurz nach dem Attentat: *Was in Littleton pas-*

siert ist, würde hier nie passieren. ‚Making a difference‘ macht sicher. Erhaltet Euch diesen Unterschied.

+++

Die These, daß jeder anders sei als alle anderen, wirkt gewagt in einem Land, das doch nicht einfach aus Individuen besteht, sondern in Gruppen zerfällt: ethnische, religiöse, kulturelle Minderheiten. Hautfarben lassen sich bekanntlich nicht individualisieren. Und doch wird der amerikanische Individualismus aufgeboten, um jene Gruppen aufzulösen und jedem einzelnen gewissermaßen eine Sondereinladung zu schicken, die ihn zur Teilnahme am ‚amerikanischen‘ (nicht: ‚chinesischen‘, nicht: ‚schwarzen‘) Leben aufruft.

Genausogut kann man aber sagen: Der amerikanische Individualismus ist ein Täuschungsmanöver, mit dem die Bedeutung jener kollektiven Identitäten übertüncht wird: vor allem die Unterschiede zwischen Weißen einerseits, Schwarzen und Lateinamerikanern andererseits. Wer nur von Individuen redet, tut so, als ginge es nur um deren einzelne Bewegungen, und unterschlägt die unterschiedlichen Spielräume, die ihnen, abhängig vor allem von der Hautfarbe, zur Entfaltung eingeräumt werden.

Diesen Zwiespalt wird die Idee der individuellen *difference* in Amerika nicht abschütteln können. Eine Spur dieser positiven Bindung an *Unterschiede* findet sich nun aber nicht nur bei Individuen, sondern auch beim Verhältnis zwischen Weißen und Schwarzen. Manche im amerikanischen Süden ziehen im Hinblick auf diesen tiefen Konflikt einen gewagten Schluß: Sie entdecken nämlich genau dort, wo die Rassenkonflikte am schärfsten gewesen sind, ein Potential für das Gefühl der Zusammengehörigkeit; sie hoffen – kurz gesagt – auf das, was man in den Vereinigten Staaten den *Neuen Süden* nennt. In diesem *Süden* soll nach der Zeit der Abgrenzung die Einsicht wachsen, daß Weiße und Schwarze in ihrem Selbstverständnis doch auf die jeweils andere Seite angewiesen sind. In gewisser Weise gehören diejenigen, von denen man sich abgrenzt, zur eigenen Identität. An der Unterscheidung soll Gemeinsamkeit wachsen. So sagte der schwarze Schriftsteller Ralph Ellison kurz vor seinem Tod 1994: *Man kann nicht aus dem Süden kommen, ohne Schwarzer zu sein, und man kann kein schwarzer Südstaatler sein, ohne weiß zu sein.* Und

Harvey Gantt, ehemaliger Bürgermeister von Charlotte/North Carolina, erklärte, *daß wir hier immer den anderen im Kopf haben, weil wir so eng zusammenleben: Wenn überhaupt eine Lösung für das Rassenproblem in diesem Land gefunden werden kann, dann wird dies im Süden sein, weil hier alles so ineinander verstrickt ist.*

Von einer – ziemlich fernen – Zukunft ist hier die Rede. Als Percy Reeves, ein schwarzer Pfarrer, in Charlotte/Virginia eine Gemeinde übernahm, deren Mitglieder zu 99 Prozent weiß waren, sah er darin ein aufregendes Experiment zur Überwindung der Rassentrennung, die in der Religionsausübung ja auch noch gilt. In einer Predigt sagte er: *Die wahrhaft großen Dinge, die Gott durch uns tun wird, die wahrhaft wundervollen Dinge, die Gott in uns zur Vollendung bringt, erfordern alle einen Wandel der Herzen. Die Bibel sagt: „Stellet euch nicht der Welt gleich, sondern verändert euch durch Erneuerung eures Sinnes."*

Das Bibelzitat (Röm. 12,2), das Reeves anführte, ist bemerkenswert – aus zwei Gründen. Reeves sagte wörtlich: *Be not conformed to the world* – und damit machte er blitzartig den christlichen Hintergrund deutlich, der zum Antikonformismus des bewegten Amerikaners gehört. Bemerkenswert ist das Bibelzitat aber auch deshalb, weil Reeves es nicht ganz genau wiedergegeben hat: Im Original ist eigentlich die Rede von der Anpassung an *diese* Welt, die zu überwinden sei. Im biblischen Sinne geht es also um eine Abkehr von der reinen *Diesseitigkeit* des Lebens. Bei Reeves war aber nicht von der Abkehr von der Welt die Rede, sondern von Veränderungen *in* dieser Welt – eben davon, ‚einen Unterschied zu machen'. So wollte er die gesuchte Erneuerung in die Bewegung des Lebens selbst hineinbringen.

Einige Zeit nach Reeves' Dienstantritt waren die Mitglieder seiner Gemeinde zu 80 Prozent schwarz.

+++

Alexis de Tocqueville: *Sind die Menschen, die in einer demokratischen Gesellschaft leben, aufgeklärt, so entdecken sie mühelos, daß nichts sie einschränkt und festhält und sie zwingt, sich mit ihrem gegenwärtigen Los zufrieden zu geben. Sie nehmen sich also alle vor, sich zu entwickeln, und wenn sie frei sind, versuchen sie alle, dies zu tun, aber nicht allen gelingt es in der gleichen Weise.*

Bildung

Jeden, den ich treffe, stelle ich unter Verdacht. Er könnte mich dazu verleiten, daß ich auf ihn höre oder mich gar an ihn binde. Er könnte annehmen, daß ich demnächst noch derselbe bin wie vorhin. Aber wer sagt denn, daß ich mir gleich bleibe? Was teile ich mit meinen Zeitgenossen? Mein Geist wandert zur nächsten Chance, meine Phantasie schweift schutzlos ins Unbekannte. In diesem Land bleibt nicht nur kein Stein auf dem andern, hier sind die Häuser gleich aus Holz gebaut. Wenn jeder sich bewegt, stört alles, was starr ist. Wenn jeder anders ist, ist alles schlecht, was gleichmacht.

Wer wird dann beurteilt – und verurteilt? Die Schule zum Beispiel.

+++

Bei einem Vergleichstest, an dem zwanzig Industrieländer teilnahmen, belegten die amerikanischen Zwölftkläßler in Mathematik den drittletzten Platz – knapp vor Zypern und Südafrika. Das ist sehr beruhigend.

Wären die Ergebnisse besser, müßten die Amerikaner sich ernsthaft Sorgen machen. Dudley Herschbach, Nobelpreisträger und Chemie-Professor in Harvard: *Die Wissenschaft ist ein grundsätzlich optimistisches Unternehmen – so wie Amerika. Sie ist eine Art Spiel, bei dem es nicht so sehr darauf ankommt, alles gleich richtig zu machen, und wenig Wert auf Regeln gelegt wird. Es mag sein, daß die Kinder bei uns in der High School durch die Hölle gehen, aber so bleibt ihnen Energie für später, wenn es mehr drauf ankommt. Gute Wissenschaft hängt ab von Freiheit – Freiheit der Forschung, der Kommunikation und der Gedanken, und sie gehört zum Kern der amerikanischen Idee.* Larry Cuban, Pädagogikprofessor in Stanford: *Die Amerikaner sind mit ihrem Einfallsreichtum und ihrer Innovationsgabe offenbar so geschickt darin, mit schwierigen Problemen zurechtzukommen, daß man darüber spekulieren könnte, ob die Entwicklung, die die amerikanischen Schulen genommen haben, die eigentliche Quelle für jene Kreativität und Innovation ist.* Howard Gardner, Pädagogikprofessor in Harvard: *Was in anderen Ländern abschreckend wirkt, ist der gerade und enge Weg, dem man folgen muß. Wer herausfällt, hat es sehr schwer zurückzukommen. Hier bei uns ist das System viel chaotischer. Aber auch die Weltwirtschaft ist chaotischer. Das paßt also gut zusammen.*

Bei Tests ist alles standardisiert. In der Welt ist alles in Bewegung. Wer gut ist in Tests, kommt mit dem Leben nicht zurecht. Wenn alteingesessene Amerikaner von der Angst umgetrieben werden, daß sie von den Asiaten, die bei den Eingangstests für die Eliteschulen des Landes regelmäßig Kantersiege landen, an die Wand gedrängt werden, dann trösten sie sich damit, daß der Erziehungsminister Singapurs in die Vereinigten Staaten kam, um Anschauungsunterricht zu nehmen, und deprimiert sagte: *Alles, was unsere Schüler können, ist: Tests schreiben.*

Manche wundern sich vielleicht, warum die Wirtschaft Amerikas trotz der schlechten Verfassung seines öffentlichen Bildungssystems unangefochten führend ist. Folgt man der Logik der Idee der Bewegung, so ist jene Verwunderung ganz unnötig. Ihr zufolge müßte man geradezu sagen, daß die Wirtschaft deshalb führend sei, weil die Schulen so schlecht seien.

Glauben sich die Professoren selbst, wenn sie chaotische Schulen feiern, die lauter künftige Helden der Bewegung hervorbringen? Man darf mit einiger Sicherheit annehmen, daß sie ihre eigenen Kinder auf Schulen schicken, die alles andere als chaotisch sind, und daß sie unruhig auf die Resultate der vergleichenden Tests warten, denen ihre Kinder dort regelmäßig unterzogen werden. Wenn die Professoren vom kreativen Chaos schwärmen, so meinen sie nicht das alltägliche Chaos; sie haben Edleres im Sinn. Sie meinen nicht die *Colonel Jacob Ruppert High School*, in der das Ideal amerikanischer Beweglichkeit zur rauhen Landung ansetzt. Diese Schule hatte Henry Lamb besucht, bevor ihn Sherman McCoys Geliebte Maria mit dem Mercedes rammte. (So jedenfalls wird die Geschichte in Tom Wolfes Roman *Fegefeuer der Eitelkeiten* erzählt.)

+++

Dies ist ein Auszug aus dem Gespräch, das – folgt man Tom Wolfe – der Reporter Peter Fallow mit Zane J. Rifkind, Henry Lambs Lehrer an der *Ruppert High School* geführt hat.

– *Ich würde gerne erfahren, Mr. Rifkind, welche Art Schüler Henry Lamb ist.*

– *Welche* Art?

– *Na ja, würden Sie sagen, er ist ein* herausragender *Schüler? (…)*

– *An der* Ruppert *benutzen wir zwar Vergleichskategorien, aber* herausragend *gehört nicht dazu. Die Bandbreite geht eher von* kooperativ *bis* lebensgefährlich. *(…)*

– *Würden Sie ihn als einen guten Schüler bezeichnen?*

– *Auch* gut *läßt sich an der* Ruppert *nicht recht verwenden. Es geht eher darum: ,Kommt er zum Unterricht oder nicht?' (…) Sie müssen wissen, daß man mir ungefähr fünfundsechzig Schüler pro Klasse gibt, wenn das Schuljahr beginnt, weil man weiß, daß zum Halbjahr nur noch vierzig übrig sind und am Jahresende dreißig. (…) Henry ist ein netter junger Mann, der sich bemüht und eine Schulausbildung haben möchte. Was soll ich ihnen sonst noch sagen?*

– *Lassen Sie mich noch folgendes fragen: Wie steht es bei ihm mit schriftlichen Arbeiten? (…)*

– Schriftliche *Arbeiten? An der* Ruppert *gibt es schon seit fünfzehn Jahren keine schriftlichen Arbeiten mehr! Vielleicht seit zwanzig! Man macht Multiple-Choice-Tests. Lesefertigkeit, das ist der große Schlager. Der Unterrichtsausschuß kümmert sich um nichts anderes. (…) An der* Colonel Jacob Ruppert High School *ist ein Musterschüler jemand, der den Unterricht besucht, nichts kaputtschlägt, zu lernen versucht und im Lesen und Rechnen ordentlich ist.*

+++

Mit dem Alltag in dem Schulsystem, das nach Stephen Spielberg *wohl das schlechteste der Welt* ist, hat das pädagogische Ideal vom kreativen Chaos nicht viel zu tun. Nun ist es ja bei Idealen üblich, daß sie der Wirklichkeit fernstehen. Aber auch wenn man sich nur auf der idealen Ebene bewegt, bleibt jene Rede vom kreativen Chaos eine arg unzulängliche Charakterisierung dessen, was die amerikanische Bewegung ausmacht und was die amerikanische Schule umtreibt. Auf dem Schauplatz Schule greifen die zwei großen Typen der amerikanischen Bewegung ineinander – und streben auseinander. Wer die Kreativität feiert, erwähnt nur die halbe Wahrheit, nur das Überraschungsmodell der Bewegung. Was ihm entgeht, ist das zweite Modell: das Planungsmodell der Bewegung.

Schüler, die nach dem Planungsmodell leben, erstellen zum Beispiel *eine Rangliste der fünf wichtigsten Ziele,* die sie in einem Jahr erreichen wollen, schätzen ab, *wann die Erfüllung ihrer Träume zu erwarten ist,* und bedenken die nächsten *drei Schritte,* die sie zu der Person machen, die sie sein wollen (vgl. S. 27). Wenn deutsche Kinder in der Schule solche Fragen beantworten müßten, die zur Festlegung individueller Ziele und Zeitpläne auffordern, würden sie darin wohl eine Zumutung sehen. Freilich gibt es sowieso niemanden, der sie zu einer solchen Reflexion über ihr eigenes Leben auffordert. Aber entgeht ihnen da vielleicht etwas? Was geschieht, wenn jene Reflexion – wie in Amerika – selbstverständlich ist?

Es kommt hier nicht darauf an zu kontrollieren, ob bestimmte Leistungen erbracht und Standards erreicht werden; es geht nicht darum, irgendeine Latte zu überspringen, die ein anderer aufgelegt hat. Jene aufdringlichen Fragen sind nichts anderes als ein großzügiges Geschenk. Plötzlich merken die Kinder: Hoppla, da bin ich. Sie werden dazu ermutigt, sich als Individuen zu sehen und zu überlegen, was sie denn, über den Tag hinaus, mit ihrem Leben anstellen könnten. In jenen Fragen liegt ein eigentümlicher Ernst, der die Unbeschwertheit stört, in der Kinder sich um die Zeit nicht scheren. Ihnen wird die Dimension eröffnet, in der sie ihre Lebenszeit zu begreifen beginnen. Was den Kindern geschenkt wird, ist ihr eigenes Leben, und sie setzen es in Bewegung. So aber entpuppt sich der Vorbehalt gegen jene Fragen als Vorurteil. Viele amerikanische Schulen sind in einer desolaten Verfassung, belastet durch soziale Probleme und finanzielle Beschränkungen. Doch in vielen Schulen bemüht man sich, den Kindern ihr eigenes Leben zum Geschenk zu machen. Damit bringt man ihnen weit mehr Respekt entgegen, als dies etwa in Deutschland oder gar in Frankreich üblich ist.

Doch an diesem Geschenk ist – so, wie es dort verpackt wird – etwas Tückisches. Mitgeliefert wird nämlich zugleich eine genaue Anleitung, wie man denn mit dem eigenen Leben umgehen soll.

Festgelegt werden Regeln für die Art der Eigenbewegung, die zu vollziehen man sich anschickt. Folgt man ihnen, so entwickelt man sein Leben wie ein neues Produkt. Es bekommt einen Stufenschnitt, und auf jeder neuen Stufe soll es sich selbst übertreffen. Das Leben soll planbar werden. Die Gegenwart steht unter dem Joch des Vergleichs, und man arbeitet an seinen Schwächen wie an Materialfehlern.

So wird das Geschenk, mit dem man sein Leben erhält, im Handumdrehen wieder halb zurückgenommen. Es ist nicht vorgesehen, mit dem eigenen Leben auch noch auf eigene Weise umzugehen. Teils eignet man sich sein Leben an, teils wird man enteignet. In dem Maße, wie sich den Kindern die Zeit des eigenen Lebens eröffnet, wird, Zug um Zug, eine Ausrüstung mit ihren Leibern verschweißt, mit der sie sich in ihr zu bewegen haben. Die Ausrüstung zur Lebensplanung.

In der Goethe-Kritik Walter Benjamins heißt es, daß die Maxime *„Suche allem im Leben eine Folge zu geben"* ganz sicher eine *der abscheulichsten* sei, *der man bei Goethe zu begegnen, nicht vermuten würde*; sie stelle *das Postulat des Fortschritts in seiner windigsten Observanz* dar. Wenn bei Goethe die Folgerichtigkeit windig ist, dann ist sie in Amerika stürmisch. Ihr frönt die geplante Bewegung. Wer sich ihr verschreibt, will sich nicht überraschen lassen, findet das kreative Chaos gefährlich und legt Wert darauf, Schritt für Schritt im eigenen Leben zu messen.

+++

Wer einen Platz am Kindergarten der hochangesehenen *Hunter School* in Manhattan ergattern will, muß sich dem sogenannten Stanford-Binet-Test unterziehen, einem kindgerechten IQ-Test. Im Jahr 1998 haben sich vier Prozent aller Kinder in Manhattan an dieser Schule beworben. Von denen, die den Mut aufbringen und sich der Mühe der Vorbereitung, des Tests und des Interviews unterziehen, werden dann vier Prozent aufgenommen, jedes fünfundzwanzigste Kind (und jedes dieser Kinder hat dann einen IQ von 131 aufwärts). Vier Prozent: dieser Prozentsatz gilt übrigens auch bei einer der edelsten öffentlichen Schulen des Landes, der *Stuyvesant High School* in New York; dort werden von 18 000 Schülern, die sich einem schriftlichen Test, dem einzigen Zulassungskriterium, unterziehen, rund 700 aufgenommen.

Kami Kim, die Mutter von Clayton, der sich beim Kindergarten der *Hunter School* beworben hat, sagt: *Das ist das typische New Yorker Ding, wo es sozusagen darum geht, durch den richtigen Reifen zu springen. Du siehst, wie alle Freunde verrückt danach sind, und denkst, vielleicht sollte ich auch verrückt danach sein.* Sie selbst hat in Harvard studiert, und als ihr Sohn *durchrasselt*, meint sie, in dem ernüchternden Testergebnis liege *eine Wahrheit, die die Neurose fördert.*

Der Unterricht in der *New Trier High School* in Winnetka, Illinois, die in einer von *Newsweek* erstellten Rangliste öffentlicher Schulen stolz den dreißigsten Platz belegt, dauert üblicherweise von 8 Uhr 10 bis 15 Uhr 20, aber die freiwilligen Frühstarter-Klassen, die um 7 Uhr beginnen, sind bestens besucht. An einem Tag im Februar 1998 fällt freilich zur Verwunderung der Schüler der Unterricht aus; die Schulleitung bittet zum Gespräch mit Alfie Kohn, der den Bestseller *No Contest: The Case against Competition* veröffentlicht hat. Kohn erklärt: *Wenige Werte werden in amerikanischen Klassenzimmern nachhaltiger gefördert als derjenige, daß es wünschenswert sei, andere Leute auszustechen. Entgegen etablierter Meinung ist Konkurrenz nicht in der menschlichen Natur verankert, sondern vergiftet unsere Beziehungen, beschädigt unser Selbstwertgefühl und hält uns davon ab, unser Bestes zu tun.* Wie wirkt die Strafpredigt? Die Antwort von James Conroy, einem Erziehungsberater an der Schule: *Die Jugendlichen sagen zu mir: „Unter Konkurrenzbedingungen entfalte ich mich." Und ich denke nicht, daß es da dramatische Änderungen geben wird.*

Zur Bewerbung beim angesehenen *Wellesley College* müssen die *High School*-Absolventen einen Essay einreichen, dessen Thema lautet: *Erörtern Sie eine bedeutsame eigene Erfahrung oder Leistung, die für Sie herausragende Bedeutung hat!* Und so hadert die siebzehnjährige Jessica Roeper aus Newton/Massachusetts damit, daß noch niemand in ihrer Familie gestorben ist, *denn dann könnte ich darüber schreiben. Es ist schrecklich und ich hasse mich für diesen Gedanken. Aber ich wünschte mir eben, daß mir schon irgend etwas Tragisches zugestoßen wäre. Ich habe mein ganzes Leben lang in Newton gelebt, und mein Leben war schön, aber es war ‚Newton'!* Janet Lavin Rapelye, zuständig für Neuaufnahmen beim *Wellesley College*, zeigt Verständnis: *Es ist wirk-*

lich schwierig für Schüler, Essays darüber zu schreiben, was sie einmalig macht.

Das ist das Spannungsfeld auf dem Schauplatz der amerikanischen Pädagogik: Einmaligkeit wird erwartet von Bewerbern, die Konformisten zu werden drohen, weil sie lebenslang damit beschäftigt waren, sich auf eben diese Bewerbung perfekt vorzubereiten. Vielleicht werden sie zu Konformisten eigener Art und sind sich nur selber treu, keinem sonst: Dann verhalten sie sich konform – nur zu sich selbst. Vielleicht entwickeln sie aber auch eine andere Treue zu sich selbst: Dann spüren sie, daß dieses ‚Selbst' kein starres Ding ist, sondern sich bewegt und wandelt; dann tun sie nicht so, als blieben sie, was sie sind, und der Konformismus schlägt doch wieder um in Nonkonformismus.

+++

Wenn die Planung zur Regel geworden ist, dann braucht man auch Ausnahmen, die die Regel bestätigen. Diese Ausnahmen werden natürlich ihrerseits wieder gerne verplant, also: ritualisiert. Eines der traditionsreichsten Rituale der Planlosigkeit findet alljährlich in der Nacht nach dem ersten großen Schneefall an der *Princeton University* statt: die sogenannte *Nacktenolympiade*. Die Studenten eines bestimmten Studienjahres versammeln sich auf einem großen Platz inmitten der Universität, dem *Holder Courtyard*, und rennen nackt oder allenfalls mit Stiefeln und Schals bekleidet stundenlang im Schnee umher. Lance Nedham, ein Student, stellt die rhetorische Frage: *Warum sonst sollte man Princeton gegenüber Harvard oder Yale vorziehen?* Sein Kommilitone Steven Caputo meint: *Ich bin mindestens zehnmal um den Platz gerannt, es war phantastisch. Es war wirklich ein befreiendes Gefühl.* Und Brian Stewart sagt: *Die Nacktenolympiade ist etwas, wo alle zusammenkommen und wahrscheinlich verrückter sind als sonst an irgendeiner Universität. Während wir also während des ganzen Rest des Jahres überhaupt nicht verrückt sind, gleichen wir das in einer einzigen Nacht wieder aus.* Der Rektor der Universität, Harold Shapiro, blickt freilich nach einigen Zwischenfällen mit alkoholisierten Studenten unwillig auf das nächtliche Treiben. Und ehemalige Studenten, die diese Sitte doch selbst schon gepflegt haben, appellieren an ihre Nachfolger, doch wenigstens *in würdiger Weise nackt herumzulaufen.*

Rituale dieser Art gibt es an den meisten Universitäten Amerikas, und am simpelsten werden Ausnahmezustände mit rauschfördernden Hilfsmitteln herbeigeführt. Rob Jordan, der gerade sein Studium am *Hartwick College* aufgenommen hatte, tat sich an einem Wochenende im Mai 1997 mit fünfzig Freunden zusammen, sie kauften für 800 Dollar Schnaps und Fruchtsaft, mixten beides in großen Plastikkanistern zusammen und feierten eine Party. Einer, der dabei war, erinnert sich: *Wir hatten eine großartige Zeit. Nach einer Weile haben die Leute alle Vorsicht in den Wind geschlagen. Es ging darum, sich vollzudröhnen. Es gab keine Regeln mehr.* Drei Wochen nach der Party fand man Rob Jordan ertrunken im Fluß. Im Jahr 1996 gab es an amerikanischen Universitäten 16237 Festnahmen wegen Trunkenheit.

Es gibt auch Studenten, die keine planlosen Auszeiten für sich zulassen. Jason Altom war ein hochbegabter Doktorand am Chemielabor des Nobelpreisträgers Elias J. Corey in Harvard. Man kann fast sagen, daß er sein Leben nicht führte, sondern gewissermaßen durchführte – so wie seine Experimente. Das hieß auch, daß er ein *date* mit einer Freundin im voraus minutiös plante. Andrew Black, ein Freund erinnert sich: *Wenn er ausging, verbrachte er die Tage davor damit, den ganzen Ablauf zu planen – wohin sie essen gehen, was sie danach tun würden. Er sagte: „Es muß Spaß machen." – „It's gotta be fun."* Er ging beim Spaßhaben, so meint Black, *gewissermaßen methodisch vor.* Als Jason Altom mit seinem höchst ehrgeizigen Dissertationsprojekt gescheitert war, beging er Selbstmord.

+++

Die Armee ist die Schule der Nation. Das heißt in Amerika: Die Armee ist die Schule des Individuums. Sie muß sich als Institution, die auf Disziplin erpicht ist, doch dem Ideal individueller Bewegung andienen. Generalmajor Mark R. Hamilton findet werbende Worte: *Die Herausforderungen, die heute vor Ihnen liegen, sind einmalig in der Geschichte. Niemals war eine gute Ausbildung wichtiger oder hatte höhere Bedeutung. Niemals war es für den Beruf notwendiger, über Fähigkeiten im Umgang mit modernsten Technologien zu verfügen. Und niemals zuvor war es wichtiger für den ersten Schritt in die Zukunft Ihrer Wahl, einen Plan zu haben. Wir benutzen die Abkürzung T.E.A.M.S., um alle*

Angebote der Armee zusammenzufassen: ,training', ,education',
,adventure', ,money for college', ,service for the country'. Ob Sie
daran interessiert sind, ein Handwerk zu lernen, eine Universi-
tätsausbildung abzuschließen oder in der Armee Karriere zu ma-
chen – die U.S. Army bietet Ihnen einen großartigen Start ins Le-
ben. Und einen Plan – Ihren Plan dafür, alles zu sein, was Sie sein
können. Treffen Sie kluge Entscheidungen. Planen Sie, bereiten
Sie sich vor.

Die Armee tritt nicht als Hort der Disziplin auf, sondern kultiviert die maximale Selbstentfaltung; der Mobilisierung im
Kriegsfall korrespondiert die Selbstmobilisierung im Normalfall.
Im *G. I.*, wie er in der Propaganda auftritt, sind auf wunderliche
Weise Planungs- und Überraschungsmodell vereint. Die Armee
lockt mit dem Kitzel, alles aus jemandem herauszuholen, und
liefert den Plan zur Persönlichkeitsbildung: *Abenteuer – das*
heißt: neuen Herausforderungen begegnen, von ihrer Größe ein-
geschüchtert sein und sie am Ende überwinden. Von den ersten
acht Wochen des Grundwehrdienstes bis zu dem Tag, an dem Sie,
mit unendlich viel mehr Fähigkeiten und Selbstvertrauen als zu
Anfang, aus dem Dienst ausscheiden, ist die Armee eine Erfah-
rung, die nie einfach Vergangenheit wird. Sie entwickeln einen
Charakter, der ihnen ein Leben lang treu bleiben wird.

Be all that you can be – das ist der offizielle Slogan, mit dem die
amerikanische Armee Rekruten anwirbt; mit ihm hadert der Philosoph Stanley Cavell: *Mancher findet es wahrscheinlich schwie-*
rig, diesen Slogan zu unterscheiden von einer Bemerkung Emer-
sons, in der er in einer Liste der „wenigen wichtigen Punkte",
deren Einhaltung das „Geheimnis der Kultur" ausmacht, den
„Mut, das zu sein, was wir sind", aufführt. (...) (Nietzsche gibt
seinem „Ecce Homo" den Untertitel: „Wie man wird, was man
ist.") Die Ähnlichkeiten, die zwischen Armee und Emerson auftreten, hält Stanley Cavell freilich für scheinbar. Er meint, daß
Emersons *Lehre von der Vervollkommnung verlangt, wir sollten*
uns in einer bestimmten Weise unserer selbst, unseres gegenwärti-
gen Zustands schämen, und daß ein von Emerson beeinflußter
Nietzsche verlangt, wir sollten uns hassen – als Zeichen dafür, daß
wir einem späteren Selbst gewidmet sind (vielleicht wäre es auch
ausreichend zu sagen, wir sollten uns über uns langweilen); im
Werbeversprechen, „alles zu sein, was man sein könne", besteht

das Angebot dagegen darin, auch gleich mitzuteilen, *was man alles sein kann, und zwar in erster Linie: ein Söldner.*

Mit der soldatischen Selbstverwirklichung bleibt man dem Ideal des bewegten Lebens treu, wie man Idealen oft treu bleibt: indem man sich nämlich nur ein bißchen an sie hält. Halb dem Planungsmodell der Bewegung folgen – das heißt hier: Man hält sich an einen Plan; aufgestellt aber wird er von anderen. Halb dem Überraschungsmodell folgen – das heißt hier: Das Unerwartete, das man erlebt, stammt aus dem Drehbuch des Pentagon. Und doch hat Stanley Cavell Mühe, von dem ihm so teuren Ralph Waldo Emerson den Aufkleber abzukratzen, auf dem der Wahlspruch der Armee prangt. Gelingen kann dies nur, wenn die Regie, die die Armee an sich gezogen hat, wieder in die Hände des Individuums gelegt wird.

+++

Die Stunde der Individuen schlägt spätestens, wenn die Ausbildung zu Ende ist. In jedem Frühsommer sorgen die Feiern für die frisch Graduierten an den Schulen und Universitäten für einen Triumph des Ideals der Bewegung – und zwar vor allem für die Idee der Überraschung. Es beginnt die Zeit der Ungewißheit, und das Leben, in das man hinaustritt, hält Wendungen bereit, die die Planung in ihre Grenzen weisen und das Erlernte einstauben.

Es liegt in der Logik der Idee der Bewegung, daß das Examen nicht als Ende, sondern als Anfang interpretiert wird. Der Blick richtet sich nicht zurück, sondern nach vorn. So heißt auch die Feier zur Verleihung der akademischen Grade *Commencement*, also Neubeginn. Deren krönender Höhepunkt ist eine eigene literarische Gattung: die *Commencement Speech*. Prominente Politiker, Künstler, Showstars, Manager und Wissenschaftler werden geladen, um die jungen Menschen über das Verhältnis zwischen Studium und Leben aufzuklären, und regelmäßig nutzen sie die Gelegenheit, auf die Grenzen des Planungsmodells hinzuweisen – so auch in den Jahren 1998 und 1999.

Keith E. Bailey, Chef der *Williams Companies* bringt den Studenten der Universität von Tulsa die beunruhigende Botschaft, daß in den Naturwissenschaften alle 12 bis 18 Monate zwanzig Prozent des erlernten Wissens unnütz werden. Vance D. Coffman, Vorstandsvorsitzender von *Lockheed Martin* gelingt das

Kunststück, in seiner vierminütigen Rede vor den Studenten des *Stevens Institute of Technology* sechzehnmal das Wort *Traum* zu benutzen. Ex-Präsident Jimmy Carter warnt im *Trinity College*: *Wir neigen dazu, uns in einer Welt einzukapseln, die wir selbst geschaffen haben. Aber draußen wartet noch eine weite Welt auf uns.* Muriel Siebert, die erste Frau, die auf dem Parkett der New Yorker Börse zugelassen wurde, sagt in der *Case Western Reserve University*: *Wenn Sie auf eine verschlossene Tür stoßen, die sich nicht leicht öffnen läßt, lassen Sie sich nicht entmutigen. Nehmen Sie Anlauf und treten Sie die Tür ein.* Die Autorin Wendy Wasserstein sagt den Studenten im *Merrimack College* voraus, daß sie zum Weitblick auf *Jahrtausendwende* und *Informationsrevolution* kaum Zeit finden werden, weil sie Tag für Tag darum kämpfen werden, das Leben wieder *unter Kontrolle zu kriegen.* Die Bitte der Präsidentengattin Hillary Clinton, geladen von der *Howard University*, lautet: *Verwechseln Sie nicht ,eine Karriere machen' mit ,ein Leben leben'. Das ist nicht dasselbe.* Der renommierte Talkshow-Moderater Charlie Rose sagt den Studenten der *Long Island University*: *Die Leute, die verrückt genug sind zu denken, daß sie die Welt verändern können, tun dies auch. (...) Zielt auf den Mond, zielt auf die Sonne, denn selbst wenn Ihr danebenschießt, landet ihr doch bei den Sternen.* Robert E. Rubin, der ehemalige Finanzminister, erklärt bei der Feier der *New York University*: *Die einzige Gewißheit ist, daß es keine Gewißheit gibt.*

Jeweils richten die Redner ihren Angriff gegen die geschlossene Welt – mit ganz verschiedenen Mitteln. Mal wird sie durch Tatkraft gesprengt, mal durch Einsicht; mal soll man träumen, mal verlernen; mal drängt sich das Leben in all seiner Unübersichtlichkeit auf, mal soll man die Scheuklappen der Karriere ablegen, die das Leben verdecken.

Ein Vorgänger all dieser Festredner sagte bei der *Commencement*-Feier der *Yale University* am 11. Juni 1962: *Der große Feind der Wahrheit ist oft nicht die vorsätzliche, tückische, betrügerische Lüge, sondern der hartnäckige, suggestive, wirklichkeitsfremde Mythos. Zu oft halten wir fest an den Klischees unserer Vorfahren. Wir unterwerfen alle Tatsachen einem vorgefertigten Satz von Interpretationen. Wir genießen die Bequemlichkeit der Meinungen ohne die Unbequemlichkeit des Denkens.*

In diesen Sätzen John F. Kennedys steckt der Wahrheitsbegriff, den die Amerikaner verfechten, um das Spiel zwischen Planung und Überraschung offen zu halten: Der Gegenbegriff zu dieser Wahrheit ist nicht die Lüge, sondern das Althergebrachte, das Überlieferte, das Vorgeplante, die Tradition. Wenn die Amerikaner in Höchstform sind, dann gelingt ihnen ein besonderes Kunststück: Sie verkörpern eine Tradition, in der sich Menschen in der Fähigkeit zur Überraschung schulen.

Ethik

Wir werden immer besser, jeden Tag ein Stück +++ Besserungsanstalt und
Ford-Fabrik +++ und Mietvertrag +++ und Bill Clinton +++ Toleranz und
Rigorismus: Jerry Springer und Dr. Laura Schlessinger +++ Ein Bankkonto
für Gefühle +++ Ökonomisierte Ethik? Vorbehalte von Nikolaus Lenau,
Ferdinand Kürnberger und Max Weber +++ Das getriebene, flexible,
beherrschte, bodenlose Leben

Self-Improvement, wörtlich übersetzt: *Selbstverbesserung* – so
heißt heute die Abteilung für Lebens- und Karriere-Ratgeber in
den Großbuchhandlungen von *Barnes & Noble* (vgl. S. 23); und
so hieß früher schon die Maxime eines amerikanischen Helden.

Er war einundzwanzig Jahre alt und arbeitete als Buchdrucker
für die kleine Druckerei *Keimer* in Philadelphia, als er sich mit ein
paar Freunden zusammentat und *Junto* gründete: einen *Club zur
wechselseitigen Verbesserung*. Sie trafen sich Freitag abends; jedes
Mitglied sollte einen Beitrag aus Moral, Politik oder Naturphiloso-
sophie leisten, der in der Runde diskutiert werden konnte. Die
Debatten wollten sie *im lauteren Geist der Suche nach der Wahrheit* führen, *ohne streitsüchtig oder siegeslüstern zu sein*. Den
Clubmitgliedern war es nach eigenem Beschluß *untersagt, sich zu
ereifern, hartnäckig an Meinungen festzuhalten oder direkt zu
widersprechen. Dagegen wurden kleine Geldstrafen verhängt.*

Mehrere Jahrzehnte blieb dieser Club bestehen. Er wurde in
Philadelphia zu einer Institution: Die erste öffentliche Bibliothek
der Stadt ging ebenso auf seine Anregung zurück wie die freiwillige Feuerwehr, und als es darum ging, die Nachtwache in der
Stadt zu verbessern, setzte *Junto* durch, daß die reicheren Bürger
mit höheren Steuern dafür belastet wurden.

Der Club war eine Art Geheimbund. Die Mitglieder waren angehalten, Dritten nichts von den Treffen zu erzählen; da sich die
Sache jedoch herumsprach, meldeten viele ihr Interesse an, an den
Sitzungen teilzunehmen. Der junge Mann, der inzwischen eine eigene Druckerei besaß, war gegen diese Ausweitung, regte aber die
Gründung weiterer kleiner Clubs an. Sie sollten einen Beitrag leisten – so sagte er – zur *Verbesserung junger Bürger, zur besseren
Kenntnis der Auffassungen der Einwohner bei verschiedenen Gelegenheiten, zur Beförderung unserer besonderen Geschäftsinter-*

*essen durch weitere Empfehlungen und zur Ausweitung unseres
Einflusses auf die Politik sowie unserer Macht, Gutes zu tun, indem die Auffassungen von „Junto" sich verbreiten.*

Eines der Probleme, das unser junger Mann (nennen wir ihn Benjamin Franklin, stellen wir uns vor, er sei inzwischen sechsundzwanzig Jahre alt und wir schrieben das Jahr 1732) seinen Freunden im Club vorlegte, war folgendes: *Ist es möglich, wie manche glauben, daß ein Mensch ein vollkommenes Leben führen kann? Oder ist dies, wie andere glauben, unmöglich?* Und seine Antwort lautete: *Vielleicht handelt es sich hier um unterschiedliche Auffassungen von dem Wort Vollkommenheit. Ich sehe in der Vollkommenheit eines Dinges nichts anderes als das Größte, wozu dieses Ding seiner Natur nach fähig ist. (...) Wenn es heißt, daß ein Mensch nicht ein Leben führen kann, das so vollkommen wie das eines Engels ist, dann mag dies stimmen. Wenn es heißt, daß ein Mensch nicht fähig ist, hier auf Erden so vollkommen zu sein, wie er dies im Himmel ist, dann mag auch dies stimmen. Aber daß ein Mensch nicht fähig sein soll, hier so vollkommen zu sein, wie er es vermag – das ergibt keinen Sinn. Das ist, als wenn ich sagen würde, daß ein Huhn im Stand eines Huhns nicht fähig sei, so vollkommen zu sein, wie ein Huhn es in diesem Stand vermag. Wenn es demzufolge eine vollkommene Auster, ein vollkommenes Pferd, ein vollkommenes Schiff gibt, warum nicht einen vollkommenen Menschen, der so vollkommen ist, wie dies seine gegenwärtige Natur und seine Lebensumstände zulassen?* Mit dieser Idee menschlicher Vervollkommnung war Benjamin Franklin ein treuer Anhänger des Aristoteles und dessen These, daß es den Menschen um das *menschliche* (nicht: göttliche) *Gute* gehen solle. Franklin verfolgte das Projekt der Selbstvervollkommnung aber nicht nur für sich allein, sondern gemeinsam mit Freunden, und indem er es über die ganze Stadt ausbreitete, machte er die Selbstvervollkommnung zum Anliegen der Bürger, zu einem nationalen Projekt.

Die Vereinigten Staaten sind, so gesehen, nichts anderes als eine gigantische Besserungsanstalt. Der *Club*, in dem sich Franklin mit seinen Freunden traf, war der Schauplatz, auf dem dieses Projekt – im kleinen, aber nicht im privaten Raum – vorangetrieben wurde. Jeder nahm Anteil an der Vervollkommnung anderer; man lud sich gegenseitig zur Einmischung ein. In jeder Sitzung des *Clubs* sollten zunächst diverse Standardfragen reihum beantwortet werden. Zu ihnen gehörten gemäß einer Liste, die Benjamin Franklin im Jahr 1732 entwarf, zum Beispiel folgende: *Wissen Sie von irgendeinem Mitbürger, der in letzter Zeit eine gute Tat vollbracht hat, die Lob und Nachahmung verdient? Oder von jemandem, der einen Fehltritt begangen hat, vor dem wir zu warnen sind und den wir meiden sollten?*

Für Benjamin Franklin seinerzeit stand außer Zweifel, daß das Projekt der Selbstverbesserung nur vorankam, wenn jeder daran freudig und ohne Argwohn teilnahm. Diese sozial gestützte Selbstvervollkommnung stand im Zentrum seines Ideals der politischen Gemeinschaft. Er war kein Freund der Gesetze, vielmehr ein Freund der Charakterbildung, in der jeder zum Lehrer der anderen und zugleich zu deren Schüler wurde. Die Tugend, die er im Sinn hatte, bestand, so betonte er ausdrücklich, *nicht in Selbstverleugnung*; mit ihr wurde das Selbst vielmehr in Höchstform gebracht. Und am Ende sollte die moralische Selbstvervollkommnung den Weg zu einer Gesellschaft bahnen, bei der Gesetze deshalb überflüssig sein würden, weil sowieso keiner mehr dazu neigte, herzlos zu sein.

Im Sinne dieser gemeinsamen Arbeit an der Vervollkommnung tut man anderen geradezu einen Gefallen, wenn man sich in ihr Leben einmischt. Nach Franklin funktioniert dies unter der stillschweigenden Voraussetzung, daß jeder dem anderen nichts will – als Gutes. Die beständige Arbeit an der Verbesserung der eigenen Persönlichkeit stellt sich dar als eine große soziale Bewegung, als ein Sich-Steigern in der Gemeinschaft, bei dem man ein moralisches Interesse an den Fortschritten anderer hat. Darin liegt die Legitimation für die rücksichtslose Neugier, mit der man sich in Amerika bis heute in das Leben anderer einmischt.

Mit dieser Neugier begibt man sich freilich auf eine Gratwanderung, bei der auf der einen Seite die Anteilnahme am Seelen-Wandel, auf der anderen Seite der Überwachungsstaat grüßen. Längst ist überdeutlich geworden, wie nah die Besserungsanstalt USA dem Tugendterror ist. Um die Hartnäckigkeit, mit der man um das Wohl seiner Mitmenschen besorgt ist, breitet sich oft ein Schein-Heiligenschein aus. Musterhaft läßt sich in den Vereinigten Staaten studieren, wie eine Gesellschaft die Ethik der individuellen Lebensführung zu einer Sache nationaler Erörterung macht, wie das einzelne Leben hier in Form(en) gebracht wird. Es ist eine große ethische Intensität zu spüren in diesem Land, sie macht es – mit viel Glanz und viel Elend – zu etwas Besonderem. Drei Beispiele zeigen Glanz und Elend besonders deutlich: Henry Fords Umgang mit den Arbeitern, meine Wohnungssuche und die Affäre um Bill Clinton und Monica Lewinsky.

+++

In den Ford-Automobilwerken von Detroit wurde 1913/14, als Henry Fords große Erfolgsgeschichte begann, die sogenannte *Soziologische Abteilung* gegründet. Diese Abteilung war zuständig für den Lebenswandel der Arbeiter. Man qualifizierte sich nur dann für den gerade eingeführten, konkurrenzlos hohen Lohn von fünf Dollar pro Stunde, wenn man ein ordentliches Leben führte. Um dies zu überprüfen, machte die *Soziologische Abteilung* unangemeldet Hausbesuche, befragte Nachbarn, und in dem Handbüchlein *Hilfreiche Hinweise und Ratschläge für Arbeitnehmer* wurde unter anderem festgelegt: *Arbeitnehmer sollten für sich selbst und ihre Kinder zuhause viel Seife und Wasser benutzen und häufig ein Bad nehmen. Nichts sorgt so sehr für rechtes Leben und Gesundheit wie Sauberkeit.* Oder: *Arbeitnehmer sollten ihre familiären Rechte, Vergnügungen und Bequemlichkeiten nicht dadurch preisgeben, daß sie ihr Haus mit Untermietern füllen, sie sollten die Moral und Wohlfahrt ihrer Kinder nicht dadurch gefährden, daß sie es ihnen erlauben, mit Leuten zusammenzuleben, die sie kaum kennen.*

Abstoßend wird das Bild, wenn man zu den Berichten der *Soziologischen Abteilung* auch noch die Akten der Abteilung für interne Spionage dazunimmt, die Henry Ford gleichfalls eingerichtet hat. Da berichtet zum Beispiel ein Arbeiter-Spion, wieviel Zeit sein Kollege (Personalnummer E-3349) auf der Toilette gestohlen hat: Aufgelistet werden für einen bestimmten Tag 17, 18, 19, 10, 12, 13, also insgesamt 89 Minuten. Bei Ford führte der Weg zur Moral über das Mißtrauen.

Die harten Seiten von Fords Unternehmertums sind in Film und Literatur oft besichtigt worden. Als etwa Charlie Chaplin in dem Film *Moderne Zeiten* auf der Toilette der Ford-gleichen Fabrik eine Zigarette rauchen wollte, wurde auch er gleich vom Chef entlarvt und abgemahnt. Und bei Aldous Huxley hieß der

Herr über die maschinengleiche *Schöne Neue Welt* nicht *Eure Lordschaft*, sondern *Eure Fordschaft*; die Einführung des T-Modells wurde dort gar zum Anfang der neuen Zeitrechnung gemacht. Huxley äußerte den Verdacht, daß Ford mit seiner Kampagne gegen Alkohol und für Tugend nicht nur die Arbeitskraft steigern, sondern *Eros und Wissenschaft, Liebe zur Erkenntnis und Liebe zu Frauen, schöpferische Einbildungskraft und schöpferisches Verlangen verbieten* wollte.

Man muß freilich anerkennen, daß die Lohnsteigerungen, die Ford vornahm, die Lebensbedingungen der Arbeiter, die in Detroit Anfang des 20. Jahrhunderts noch katastrophal waren, beträchtlich verbesserten. Akte mildtätiger Umverteilung waren sie aber auch wieder nicht; Ford setzte auf patriarchalische, nach Bedarf brutale Weise seine Ziele durch. Dabei war seine Sorge um die Lebensbedingungen der Arbeiter durchaus echt – so wie auch sein Haß auf die saturierten Aktionäre, die *Parasiten* (Ford), die lieber Gewinne einstrichen als investieren wollten. Man darf Ford zu den nicht völlig verächtlichen Mitgliedern der Besserungsanstalt Amerika zählen; er hat einen Teil des Weges, den dieses Land bei der Gratwanderung zwischen Tugendterror und Anteilnahme zurücklegt, mitbestimmt – abrutschend, aber nicht abstürzend.

+++

Eingedrungen wird nicht nur in die Privatsphäre von Ford-Arbeitern, sondern auch in diejenige potentieller Mieter.

Ich bin fündig geworden bei der Wohnungssuche und kann die Wohnung von Benjamin Perez am *Prospect Park* in Brooklyn zur Miete nehmen. Die Wohnungseigentümer dort bilden eine sogenannten *Coop*-Gemeinschaft, und deren Zuständigkeit geht weit über das hinaus, was man von Eigentümergemeinschaften in Deutschland kennt. So muß auch die Vermietung einer einzelnen Wohnung durch das *Coop Board* gebilligt werden, und deshalb werde ich zu einem einstündigen Gespräch geladen und in einem mehrseitigen Formular um persönliche Auskünfte gebeten.

Ich soll mitteilen, ob ich ein Automobil besitze, welche *High School* ich absolviert habe, ob ich studiert habe und, falls ja, an welcher Universität ich das Examen abgelegt habe. Weiterhin bittet das *Board* um die Angabe des Monatseinkommens, um die Zusendung der zwei letzten Steuerbescheide, um die Mitteilung der Adressen vorheriger Vermieter, um eine Aufstellung sämtlicher Konten mitsamt Kontoständen sowie aller Versicherungen, Schulden, Sparbücher. Ich soll mitteilen, wie häufig ich zu reisen gedenke, wie oft ich Besuch empfangen und ob ich mir ein Aquarium anschaffen will. Genannt werden soll außerdem sämtlicher Immobilienbesitz mitsamt Hypotheken, Marktwert und Mieteinkünften. Vor allem bittet der *Board* aber um eine Stellungnahme des bisherigen Wohnungsgebers sowie um zwei *Social Reference Letters* und zwei *Business Reference Letters*. Ich bitte einen Vorgesetzten um eine solche Empfehlung. In dem Schreiben heißt es:

Meine Meinung von ihm könnte nicht höher sein. Er ist absolut verläßlich, vertrauenswürdig und vollkommen rechtschaffen. Seine persönlichen Qualitäten sind die eines ruhigen Mannes mit gutem Benehmen, sehr sympathisch und außerordentlich angenehm. Seine Familie ist von ebenso gutem Benehmen und gleichfalls sehr angenehm. Sie alle haben sich als sehr erfolgreiche Mitglieder unserer Gemeinschaft erwiesen. Sie sind sehr respektvoll und passen sich leicht an die Umgebung an, in der sie zu leben wählen. Sie sind eine wahre Freude für uns alle, und ich bin glücklich, sie Ihnen mit großem Nachdruck zu empfehlen.

Eine Unzahl solcher Briefe wird in Amerika täglich geschrieben; viele haben bereits einen Ordner mit diversen Vorlagen bereitliegen, die sie bei entsprechenden Nachfragen wiederverwenden. Es kommt nicht so sehr darauf an, ob das, was in diesen Briefen steht, stimmt; so hat jener Vorgesetzter im vorliegenden Fall meine Familie, die er so sehr lobt, noch nie gesehen, und ich habe gewisse Zweifel, ob er sein Porträt meiner Person ehrlich meint. Umgekehrt wäre es aber fahrlässig, würde man diese Briefe einfach nur für Bluff halten. Auch wenn die Amerikaner wissen, daß nicht alles stimmt, was in ihnen steht, käme es ihnen doch nie in den Sinn, auf sie einfach zu verzichten. Ihnen kommt ein hoher Stellenwert zu.

Die Miete oder auch der Kauf einer Wohnung, die in Deutschland als bloße Rechtsgeschäfte abgewickelt werden, sind in Amerika Bestandteil der Gemeinschaftsbildung. Während sich der Vermieter in Deutschland nur formal schützt, indem er eine Kaution verlangt und eine Hausordnung festlegt, schützt sich das *Coop Board* in Amerika zusätzlich dadurch, daß es die Kandidaten einer charakterlichen Begutachtung unterzieht. Die Bewohner

eines Hauses sind nicht nur Rechtssubjekte. Die Hausgemein-
schaft will dafür Sorge tragen, daß es sich bei den Nachbarn, denen man im Fahrstuhl begegnen wird, um angenehme Zeitgenossen handelt. Schließlich könnte der ‚Neue‘ schädlichen Einfluß
auf andere Hausbewohner nehmen, bei Abendeinladungen zu viel
Alkohol ausschenken, eine Nachbarin zum Ehebruch verführen
etc. Umgekehrt sähe man es gerne, wenn er den Hausfrieden för-
derte, den Vorgarten pflegte, Geschäftsinteressen ergänzte oder
jedenfalls immer freundlich grüßte. Die Popsängerin Madonna ist
bei ihren Bemühungen, eine Wohnung an der feinen *Upper East
Side* Manhattans zu kaufen, mehrfach gescheitert, weil die Nachbarn *in spe* den Andrang von Fans fürchteten. – Und manchen
Boards kommt es vor allem darauf an, daß der potentielle Mieter
oder Käufer die richtige Hautfarbe hat.

Um sich in all diesen Hinsichten eine gewisse Sicherheit zu ver-
schaffen, verlangt das *Coop Board* jene Empfehlungsschreiben,
und eben damit hat das Geschäft mit Wohnungen noch heutzutage teil an jener Besserungsanstalt, als die sich Benjamin Franklin
die amerikanische Gemeinschaft vorstellte. Es bewegt sich in der
Grauzone zwischen sozialer Aufdringlichkeit, Anteilnahme und
Ausgrenzung. Jedes Haus ist eine kleine Gemeinschaft, manches
eine rassistische Trutzburg. Was man in Deutschland als uner-
trägliche Einmischung in private Belange und als phrasenhaftes
Moralisieren wahrnimmt, wirkt in den Vereinigten Staaten selbstverständlich. Die Identität dieser bewegten Nation beruht nicht
nur auf ökonomischem Fortschritt, nicht nur auf politischem Erfolg, sondern auch auf der Idee persönlicher Vervollkommnung –
wie immer sie dann ausgelegt werden mag. Deshalb gilt es auch
als legitim, in die Privatsphäre eines potentiellen Mieter einzu-
dringen. So furchtbar privat ist sie eben gar nicht: Wenn er zu uns
gehören soll, dann gehört uns auch ein bißchen von ihm.

+++

Eingedrungen wird nicht nur in die Privatsphäre potentieller
Mieter, sondern auch in die Privatsphäre amerikanischer Präsidenten. Der gleitende Übergang von formalen zu intimen Fragen,
der beim Mietgeschäft zu beobachten ist, läßt sich noch immer am
besten an dem großartigen Skandal studieren, in den Bill Clinton
Anfang 1998 hineingeriet.

Die einfachste Version der Lewinsky-Affäre lautet im Rückblick: Die Republikaner wollten Clinton stürzen, die Amerikaner sind besessen von Sex und Moral – was hätte also besser zur Demontage eines Präsidenten taugen können als Monica Lewinskys von Sonderstaatsanwalt Kenneth Starr offiziell bekanntgemachte und in fast jeder Zeitung des Landes gedruckte Aussage, daß Bill Clinton am 31. März 1996 *eine Zigarre in ihre Vagina eingeführt, sie dann in den Mund gesteckt und gesagt hat: „Schmeckt gut"*, und daß er dann am 16. August 1997 zu ihr gesagt habe: *Ich versuche, das nicht mehr mit dir zu machen. Ich versuche, gut zu sein.*

Hält man sich an den für Clinton günstigen Ausgang der Affäre, so kann jenes aus politischer Intrige und moralischer Besessenheit gemischte Bild nicht stimmen. Die Wahrheit über die Lewinsky-Affäre kann so einfach nicht sein. Sie ist zum Glück aber auch nicht furchtbar kompliziert: Amerika hat hier, kurz gesagt, mit drei Gewichten jongliert, in die es seine Eigenarten hineinlegte, und wer als Sieger aus der Affäre hervorgehen sollte, hing schlicht davon ab, wie diese Gewichte auf der Waage, mit der Clintons Schicksal gewogen wurde, verteilt wurden. Das erste Gewicht hieß: *Mit Amerikanern ist kein Staat zu machen.*

Natürlich führten die Republikaner eine heftige Kampagne, um Clinton zu stürzen. Um Erfolg zu haben, muß man aber auf das stoßen, was die Soziologen entgegenkommende Lebensformen nennen, also: aufgeschlossene Leute. James Dobson, der Gründer der 2,4 Millionen Unterstützer zählenden christlich-konservativen Vereinigung *Focus on the Family*, klagte jedoch: *Was mich während dieser ganzen Affäre alarmiert hat, war die Bereitschaft meiner Mitbürger, das Verhalten des Präsidenten verständlich zu finden. Unser größtes Problem ist nicht im ,Oval Office'. Es sind die Leute in diesem Land.* Was die Konservativen an dem Rückhalt, den Clinton in der Bevölkerung fand, enerviert hat, war die Großzügigkeit, mit der eine satte Mehrheit über dessen moralische Schwächen hinwegsah. Sie war freilich nicht Folge liberaler Dekadenz, sondern Ausdruck einer Tradition, die so alt ist wie dieses Land: der Staatsvergessenheit.

Amerikaner neigen dazu, Regierung als Dienstleistung aufzufassen: Oft heißt es in der Wahlpropaganda *Hire Mr. X*, als ob es sich bei einer Wahl um ein Einstellungsgespräch handelte. Politiker machen dann einen *good job*, wenn sie sich möglichst wenig einmischen und dafür sorgen, daß jeder tun kann, was er will. Den Leitspruch zu dieser Überzeugung hat Ralph Waldo Emerson schon 1844 verkündet: *Je weniger Regierung wir haben, desto besser.* Und 1998/99 war eine satte – im Wortsinne satte – Mehrheit der Meinung, Bill Clinton habe dafür gesorgt, daß der Laden läuft. Insofern sahen die US-Bürger keinen Grund, ihm seinen Arbeitsplatz wegzunehmen. Die Waage neigte sich zu seinen Gunsten.

Wäre diese pragmatische Haltung zur Regierung schon die ganze Wahrheit, dann bliebe freilich rätselhaft, warum dieses Land für die Lewinsky-Affäre fast ein Jahr seiner kurzen Geschichte geopfert hat, warum sie die öffentlichen Diskussionen und die privaten Gespräche so stark beherrscht hat, wie dies sonst nur ein Krieg vermocht hätte. Und zugegeben: Manchmal sah es fast so aus, als hätte Clinton stürzen können. Das nächste Gewicht kam ins Spiel, und es heißt: *Wie Du und Ich.*

Das Ideal des amerikanischen Herrschers ist ziemlich weit entfernt von seinen französischen oder deutschen Verwandten. Es ist, kurz gesagt, ein Anti-Hegel. Die *Person des Monarchen* an der Spitze des Staates solle, so schrieb Hegel, *über alle Besonderung (…) erhaben* sein, sie werde zu einer *leeren Hülse*, in die die Ziele der Allgemeinheit einzuführen seien. Die letzte Inkarnation dieses Herrschers, der nichts als ein *allgemeines Leben* zu führen hat, war Frankreichs Staatspräsident François Mitterand. Als Person wurde er identifiziert mit repräsentativen Zwecken, etwa der neuen Nationalbibliothek. Je älter er wurde, desto mehr ähnelte sein Gesicht einer Maske (der Hegelschen *Hülse*), an dessen fleischlichem Untergrund man zweifeln konnte, und als Präsident schien er genau im Hegelschen Sinn *erhaben* zu sein über sein Doppelleben und über die von ihm lange verheimlichte uneheliche Tochter.

Im individualistischen Amerika kann der Präsident ein *allgemeines Leben* schlechterdings nicht führen. Die Institutionen sind gar nicht so präsent, daß der Präsident sie einfach bekleiden, ihnen gewissermaßen als menschliche Haut dienen könnte. Auch Bill Clinton blieb notgedrungen in seiner *Besonderung* hängen. Er war auch nur einer wie Du und Ich. Aber was heißt da: ‚auch nur‘? Wer sagt denn, daß das nicht etwas ganz Besonderes wäre? Wenn der Präsident der Vereinigten Staaten nicht als Repräsentant der Allgemeinheit auftreten kann, so kommt ihm gleichwohl eine ganz spezielle Rolle zu: die Repräsentanz des Besonderen. Ihn wollen seine Landsleute vorzeigen, von ihm soll man sagen können: Bitte sehr, er ist *der Amerikaner, zum Beispiel.* Deshalb genau schrieb Ralph Waldo Emerson direkt im Anschluß an den Satz, mit dem er die Regierung abtat: *Das Gegenprogramm zum Mißbrauch formaler Regierung ist der Einfluß des persönlichen Charakters, das Wachstum des Individuellen.* Und weil Regierung in Amerika eben doch nicht nur Dienstleistung, sondern auch Herzensangelegenheit ist, erklärte der Lieblingspräsident der meisten Amerikaner, Franklin Delano Roosevelt, im Jahr 1936: *Wir wollen versuchen, die Regierung nicht als mechanische Einrichtung anzusehen, sondern ihr einen lebendigen persönlichen Charakter zu geben, der die wahre Verkörperung menschlicher Nächstenliebe ist.*

Weil es sich bei der Regierung auch um eine solche Charakter-Sache handelt, ging die Beschwichtigung fehl, die Paul Begala, ein Clinton-Berater, der Öffentlichkeit während des Skandals nahelegte: *Er trat doch nicht vor und sagte: ,Wählt mich, weil ich rein bin.' Er sagte: ,Wählt mich, weil ich ein paar gute Ideen habe.'* Das war nun doch zu wenig.

Weil der amerikanische Präsident im Rampenlicht steht, kann er auch kein Privatleben haben – gleich dem Hegelschen Monarchen, aber aus völlig anderen Gründen: nicht deshalb, weil er seine Besonderheiten hinter sich ließe, sondern weil seine Art zu leben eine Sache von nationalem Interesse ist. Eines der schlimmsten Mißverständnisse, denen Bill Clinton während der Skandalgeschichte erlegen ist, war seine beleidigte Bemerkung am 17. August 1998, daß *sogar Präsidenten ein Privatleben* haben dürften. Das war, kurz gesagt, unamerikanisch, und so kam es auch, daß er kurz darauf, am 3. September, den für ihn gefährlichsten Tag erleben mußte. An diesem Tag hielt Senator Joseph I. Lieberman, Clintons Parteifreund und langjähriger persönlicher Unterstützer, eine Rede im *Capitol,* deren Nachhall den Präsidenten erschütterte. *Ich muß,* so sagte Lieberman, *der Behauptung des Präsidenten widersprechen (…) daß sogar Präsidenten ein Privatleben haben (…). Der Präsident ist nicht nur der gewählte Führer unseres Landes. Er ist (…) „das amerikanische Volk, in einem Menschen destilliert",* und, *wie Präsident Taft einmal gesagt hat, die* persönliche Verkörperung und Repräsentation seiner Würde und Größe. Wenn sein persönliches Benehmen beschämend ist, dann ist dies traurig nicht nur für ihn und seine Familie, es ist für uns alle als Amerikaner beschämend. Lieberman merkte, daß die Amerikaner in ihrem pragmatischen Politikverständnis Clinton gewogen blieben, und daraufhin warf er schwungvoll ein zweites Gewicht auf die entgegengesetzte Waagschale: die Idee des Präsidenten als des idealen Amerikaners. Dafür schien Clinton nun doch nicht zu taugen, und damit war die Waage, mit der über sein Schicksal entschieden wurde, wieder ausgeglichen. Der Ausgang der nationalen Besinnung war offen, und es kam alles darauf an, auf welche Seite das dritte Gewicht fallen würde, das noch übrig war. Zu ihm paßt ein Name, den Sie schon kennen: *Club zur wechselseitigen Verbesserung.*

Die einfachste Antwort auf die Frage, was man mit einem unanständigen Präsidenten macht, lautet: Man jagt ihn. Und damit ist auch gleich das Muster parat, das man dem Fall Clinton unterlegt hat. Warnend erinnerte der Schriftsteller E. L. Doctorow an die puritanische Hexenjagd in Salem vor 300 Jahren und erklärte: *Wenn Clinton abgesetzt oder zum Rücktritt gezwungen wird, dann wird der amerikanische Puritanismus (...) am Vorabend des 21. Jahrhunderts wiedergeboren.* Und auch Arthur Miller, als Autor von *Hexenjagd* zur Stellungnahme berufen, beschwor das traurige Schicksal der Stadt Salem, die sich seinerzeit *fast zu Tode gereinigt* hatte, nahm aber beruhigt zur Kenntnis, daß die Amerikaner aufgrund ihrer Vertrautheit mit *ehelichem Elend* vor moralischer Rechthaberei zurückschreckten.

Es sieht so aus, als würde das Gewicht der puritanischen Tradition, an das diese klugen Ratgeber erinnerten, unerbittlich gegen Clinton wirken. Doch dieses Bild vom Puritanismus ist schief, und wenn man es zurechtrückt, wird deutlich, warum sich die Waage letzten Endes doch zu Clintons Gunsten neigen sollte.

Staatsanwalt Kenneth Starr selbst mag getrieben gewesen sein von dem, was der Harvard-Professor Alan Dershowitz *Sexual McCarthyism* genannt hat. Der Puritanismus, der in Amerika heute überwiegt, ist aber gar nicht jene Ideologie der Hexenjagd, die sich in der Kommunistenhetze McCarthys politisiert hat. Sein Ideal ist eher Franklins *Club zur wechselseitigen Verbesserung.* Dessen Puritanismus war nicht eine Ideologie der Ausgrenzung und Vernichtung, er stellte sich weniger brutal dar als wohlmeinend, gesprächsbereit, vereinnahmend, auch: aufdringlich.

Die Rhetorik der zahllosen Pfarrer, bei denen Clinton in Zeiten der Krise Rat suchte, bediente sich genau des Vokabulars der Selbstverbesserung, das Amerika sich im 18. Jahrhundert angeeignet hat. Der Stellenwert dieser öffentlich ausgetragenen Seelenarbeit ist von den Europäern immer stark unterschätzt worden. Clinton selbst, der lange Zeit auf Leugnen und Vertuschen gesetzt hatte, sagte in einer Morgenandacht am 11. 9. 1998 mit Tränen in den Augen: *Ich brauche Gottes Hilfe, um die Person zu werden, die ich sein will (...). Ich werde meinen Pfad der Reue weitergehen und geistlichen Beistand suchen (...). Veränderung ist nicht einfach. Es bedarf eines Willensakts, um sich zu wandeln. Es bedeutet, mit alten Verhaltensweisen zu brechen. (...) Es bedeutet, das Gesicht zu verlieren. Es bedeutet, alles von neuem zu beginnen, und das ist immer schmerzlich. Es bedeutet zu sagen: „Es tut mir leid.“ Es bedeutet anzuerkennen, daß wir die Fähigkeit haben, uns zu ändern. Diese Dinge sind furchtbar schwer zu vollbringen. Aber wenn wir uns nicht wandeln, werden wir für immer im Gestrigen gefangen bleiben.*

Natürlich haben die Medien und die Voyeure für Mitgefühl und Franklinsche Menschenfreundlichkeit nicht viel übrig. Natürlich muß man vorsichtig damit sein, die alte puritanische Idee der Selbstverbesserung auf den Fall Clinton anzuwenden. Kräftige Spuren von ihr sind jedoch geblieben – nicht nur in den Ritualen der Reue und Reinigung, denen Clinton sich öffentlich unterzogen hat, sondern auch in der Hingabe, mit der seine Mitbürger ihn und andere Sünder beim Straucheln und Sich-Aufrappeln beobachtet haben: Sie liegt den meisten Amerikanern offensichtlich mindestens so nahe wie die Freude darüber, jemanden stürzen zu sehen.

In der New Yorker U-Bahn finden sich Anzeigen der *Marble Collegiate Church* mit dem Spruch: *Bei uns ist jeder willkommen. Nur nicht, wer vollkommen ist!* Und in dem hinreißenden Roman von Nathaniel Hawthorne *Der scharlachrote Buchstabe* ist es Hester Prynne, die Ehebrecherin mit dem roten *Buchstaben A* (für *adultery*, Ehebruch) auf der Brust, vor der die Bewohner im Dorf am Ende mehr *Hochachtung* haben als vor sich selbst.

Clinton war nicht ein spätes Opfer des Puritanismus, sondern dessen vorerst letzter Held. Und deshalb neigte sich am Ende die Waage, mit der das amerikanische Volk über Clintons Schicksal befand, zu dessen Gunsten. Knapper hätte das Ergebnis allerdings kaum ausfallen können. Es lautete, nach Gewichten gerechnet, Zwei zu Eins.

+++

Wer sich selbst vervollkommnen will, gesteht seine Unvollkommenheit ein: diese Logik hat Clinton gerettet. Das Eingeständnis, Fehler gemacht zu haben, hätte ihm ohne das feste Bekenntnis, sich zu bessern, freilich nichts genützt. Dem Druck, auf eine wertvolle Haltung hinzuleben, konnte er sich doch nicht entziehen. Selbstvervollkommnung heißt demnach: Verkürzen des Abstands, Aufholen, Beschleunigen. Diese ethische Bewegung funktioniert dann punktgenau, wenn man weiß, welchem Ziel, welchem idealen Zustand man sich nähern soll. Und sie funktioniert nur dann, wenn man selbst die Bewegung steuern kann, wenn man sich im Griff hat. Schwächen darf man nicht zeigen ohne die gleichzeitige Versicherung, sie überwinden zu wollen. Dieses Muster von Fehltritt und Entschlossenheit, Irritation und Orientierung findet sich in unzähligen öffentlichen Enthüllungen über Seitensprünge und andere Formen unziemlichen Benehmens. Und man sollte nicht denken, das allgemeine Interesse an privaten Krisen sei in Amerika eine neue Entwicklung. Die erste publikumswirksame Debatte über den Ehebruch eines großen Politikers, die in Sondersitzungen im Kongreß gipfelte, betraf Alexander Hamilton und begann im Jahr 1792. Hamiltons Schlußwort damals war dem Clintons schon verblüffend ähnlich: *Ich werde niemals darin nachlassen, mein Verhalten zu verdammen. (...) Ich habe für meine Leichtfertigkeit teuer bezahlt und die Erinnerung an sie ist verbunden mit Abscheu und Selbstverurteilung.*

Wenn das individuelle Leben mit seinen Umbildungen Gegenstand einer allgemeinen Debatte werden kann, dann muß eine Gesellschaft sich einer beträchtlichen Offenheit erfreuen. Nichts Menschliches ist ihr fremd. Über das, was ans Licht gebracht wird, ereifern sich dann freilich die Moralisten. Damit sind die Eckpunkte der ethischen Debatte in Amerika abgesteckt: Das Land schwankt zwischen Toleranz und Rigorismus.

Und mit dem Lande schwanken die Talkshows. Auf der einen Seite wird in ihnen eine Unzahl seelischer und körperlicher Abstrusitäten ausgebreitet, die die Menschen gewissermaßen im Vollzug ihrer Unvollkommenheit zur Schau tragen. Auf der anderen Seite werden moralische Marschrouten angeordnet. Anders gesagt: Auf der einen Seite steht Jerry Springer, erfolgreichster und umstrittenster Talkmaster im amerikanischen Fernsehen (dabei auch: vormaliger Bürgermeister von Cincinnati und Schreckgespenst für den Senator und Clinton-Kritiker Joseph Lieberman). Auf der anderen Seite steht Dr. Laura Schlessinger, die eine der erfolgreichsten Ratgebersendungen im Radio moderiert und Bestseller gegen den Verfall der Werte schreibt.

+++

Seltsamer noch als die Bilder von Jerry Springers Show, in der Leute sich zusammenschlagen, Stripperinnen sich mit Pudding überschütten und Männer vom Sex mit Pferden erzählen, ist der Ton: Immer nämlich, wenn die Gäste schmutzige Flüche oder Beleidigungen ausstoßen, wird ein Pfeifton eingesetzt, und so hört man eigentlich meist nur dies: Pfeifen. Es sei Zeit, so erklärt Springer, *eine andere Seite des Lebens zu zeigen, die sonst selten im Fernsehen vorkommt.* Und er findet sogar eine politisch-moralische Verteidigung seiner Show, die nicht nur mit dem Recht auf freie Meinungsäußerung operiert, sondern auch eine gewisse Einfühlung mit seinen Gästen erkennen läßt: *Diese Leute sind wenigstens ehrlich in dem, was sie denken und wie sie sind. Sie sind nicht scheinheilig, sie sind echt. Und wenn sie in ihrem persönlichen Leben Fehler machen – bitte, willkommen in der menschlichen Gattung! (...) Wir scheinen alle zu denken, daß wir normal, rational, stabil und sensibel sind. Immer den anderen halten wir für bescheuert. Wir sollten aber jeden zu Wort kommen lassen, denn wenn wir jemanden zum Schweigen bringen wollen, weil wir seinen Lebensstil oder das, was er glaubt oder sagt, nicht mögen, so gibt es doch immer auch jemanden, der denkt,* wir selbst *sollten wegen irgend etwas, was wir glauben, zum Schweigen gebracht werden.* Jerry Springer gibt zu, daß nicht alle *Gedanken*, die von seinen Gästen zum Ausdruck gebracht werden, etwas taugen. Manche hält er auch für *verletzend oder moralisch leer.* Aber er legt großen Wert darauf, daß man diesen Leuten zu-

hört (was freilich dadurch erschwert wird, daß eben meist nur Pfeifen zu hören ist).

Der Leitfaden von Springers Apologie ist klar: Er hält sich an die Unvollkommenheit der Menschen, ohne freilich noch von Selbstvervollkommnung zu reden, und stellt dies selbst als ethische Errungenschaft dar: als Verteidigung von Toleranz und Meinungsfreiheit. Es liegt nahe, darin eine bloße Schutzbehauptung zu sehen, mit der der Show, die ganz auf Voyeurismus, Sensation und Kommerz setzt, ein höherer Sinn angedichtet werden soll. Natürlich sind viele Gäste in der Sendung auch nicht so *echt*, wie Springer dies behauptet, sondern produzieren mediengerechte Extravaganzen. Und von etwaigen Meinungen, die sich des Schutzes der Verfassung erfreuen könnten, ist oft nicht viel zu merken. Doch zur amerikanischen Toleranz gehört auch, daß man sich in diesen Fragen nicht zum Oberlehrer aufschwingt, und so hat Jerry Springer mit seiner Verteidigung teilweise sogar recht.

Zur amerikanischen Toleranz gehört auch, daß man in diesem ach-so-patriotischen Land ungestraft die Fahne der USA verbrennen kann – aufgrund höchstrichterlicher Entscheidung. Und dazu gehört auch, daß der Jurist und Yale-Professor Stephen L. Carter – scheinbar wie Jerry Springer – für den *zivilen Ungehorsam*, den *Dissens der Regierten* plädiert und meint, man müsse die vielen *Abweichler in sein Herz schließen*. Dabei hat er freilich eine andere Klientel im Sinn: nicht sexuelle Sonderlinge, sondern christliche Fundamentalisten.

+++

Amerika wird – anders als Deutschland – von einem Dauerstreit ums rechte Leben erschüttert, dessen Ende deshalb nicht abzusehen ist, weil er geradezu zum Wesen dieses Landes gehört. Zu diesem Streit gehört die radikale Toleranz ebenso wie der radikale Rigorismus, mit dem moralische Maßstäbe ans Private angelegt werden. Dr. Laura Schlessinger ist in diesem Streit die idealtypische Antiheldin zu Jerry Springer.

Jerry Springer folgt der Devise, nichts Menschliches sei ihm fremd und liebäugelt mit unser aller Schwächen. *Dr. Laura* – wie sie sich im Radio nennt – liebäugelt mit unser aller Stärken. Als *Gayle*, eine einunddreißigjährige Frau, bei *Dr. Laura* anruft und sagt, daß sie ihrer Mutter von einer lange zurückliegenden

Abtreibung erzählen will, gibt sie als Begründung an: *Ich will ihr verdeutlichen, daß wir Fehler machen können, daß wir auch nur Menschen sind.* Und *Dr. Laura* antwortet: *Nur Menschen? Da kommt mir ja das Mittagessen hoch. (…) Ich halte ‚menschlich‘ für etwas ganz Besonderes. Ich reserviere ‚Das ist sehr menschlich‘ für all das, was wirklich großartig ist – wie Mut oder Altruismus.*

Die Menschen, die bei ihr anrufen, haben im wesentlichen dieselben Themen wie die Gäste Jerry Springers, freilich ohne die dort üblichen Exzesse. Es geht vor allem um Sex, Sex, Sex. Die Reaktionen von *Dr. Laura* sind freilich ganz anders. Sie wird unwirsch, weist zurecht, straft ab, würgt ab. Sie wirkt wie eine strenge Lehrerin, herzlich, aber hart, aggressiv, autoritär. Die Gespräche sind kurz: Meist wird in wenigen Sekunden ein Konflikt geschildert – nach dem Schema: frisch verheirateter Mann betrügt seine Frau, ledige Schwangere erwägt Abtreibung –, und *Dr. Laura* hat in noch weniger Sekunden eine Lösung parat. Sie erhebt heftige Vorwürfe gegen die Anrufer, wenn sie es an der Entschlossenheit zur Vollkommenheit fehlen lassen, und bringt ihre Empfehlung wie eine Forderung in aller Schärfe vor. Die Schnelligkeit ihrer Antworten hat zu tun mit der Klarheit der Werte, die sie vertritt: Absolute Priorität haben zum Beispiel der Schutz der klassischen Familie, die Verantwortung für Kinder, die Unterdrückung von Begierden. Homosexualität hält sie für einen biologischen Defekt.

Einmal erzählt eine Frau ihr von einer neuen Liebe zu einem Mann, mit dem sie nun schon ein paar Monate glücklich zusammen ist; kürzlich hat sie erfahren, daß dieser Mann vor rund zehn Jahren einen Mordversuch unternommen hat. Details weiß sie noch nicht, sie ist unschlüssig, ob sie ihn darauf ansprechen soll, und weiß nicht, ob sie sich weiter mit ihm treffen soll, zumal bei ihr zu Hause noch ein Kind aus einer früheren Beziehung lebt. *Dr. Lauras* Antwort ist knapp: Sie fordert die Frau auf, die Beziehung zu dem Mann sofort abzubrechen. Ihre Gründe: Der Mann soll für seine Untat, für die er die Verantwortung trägt, büßen, und das Kind soll keiner Gefahr ausgesetzt werden.

Eine andere Frau, alleinstehende Mutter von drei Kindern, erzählt, daß nun ein Mann bei ihr eingezogen sei, sie wisse aber nicht, ob er der richtige sei:

– *Ich bin so durcheinander.*
– *Damit hat das nichts zu tun,* sagt *Dr. Laura, es hat zu tun mit Faulheit, Verzweiflung, Prinzipienlosigkeit, Mangel an Stärke und Mut. Drück dich nicht davor mit dem Spruch, du seist durcheinander. Nach allem, was du mir erzählt hast, was mußt du tun?*
– *Ich muß unabhängig werden.*
– *Und um das zu schaffen ...*
– *... muß ich Selbstvertrauen entwickeln.*
– *Und um dahin zu kommen ...*
– *... muß ich ihm sagen, er soll gehen.* Ende des Gesprächs.

Die Entschiedenheit von *Dr. Laura* wirkt erleichternd, befreiend. Mit ihr wird die Welt übersichtlich. Sie haßt die Zwischentöne, die Ausreden, die Flucht vor der Freiheit und der Verantwortung. Dazu kommt die siegesgewisse Allwissenheit, mit der sie auftritt; sekundenschnell verstaut sie das Leben all ihrer Anrufer in einigen wenigen Schubladen. Da macht sich *Dr. Laura* die Sache allerdings arg einfach, und man darf annehmen, daß die Hörer dies spätestens dann merken, wenn sie jene vermeintlich praktikablen Ratschläge beherzigen wollen. Weniger abschreckend ist aber die Besessenheit, mit der *Dr. Laura* die *Faulheit* angreift, die bei Mißgeschicken Ausflüchte bereithält.

Jede ihrer Sendungen beginnt mit dem Song *I've got new attitude* von Patti LaBelle, weil darin – wie sie meint – die *Überzeugung* zum Ausdruck kommt, daß es *nicht auf die Lebensumstände ankommt,* sondern eben auf die eigene *Haltung.* Deshalb haßt sie Psychologen, die alles auf frühkindliche Einflüsse zurückführen und den Schwierigkeiten, in denen man steckt, die höhere Würde des Schicksalhaften geben. Gemäß dem Fehlerbeispiel, das *Dr. Laura* gleich selbst liefert, würde ein solcher Psychologe sagen: *Ihr Vater hat Sie früh verlassen, und so ist es nur natürlich, daß Sie Angst davor haben, Vertrauen zu Männern zu entwickeln. Das erklärt Ihre Promiskuität.* Nun gibt es wahrscheinlich weniger Psychologen, als *Dr. Laura* denkt, die ihre Klienten einem gut erklärten Schicksal unterwerfen. Immerhin steht aber ihr Appell, sich nicht hängen und treiben zu lassen, in einer stattlichen Tradition.

Alexis de Tocqueville schrieb 1835: *Der Bewohner der Vereinigten Staaten lernt von Geburt an, daß man sich beim Kampf ge-*

gen die Übel und Widernisse des Lebens auf sich selbst verlassen muß. Dies ist in der Tat ein großer amerikanischer Konsens: die Bereitschaft, weiterzuleben und weiterzustreben. *Es ist gegen die Natur, einfach aufzugeben, du mußt in Bewegung bleiben,* sagt John Updikes Held Rabbit Angstrom zu seinem Sohn und plädiert damit nicht einfach nur gegen ein träges Leben, gewissermaßen den Tod zu Lebzeiten, sondern auch gegen den Selbstmord.

An der Frage, wie jener gewaltige amerikanische Konsens genau zu deuten sei, kommt es dann allerdings zu einem ebenso gewaltigen Zerwürfnis. Da gibt es diejenigen, die individuellen Bemühungen zugetan sind, Eigeninitiative fördern und Menschen, die ins Abseits geraten sind, helfen, sich wieder herauszumanövrieren. Und da gibt es diejenigen, die *Haltung* blanko einfordern. Wenn *Dr. Laura* zum Beispiel von *Lebensumständen* einfach nichts hören will, dann wird ihr Ruf nach Eigeninitiative zur schrillen Ideologie. Sie dient dazu, die Fiktion zu stabilisieren, daß in diesem Land alle gleichermaßen ihren Weg machen können, wenn sie es nur wollen. Was in den Lebensgeschichten der Individuen ohne eigenes Zutun schon vorentschieden ist, wird einfach aus ihnen herausgekürzt. Es gehört schon eine ziemlich rücksichtslose Leugnung von Realitäten dazu, wenn man nicht wahrhaben will, daß durch *Lebensumstände* (Krankheit, Mißhandlung, Vernachlässigung, Verwöhnung etc., auf andere Weise Hautfarbe) Vorentscheidungen gefällt werden.

Zu der Ideologie der radikalen Verantwortung, die dem Menschen für sein ganzes Leben aufgebürdet wird, gehört die Gnadenlosigkeit, mit der *Dr. Laura* den ehemaligen Straftäter als Beziehungspartner ausschließt: Täterschaft erscheint unwiderruflich. Zu jener Ideologie gehört auch die in den meisten Staaten der USA bestehende Möglichkeit, Kinder wie Erwachsene zu verurteilen. Vollverantwortlich ist man demzufolge von Kindheit an, und so konnte 1999 in Portland/Oregon ein Fünfzehnjähriger zu 111 Jahren Gefängnis verurteilt werden (Haftstrafen werden im amerikanischen Recht addiert). Den Tiefpunkt dieses Rigorismus stellt schließlich die Strafe dar, die in vielen US-Staaten an Mördern vollstreckt wird: die Todesstrafe. Sie steht für die endgültige Dramatisierung der Täterschaft.

Die überzogene Ideologie totaler Selbstverantwortung hat Gegenreaktionen ausgelöst, die gelegentlich fast ebenso einflußreich geworden sind wie jene Ideologie. Selbstverantwortlichkeit wird als Schein verworfen, statt dessen definiert man sich über die Zugehörigkeit zu Gruppen, über eine kollektive Identität. Die berühmt-berüchtigte Identitätspolitik ist, so gesehen, nicht nur eine multikulturalistische Mode, sondern auch ein sehr genauer Protest gegen den Rigorismus des *self-made man*, des Individuums, das alles im Griff hat.

Die Identitätspolitik erreichte im Jahr 1997 einen kuriosen Höhepunkt, als nach den Schwarzen, Indianern, Schwulen und Lesben eine weitere Bevölkerungsgruppe sich zum Tanz um die eigene Identität versammelte: Die *New York Times* erklärte die an diversen Universitäten eingeführten *Whiteness Studies* zum *akademischen Trend* des Jahres.

+++

Wenn man Selbstverantwortung perfektionieren will, braucht man eine optimal funktionierende Steuertechnik für das eigene Leben; man muß wissen, wie man sich ändert und wie man fühlt, was man will.

Stephen Covey ist der *erfolgreichste Management-Guru Amerikas*. Sein Buch *Die sieben Wege zur Effektivität* hat sich in 10 Millionen Exemplaren verkauft und ist in 28 Sprachen übersetzt worden. Schon 82 der 100 reichsten Amerikaner sollen bei ihm Rat gesucht haben. Der Sitz von Stephen Coveys Beratungsfirma ist Salt Lake City/Utah; er ist Mormone, hält seinen Glauben aber dezent im Hintergrund, weil er nicht als Sektierer gelten will.

Covey träumt von der totalen Steuerung des Lebens. Folgt man seiner Gebrauchsanweisung zum wertvollen Leben, so hat er für *erfolgreiche Familien* ein System entwickelt, das jeden Härtetest besteht. Covey erzählt zum Beispiel von einem treusorgenden Ehemann, der voll Trauer berichtet, daß die Gefühle zu seiner Ehefrau nachgelassen hätten, und den Zerfall seiner Familie befürchtet:

– *Ich denke, ich liebe sie einfach nicht mehr, und sie liebt mich auch nicht mehr. Was soll ich tun? (…) Was schlagen Sie vor?*
– *Lieben Sie sie!*
– *Ich habe doch gesagt, daß das Gefühl nicht mehr da ist.*

- *Lieben Sie sie!*
- *Ich verstehe nicht. (...)*
- *Wenn das Gefühl nicht da ist, so ist dies gerade ein guter Grund, sie zu lieben.*
- *Aber wie können Sie lieben, wenn Sie nicht lieben?*
- *Mein Freund, Lieben ist ein Tätigkeitswort. Liebe – das Gefühl – ist eine Folge des Liebens, des Tätigkeitsworts. Also: Lieben Sie!*

Stephen Covey träumt von der Machbarkeit der Liebe (nach dem Motto: „Ab morgen früh wird zurückgeliebt"?), und so will er das Gefühlsleben in sein Regelwerk der Selbstvervollkommnung und Selbstverantwortung hineinzwingen. Dieses Regelwerk basiert auf *sieben Grundregeln. (1) Sei proaktiv* (was soviel heißt wie: *Sei vorausschauend und strebsam)! (2) Behalte von Anfang an dein Ziel im Auge! (3) Tu das erste zuerst! (4) Denke: Du kannst nicht verlieren! (5) Bemühe dich, erst zu verstehen und dann verstanden zu werden! (6) Suche Synergie! (7) Schärfe die Schneide* (was nach Covey so viel heißt wie: *Halte dich geistig frisch, suche Selbsterneuerung)!*

Man nehme nur mal die erste Grundregel: *Sei proaktiv!* Deren Anwendung auf das Familienleben sieht nach Covey folgendermaßen aus: Jedes Familienmitglied verfügt über ein *Bankkonto für Gefühle* und spart um der Verläßlichkeit des familiären Umgangs willen eine bestimmte Summe positiver Gefühle. Im Falle respektlosen oder unaufrichtigen Verhaltens wird dem Familienmitglied etwas von seinem Gefühlskonto abgezogen. Umgekehrt darf jemand Gefühlsgutschriften vornehmen, falls es ihm gelingt, Vertrauen zu gewinnen, Versprechen zu halten etc. Aus jeder Situation läßt sich – so oder so – Gefühlskapital schlagen.

Ein seltsam kaltes Szenario. Wenn man von der Liebe das Unverfügbare wegnimmt und sie geradewegs zur *Tätigkeit* macht, wenn man die Gefühle nach Kontoständen beurteilt, dann scheint doch weder hier noch dort etwas übrigzubleiben, was diese Namen verdient. So muß man es tröstlich finden, daß sich die Steuerkünste der Individuen beim Umgang mit dem eigenen Gefühlsleben trotz Coveys Trainings- und Kontrollmaßnahmen in Grenzen halten. Bei Covey wird die Idee von Selbstvervollkommnung ins Absurde übersteigert, technisiert und schematisiert. Und doch behält diese ursprüngliche Idee selbst, wenn sie nur vor Übersteigerung geschützt wird, ihre Anziehungskraft.

+++

Stephen Coveys Rede vom *Bankkonto für Gefühle* ist auch deshalb befremdlich, weil damit inmitten der Ethik ein ökonomisches Denkmuster durchscheint. An vielen Stellen wirkt die Ethik in der Tat nur wie eine dünne Decke, die über die Ökonomie geworfen worden ist. In Deutschland hat man sich daran gewöhnt, dieses Deutungsmuster im Blick auf die USA flächendeckend einzusetzen. Die Befürchtung, dort werde das Leben ökonomisiert, hat hierzulande eine lange Tradition. Zu deren Leistungsträgern gehören Nikolaus Lenau, Ferdinand Kürnberger und Max Weber.

Am 16. März 1832, als Alexis de Tocqueville, der feine Beobachter Amerikas, sich irgendwo auf dem Atlantik befindet und nach langer Reise wieder auf dem Weg zurück in die Heimat ist, steht Lenau, der grobe Beobachter Amerikas, kurz vor dem Fahrtantritt und umkränzt dieses Land mit Vorschußlorbeeren: *Ein ungeheurer Vorrat der herrlichsten Bilder erwartet mich dort, eine Fülle göttlicher Auftritte, die noch daliegt jungfräulich und unberührt, wie der Boden der Urwälder. Ich verspreche mir eine wunderbare Wirkung davon auf mein Gemüt. (...) Wie schön ist schon der Name: Niagara! Niagara! Niagara!* Am 21. April 1832: *Ja, diese Reise! sie ist ganz herrlich, und nie hat mich etwas so freudig beschäftigt.* Auf dem Rhein unterwegs zur ersten Zwischenstation Amsterdam packt ihn freilich schon das Heimweh, und als er am 1. August 1832 endlich von Texel aus mit dem Schiff *Baron van der Kapellen* in See sticht, kündigt er vorsorglich seine baldige Rückkehr an.

Am 8. Oktober ist er endlich in Baltimore, und als er am 16. dieses Monats seinen ersten langen Bericht nach Hause schickt, hat er sich schon eine felsenfeste Meinung gebildet. *Bruder, diese Amerikaner sind himmelanstinkende Krämerseelen. Tot für alles geistige Leben, mausetot. (...) Man darf die Kerle nur im Wirtshause sehen, um sie auf immer zu hassen.* Später schreibt er: *Amerika ist das wahre Land des Unterganges. (...) Hier entfaltet sich der praktische Mensch in seiner furchtbarsten Nüchternheit. (...) Dem unbefangenen Fremden kommt überhaupt das ganze amerikanische Wesen gewissermaßen forciert vor. Mit dem Ausdrucke:*

‚Bodenlosigkeit' glaub' ich überhaupt den Charakter aller amerikanischen Institute bezeichnen zu können, auch der politischen. (…) Der Amerikaner kennt nichts, er sucht nichts, als Geld; er hat keine Idee; folglich ist der Staat kein geistiges und sittliches Institut-Vaterland, sondern nur eine materielle Konvention. Lenau ist heilfroh, als er endlich wieder deutschen Boden unter den Füßen hat und sieht die Neue Welt am Ende als *Wüste*, in der er von falschen Träumen bekehrt worden ist.

Der Roman zur Reise erscheint 1855: In seinem Buch *Der Amerikamüde* wählt Ferdinand Kürnberger Lenaus Reise als Rahmenhandlung und schmückt die Enttäuschung des Dichters weidlich aus. Der *Auftrag*, den der Dichter in Amerika ausfüllen soll, lautet nach Kürnberger: *das Subjekt zu vertreten in der Welt der objektiven Möglichkeiten.* Im *Getümmel* und *schamlosen Geschrei* New Yorks fällt ihm dies freilich nicht leicht. *Ein Blick gegen den Himmel bleibt oft der einzige Ruhepunkt. Ruhepunkt? Mitnichten! (…) Lärm oben wie unten, Hammer dröhnen, und Funken sprühen zu den Fenstern einer Höhe heraus, in welcher der Zeisig singen, von welcher ein Blatt des Blumenstocks niederwehen sollte.* In seiner Not hält sich der Reisende an ein kleines Mädchen, dem er beim Weg zu ihrer Schule behilflich ist – wo er selbst auch ein bißchen Ruhe zu finden hofft.

Doch dann muß er vom Lehrer dort hören, daß von *deutscher Metaphysik* nicht viel zu halten sei, wohl aber von einem *Büchlein* mit Ratschlägen eines gewissen *Benjamin Franklin*, aus dem dann auch reichlich zitiert wird: *Bedenke, daß die Zeit Geld ist*, heißt es da, oder: *Nehen Fleiß und Mäßigkeit trägt nichts so sehr dazu bei, einen jungen Mann in der Welt vorwärtszubringen, als Pünktlichkeit und Gerechtigkeit in einem Handel.* Auf die Begeisterung des Lehrers für Franklin antwortet der deutsche Poet mit einer Tirade gegen die *Ausmünzung der menschlichen Existenz in Schillinge und Pfunde* und zieht von dannen.

Das Bild, das Lenau von Amerika gezeichnet hat, zeigt ein Land, das ebenso geist- wie sittenlos und statt dessen aufs Geld versessen ist. In dieses Bild setzt Kürnberger als Hauptfigur Benjamin Franklin, und damit krönt er das Klischee. Dieses Klischee kommt schließlich bei Max Weber zu soziologischen Ehren. In seiner Studie *Die protestantische Ethik und der „Geist" des Kapitalismus* zitiert Weber genau jene Sätze Benjamin Franklins, die auch schon von Kürnberger angeführt werden (es sind Sätze aus Franklins Schrift *Poor Richard's Almanack*), und erklärt, in ihnen komme jene protestantische Ethik *in nahezu klassischer Reinheit* zum Ausdruck. Franklin wird bei Max Weber zum Verfechter einer *Philosophie des Geizes*, zum Herold einer totalen Ökonomisierung des Lebens. In den Vereinigten Staaten komme, so meint Weber, das *Erwerbsstreben, seines höheren Sinnes entkleidet*, zur *höchsten Entfesselung*.

+++

Auch außerhalb Deutschlands, auch in Amerika selbst ist Kritik an Benjamin Franklin laut geworden. Das wohl berühmteste unvorteilhafte Porträt findet sich in dem Roman *Israel Potter* von Herman Melville, dem Autor von *Moby Dick*. Auf einer der abenteuerlichen Reisen, die *Potter*, der Titelheld, während seines jahrelangen Exils unternimmt, trifft er in Paris auf Franklin, den amerikanischen Gesandten. Potter erlebt ihn als geistreichen, unkonventionellen alten Herrn, ärgert sich aber maßlos, daß ihm Cognac ins Zimmer gestellt wird, den er doch nicht trinken darf, und fühlt sich gepiesackt von Franklins Kleinlichkeit und Rechthaberei. Als Israel Potter jenen Almanach, der auch Kürnberger und Weber aufbringt, auf seinem Nachttisch findet (*Kein Gewinn ohne Mühe,* liest er), *schmettert* er das Buch wütend auf den Boden.

Und doch schildert *Israel Potter* (oder Herman Melville) einen Menschen, der sich von der deutschen Karikatur deutlich abhebt: *Franklin war nicht weniger ein Mann der Frauen als ein Mann der Männer, ein weiser Mann und ein alter Mann. (…) Im Alter von zweiundsiebzig war er noch der Schwarm der höchstgeborenen Schönen des Hofes. Wer sich zunächst aus bloßer Mode zu dem berühmten Weisen hingezogen fühlte, wurde auf Dauer als sein Bewunderer festgehalten von der Platon-gleichen Freundlichkeit seiner guten Stimmung. (…) Von der Natur zur Erkenntnis hingezogen, war sein Geist oft schwer, doch niemals ernst. Zuzeiten nahm er in vollem Ernst – äußerstem Ernst – an anderen Anteil, doch niemals war er mit sich selbst befaßt.*

Immerhin steht in Franklins vielgescholtenem *Almanach* neben vielen strengen und kleinlichen Maßregeln auch: *Wer gut lebt, ist gelehrt genug.* Viele Interpreten haben in Franklin gerade nicht den Zwangscharakter des Puritanismus entdeckt, sondern einen Menschen, der dessen *Tugenden* aufgriff und dessen borniert *Schwächen* beiseite ließ. Wohl gab es bei Franklin auch eine gewisse selbstgefällige Borniertheit; manchmal sieht es so aus, als wollte er sein Leben am Reißbrett entwerfen. Doch in verspielter Ironie war er kaum zu übertreffen, und die Vervollkommnung und Verbesserung des Lebens wurde von ihm immer auch als soziales Projekt angesehen – fern von der Einzelkämpfermentalität, die mit ihm in Verbindung gebracht wird. Daß diese Seite Franklins in Deutschland unterschätzt wird, ist nicht nur eine zufällige biographische Ungenauigkeit, sondern das Ergebnis der Ignoranz, mit der man das amerikanische Projekt der *Verbesserung* des eigenen Lebens behandelt. Es wird reduziert auf die Verbesserung des Kontostands, was darüber hinaus geht, wird kaum beachtet. Damit entsteht ein Zerrbild nicht nur von Benjamin Franklin, sondern auch von Amerika. Der Schauplatz von dessen Ethik – die Spannung zwischen Rigorismus und Toleranz – bleibt im Nebel.

Jene Ignoranz mag damit zu tun haben, daß eine solche Ethik aus dem Rahmen der allgemeinen Moralgesetze herausfällt, der sonst die Szene des Lebens bestimmt. In diesem Rahmen bleibt nicht viel Platz für das Individuum, seine Beweglichkeit und Selbstverbesserung. Bei Nikolaus Lenau läßt sich jene Borniertheit gut beobachten: Ihm war dieses Individuum von vornherein suspekt, und er sah es leiden an der Krankheit der *Bodenlosigkeit*. Mit dieser Einschätzung leistete er sich freilich einen Bärendienst. Denn wer *Bodenlosigkeit* kritisiert, den verschlägt es bei der Suche nach einem Gegenbild nicht nur zur Heimat, sondern irgendwann vielleicht auch zu Blut und Boden. Und angesichts dieser Aussicht wird der amerikanische Gegenentwurf zum bodenständigen Leben geradezu unwiderstehlich.

+++

Oder doch nicht? Treffen die Kritiker der *Bodenlosigkeit* einen wunden Punkt? Auch ein großer amerikanischer Soziologe hadert jedenfalls mit der Ethik, die in Franklins Idee der Selbstverbesserung steckt: Richard Sennett.

Sennett stützt sich genau auf Max Webers Analyse der *weltlichen Askese* und schreibt: *Franklin leidet beständig unter der*

Furcht, nicht gut genug zu sein, doch keine Leistung scheint je ge-nug; in diesem Weltbild gibt es keine Vollendung. Zwar hält sich Sennett mit einem klaren Urteil darüber zurück, ob er Webers Franklin-Porträt für historisch zutreffend hält, er meint aber, daß der *charakterliche Typus* genau getroffen sei, der die ethische Begleitmusik zur Konkurrenzgesellschaft spiele. Von Franklins *getriebenem Menschen* hält Sennett nicht viel, zumal dessen Nachkomme die Bodenlosigkeit vollends besiegelt habe: die *flexible Persönlichkeit*. Einem Management-Handbuch mit dem Titel *Das Wachsen des Individuums im geschrumpften Unternehmen* entnimmt Sennett das entsprechende Anforderungsprofil: In der modernen Arbeitswelt muß das Individuum – so heißt es – bereit sein, sich beständig *umtopfen* zu lassen; der permanente Wechsel von Arbeitsplätzen, Erfahrungen, Kontexten wird als neues Erfolgsrezept angepriesen; der Mensch soll sich ständig selbst erneuern und jene *kreative Zerstörung* betreiben, von der schon Joseph Schumpeter, der Großvater moderner Unternehmermoral, gesprochen hat. Die gängige Drohung *Wer sich nicht bewegt, ist draußen*, behagt Sennett gar nicht. Umgekehrt sieht er diejenigen, welche bei dieser Bewegung mitmachen, von der *Drift* der Moderne erfaßt: Die Menschen sind ihm zufolge immer weniger in der Lage, selbst mitzuschwimmen und die Richtung zu beeinflussen, und so wird aus ihrem Leben ein *zielloses Dahintreiben*.

Sennett entleiht jenen Begriff der *Drift* dem Buch *Drift und Herrschaft*, einer Polemik, die der große amerikanische Publizist Walter Lippmann im Jahr 1914 veröffentlicht hat. Von ihm bezieht Sennett auch den Begriff, den er der *Drift* entgegensetzt – eben die *Herrschaft* über das eigene Leben, um die man heutzutage mehr denn je ringen müsse. Dieser Kampf besteht nach Sennett darin, Zusammenhang, Beständigkeit und Verläßlichkeit zu verteidigen, ohne die man der flexibilisierten Welt hilflos ausgeliefert sei. Förderlich sei auch die *Stärkung des Ortes, die Sehnsucht der Menschen nach der Verwurzelung in einer Gemeinde*, denn darin sieht Sennett trotz der *gefährlichen* Untertöne, die er bei der Sehnsucht nach einem solchen *Wir* mithört, einen *tieferen und positiveren* Sinn. Unversehens sind wir damit im Schlepptau Sennetts doch wieder bei der deutschen Warnung vor der amerikanischen *Bodenlosigkeit* angekommen. Gegen den *getriebenen Menschen* Franklins und dessen Nachfolger, den *flexiblen* oder *driftenden* Menschen von heute, setzt Sennett auf einen festen, vertrauten *Ort*.

Wenn Sennett seinen Gewährsmann Lippmann anruft und sich dessen Plädoyer für die *bewußte Gestaltung* des Lebens anschließt, so ist dies freilich von Benjamin Franklin, den Sennett so spitzfingrig behandelt, überhaupt nicht weit weg. Franklin ist in der Tat weniger der Wegbereiter des *getriebenen* als der Vorkämpfer des *beherrschten* Lebens. Letztlich rücken Franklin, Lippmann und Sennett im Kampf für ein selbstgestaltetes Leben nahe zusammen. Trotz Sennetts Vorbehalten handelt es sich hier aber um ein bewegtes Leben: Es ist die Bewegung allein, mit der sich die Neugier und Umsicht erhält, die die freie Gestaltung des eigenen Lebens ermöglicht. Damit muß der *Ort*, von dem Sennett spricht, seinen Sinn wechseln. Dieser *Ort* ist nicht der feste Boden, in dem man Wurzeln schlägt, sondern eher der ethisch eröffnete Raum, in dem Begegnungen, Bewegungen mit anderen möglich werden.

Daß das individuelle Leben eher bewegt als starr, eher unterwegs als ortsansässig ist – das ist eine Einsicht, die Walter Lippmann dem französischen Philosophen Henri Bergson entleiht. Bei Lippmann heißt es: *Das Leben ist ein unumkehrbarer Prozeß und aus diesem Grund kann die Zukunft niemals eine Wiederholung der Vergangenheit sein. Diese Einsicht verdanken wir Bergson. (…) Es zeigt sich ein guter Instinkt darin, die Vorstellung zurückzuweisen, daß die Gegenwart nur eine Blase auf dem Strom der Zeit sei. Die Blase, in der wir leben, ist für uns von größerer Bedeutung als alle Flüsse, die je ins Meer geflossen sind.*

Das Leben, das in diesem *Fluß* geführt wird, ist am Ende doch nichts anderes als – bodenlos. Der Weg, der von der Angst vor diesem bewegten Leben befreit, kann aus jenem Fluß der Zeit nicht herausführen. Es kommt vielmehr darauf an, den Fluß so fließen zu lassen, daß jene lebendige *Blase*, von der Lippmann gesprochen hat, von der Strömung nicht weggerissen wird und zerplatzt.

Damit werden die Rahmenbedingungen wichtig, unter denen dieses individuelle Leben geführt wird: die Politik.

Politik

Prachtvolle Salons, Treffpunkte der literarischen und politischen Elite, beherrschen die Szene in Paris kurz vor Ausbruch der Revolution von 1789. Besuchen Sie zwei der exklusivsten unter ihnen: Da ist zum einen der Salon der Duchesse d'Enville, geborener La Rochefoucauld, und zum anderen der Salon der Comtesse d'Houdetot, der vormaligen Gönnerin und Geliebten Jean-Jacques Rousseaus; sie diente ihm als Vorbild für seine *Julie*, seine *Nouvelle Héloïse*. In beiden Salons finden sich illustre Gäste ein.

Bei Mme d'Enville verkehrt unter anderem Thomas Jefferson, noch nicht Präsident, aber Botschafter der Vereinigten Staaten in Paris. Jefferson trifft sich dort regelmäßig mit einem bedeutenden französischen Intellektuellen, mit Condorcet: jung schon Mitglied der *Académie Française*, radikaler Republikaner und Freund des Fortschritts.

Der große Star im Pariser Salon von Mme d'Houdetot dagegen heißt Hector Saint-Jean de Crèvecœur, ein Franzose, der, früh nach Amerika ausgewandert, gerade zurückgekehrt ist und mit einem Buch spektakuläre Erfolge feiert: *Briefe eines amerikanischen Farmers*. Nicht zufällig ist er bei Mme d'Houdetot, der einstigen Vertrauten Rousseaus, willkommen: Ein Zeitgenosse meint, Rousseau hätte in Crèvecœur, wenn er ihn nur noch kennengelernt hätte, *die Erfüllung eben der Träume erblickt, für die er von seinen Feinden so unbarmherzig verlacht wurde.* (Meist liegen diejenigen, die sich auf Rousseau berufen, freilich falsch – aber das ist ein anderes Thema.) Jedenfalls ist Mme d'Houdetot einem zeitgenössischen Bericht zufolge *stolz, einen amerikanischen Wilden in die Große Gesellschaft einzuführen.*

Zwischen diesen zwei Pariser Salons herrscht Streit – Streit um Amerika. Lauschen wir zunächst hinein in den Salon von Mme d'Houdetot und hören wir den amerikanischen Farmer Crève-cœur. Er schwärmt vom einfachen, naturverbundenen Leben, in dem er all seine wesentlichen Genüsse befriedigt findet. Amerika ist für ihn das Land all derer, die den Konventionen entschlüpft sind und ruhige Beschäftigung gefunden haben. Einfach *auf dem Pflug zu sitzen* und sich von dessen *Bewegung* tragen zu lassen – dies erklärt Crèvecœur zum Inbegriff *vollkommenen Glücks*, und er fragt: *Können mehr Genuß, mehr Würde zu dieser (...) Beschäftigung hinzutreten?*

Nein, mehr geht nicht – so denken die romantischen Schwär-mer bei Mme d'Houdetot. Doch, sehr wohl – meinen die promi-nenten Gäste von Mme d'Enville. Jefferson und Condorcet neh-men besorgt zur Kenntnis, daß in Paris ein Bild von Amerika verbreitet wird, das – in Jeffersons Worten – *ganz abwegig* ist: das Bild eines paradiesischen *gelobten Landes*, in dem die Menschen in Harmonie mit der Natur leben. Jefferson und Condorcet ar-beiten nun publizistisch eng zusammen, um dem romantischen Amerika-Bild Crèvecœurs entgegenzutreten.

Condorcet sieht in Amerika die Vervollkommnung der mensch-lichen Gattung voranschreiten, er wirft also ein Stichwort in die Debatte, das schon von Benjamin Franklins Ethik bekannt ist: die Idee der *Perfektibilität* der Menschheit. In dem Schauspiel, das sich Condorcet in der Neuen Welt bietet, sieht er das Heimspiel der *Perfektibilität*, des Fortschritts der Aufklärung. Thomas Jef-ferson sekundiert und sagt, er glaube *mit Condorcet, (...) daß der menschliche Geist weiter vervollkommnet werden kann – bis zu einem Grad, von dem wir noch keinerlei Begriff haben.* Er *brand-markt* deshalb die Auffassung als *feige*, wonach *der menschliche Geist zu weiteren Fortschritten unfähig* sei. Dieser Fortschritt aber bleibt aus, wenn jemand immer nur auf seinem Pflug glück-lich ist – wie in Crèvecœurs Idylle.

Vervollkommnung einerseits, Bodenständigkeit andererseits: Gegen die Statik von Crèvecœurs naturverbundenem Amerika setzen Jefferson und Condorcet die Dynamik des fortschrittlichen Amerika. Der Schlüssel zu dieser Dynamik ist, ihnen zufolge, die politische Emanzipation: die Selbstbestimmung und Selbstgesetz-gebung der Bürger Amerikas, die die Geschicke ihres Landes ge-stalten.

Daß Crèvecœurs Naturverbundenheit dazu nicht paßt, hat im

übrigen nicht nur mit seinen idyllischen Neigungen zu tun. Wenn er etwa sagt: *Menschen sind wie Pflanzen*, dann steckt dahinter eine deterministische Auffassung des Lebens, und in ihr läßt sich Selbstbestimmung nicht unterbringen. *Menschen sind wie Pflanzen*, das heißt für Crèvecœur letztlich: *Wir sind Maschinen, die von allen Umständen um uns herum beeinflußt werden*. Daß das Leben den Umständen derart ausgeliefert sein soll, ist freilich für Jefferson ganz unerträglich.

Wenn man die Voten aus jenen zwei so unterschiedlichen Pariser Salons vergleicht, dann stößt man auf zwei gegensätzliche Konzeptionen der Vereinigten Staaten von Amerika. Kurz gesagt: Politik steht gegen Natur. Und welche Konzeption trägt den Sieg davon? Ganz gewiß diejenige Jeffersons und Condorcets. Die Vereinigten Staaten finden ihre Identität in einem politischen Projekt, nicht als Inbegriff natürlicher Umwelt. Mit letzterer ist einfach ‚kein Staat zu machen'. Gleichwohl ist in dieses politische Projekt ein Charakterzug eingeflossen, der aus Crèvecœurs Richtung kommt. Zur amerikanischen Politik gehört an zentraler Stelle die Idee der Eigenständigkeit und Selbstbestimmung der Individuen, und sie entspricht zwar nicht der Natur-Romantik Crèvecœurs, wohl aber dessen Feier der Autarkie. Daß man sich nicht dreinreden lassen will – dieser Anspruch wird auch von den Bürgern, die an der Politik teilnehmen, vorangetragen.

+++

Im Rückblick auf sein Leben als Geburtshelfer der Vereinigten Staaten gab Thomas Jefferson eine verblüffende Antwort auf die Frage, worum es in der amerikanischen Unabhängigkeitserklärung vom Juli 1776 gegangen sei: *Weder hatten wir es auf die Originalität der Prinzipien oder Empfindungen abgesehen, noch sollte eine bestimmte frühere Schrift kopiert werden*. Die Unabhängigkeitserklärung sei vielmehr gedacht gewesen *als Ausdruck des amerikanischen Geistes und sollte ihn mit dem angemessenen Ton und Sinn versehen, nach dem die Gelegenheit verlangte.*

Worum handelte es sich dann bei diesem Dokument, das Jefferson 1776 mitverfaßte? Um eine Gelegenheitsarbeit – im höchsten Sinne.

+++

Zu Jeffersons Idee der Geistesgegenwart, der Gesetzesgegenwart eines Volkes gehört der Anspruch, daß die amerikanische Geschichte, die nach Unabhängigkeitserklärung und Verfassungsgebung kommt, anders verstanden werden muß denn als unbefristeter Aufenthalt im Geltungsbereich des Gesetzes. Die Menschen, die für den Gründungsakt zu spät kommen, sollen sich in diesem Land nicht nur unterstellen, als wäre es ein Schutzdach; sie sollen die Gesetze im eigenen Namen neu zum Leben erwecken – oder zur Not auch sterben lassen.

Ralph Waldo Emerson bewährte sich als treuer Schüler Jeffersons, als er Mitte des 19. Jahrhunderts erklärte: *Die Statuten stehen da, um zu sagen: Gestern haben wir uns darauf verständigt, aber wie finden wir diesen oder jenen Paragraphen heute? Unser Statut ist eine Währung, die wir mit unserem eigenen Porträt prägen; bald wird es unkenntlich, und im Lauf der Zeit muß man es an die Münzanstalt zurückschicken.* (Man könnte fast sagen: Nichts ist so alt wie das Gesetz von gestern.) *Alle Gesetze außer solchen, die Menschen für sich selbst machen,* findet Emerson *lachhaft. Wenn ich mich in mein Kind hineinversetze, wenn wir gemeinsam einen Gedanken fassen und sehen, daß die Dinge so und so sind, dann ist diese Wahrnehmung Gesetz für es und für mich. Wir sind beide da, wir handeln beide. Wenn ich aber auf seine Geschichte herabschaue, ohne es ans Denken heranzuführen, wenn ich mir vorstelle, wie es sein sollte, und entsprechend dies oder das anordne, dann wird es mir doch nie gehorchen. Dies ist die Geschichte der Regierungen: Ein Mensch tut etwas, um einen anderen festzulegen.*

Wie können Gesetze lebendig bleiben? Das Vorzeigemodell für die Politik als Gelegenheitsarbeit fand Emerson in den *Stadtversammlungen* von *New England*, in denen jede Meinung zur Äußerung gebracht werden konnte und gleiches Gewicht erhielt – Stadtversammlungen, wie sie übrigens heute noch regelmäßig in vielen Gemeinden durchgeführt werden. Emerson schwärmte von einer Politik, in der sich bei jeder (An-)Gelegenheit die Stimme der Bevölkerung erhob und der aktuelle Willen der Bürger direkt zum Ausdruck kam; er war ein begeisterter Verfechter der politischen Partizipation in einem Land, in dem die Zahl der Wähler heute doch geringer ist als die Zahl der Fernsehzuschauer beim *Super Bowl*, dem Endspiel im *American Football*.

Im Jahre 1888 versuchte ein gewisser James Bryce den Unterschied zwischen der englischen und der amerikanischen Demokratie zu bestimmen. Die Abgeordneten in Amerika sollten – so befand er – *nicht als weise und starke Männer auftreten, die zur Regierung bestimmt sind, sondern als Delegierte mit speziellen Aufträgen, die in kurzen Abständen erneuert werden.* Mit permanenter Erneuerung wollte Bryce die Verselbständigung der politischen Ebene vermeiden, und an die Stelle repräsentativer Entscheidungsformen sollte die *Herrschaft oder Regierung der öffentlichen Meinung* treten. In ihr sah er die Verwirklichung beweglicher Politik, eine *Regierung des Volkes*, die gar Wahlen, welche doch nur alle paar Jahre angesetzt werden, *entbehrlich* machte. So war die öffentliche Meinung als ideelle Nationalversammlung dazu ausersehen, das Erbe der direkten Demokratie anzutreten.

James Bryce vervollständigte sein Gesellschaftsbild durch ein Porträt des beweglichen Amerikaners – in diesem Fall eines Geschäftsmanns, der beim Frühstück die Zeitung liest: Die Meinungen, die er faßt, *basieren nicht auf Prozessen bewußten Nachdenkens – unser Geschäftsmann hat beim Frühstück keine Zeit zum Überlegen –, sie sind nur Eindrücke, die der Eingebung des Augenblicks folgen. Er wendet sich dem Leitartikel in der Zeitung zu, und seine Gefühle und Erwartungen werden bestätigt oder infragegestellt. Er fährt mit der Bahn ins Büro, spricht dort mit zwei oder drei Bekannten und nimmt wahr, daß sie seinen eigenen, immer noch matten Eindrücken zustimmend oder ablehnend gegenüberstehen.* Das ergibt Politik – aus der Hüfte geschossen.

Deshalb paßt auch der erste Artikel der amerikanischen *Bill of Rights*, der den Bürgern die Rede- und Versammlungsfreiheit garantiert, zu deren zweitem Artikel: Er sichert jedem Bürger das Recht zu, eine Waffe zu tragen. Und diesen Vorgaben folgt die Meinungsumfrage: Politik als volksgewollter Schnellschuß.

In den dreißiger Jahren des 20. Jahrhunderts wollte George Gallup, einer der Pioniere der modernen Meinungsforschung, den *Puls der Demokratie* erspüren und begann mit großangelegten, wissenschaftlich fundierten Umfragen. Gallup: *Die Meinungsbildung findet fortwährend statt, die Wahl dagegen nur gelegentlich, und in den Zwischenzeiten (…) kommt es zu Veränderungen, die*

die Ansichten der Wähler gravierend beeinflussen. Ihm erschien die Meinungsumfrage als Bekräftigung der radikalen Demokratie, wie sie von John Dewey, dem Zeitgenossen Gallups und wichtigsten amerikanischen Philosophen des 20. Jahrhunderts, verfochten wurde: *Die Meinungsumfrage, die ein Mittel bereitstellt, mit dem ganz schnell die Antwort der Öffentlichkeit auf die Themen des Tages bestimmt werden kann, hat in der Tat eine Stadtversammlung im nationalen Maßstab hervorgebracht.* Gefeiert wurde seinerzeit die Geburt der Meinungsforschung aus dem Geist der Demokratie.

Daß amerikanische Präsidenten, mehr als deutsche Politiker, vor Meinungsumfragen erzittern, hat nicht nur mit der Macht der Medien, nicht nur mit dem Werben um die schwankende Gunst des Publikums zu tun. So wie im amerikanischen Kongreß der Fraktionszwang unterlaufen wird und bei einzelnen Entscheidungen immer neue Koalitionen geschmiedet werden, so will sich auch sonst die Politik mit dem Gütesiegel der Beweglichkeit *ad hoc* schmücken.

Szenarien für eine elektronisch optimierte Demokratie, wo Volksentscheide und Bürgerforen im Internet durchgeführt werden können, liegen schon bereit. Meinungsumfragen können überhaupt nur deshalb diesen Stellenwert im modernen Amerika haben, weil das Ideal der bewegten Politik ihnen ein weniger verächtliches Aussehen gibt als in Ländern, in denen das Volk sich in aller Ruhe von Volksvertretern vertreten läßt.

+++

Der Weg, den Amerika mit der Politik als Gelegenheitsarbeit beschritten hat, hat sich gegabelt: eine Abzweigung führt in den Populismus, eine andere zur direkten Demokratie.

Am Ende der ersten Abzweigung steht – vorerst – der Milliardär Ross Perot, der im Jahr 1992 gegen Clinton und Bush mit einem furchterregend populistischen Wahlkampf neunzehn Prozent der Stimmen geholt hat. Sein Traum vom *elektronischen Rathaus* sah so aus: *Jede Woche würden wir ein einzelnes großes Thema dem Volk vorlegen. Wir würden es in allen Einzelheiten erläutern und dann würden wir eine Antwort von den Eigentümern dieses Landes – vom Volk – bekommen, so daß der Kongreß – ohne Wenn und Aber – wüßte, was das Volk will. Dann würden den*

Jungs, die mit ihren Aktentaschen herumrennen und Sonderinteressen vertreten, (...) die Hörner abgesägt. Ein Beispiel für diese Form von Demokratie ist die Abstimmung per Klospülung. Sie wird seit Jahren durchgeführt von der Radiostation KEMB in Emmetsburgh, Iowa. Der Sender startet zum Beispiel den Aufruf: *Wenn Sie für die Todesstrafe sind, spülen Sie bitte jetzt!* Dann wird drei Minuten gewartet und anschließend in der städtischen Kläranlage die Veränderung des Wasserpegels gemessen. Eine Stimme, eine Spülung entspricht einer Veränderung um 0,3 Millimeter. Das ist eine Demokratie, die das Faß zum Überlaufen bringen kann.

Am Ende der anderen Abzweigung, die Amerikas bewegte Politik eingeschlagen hat, steht – vorerst – Benjamin Barber, Politologe an der *Rutgers University* und Verfechter einer *starken Demokratie.* Auf allen Ebenen möchte er die Bürgerbeteiligung intensivieren: in Volksabstimmungen, öffentlichen Beratschlagungen und Stadtteilgruppen. Benjamin Barber geht auf Distanz zum Populismus, denn seine *starke Demokratie* begnügt sich nicht mit *unmittelbaren Abstimmungen,* sondern setzt auf *Bildung, Erfahrung mit der Demokratie, politisches Bewußtsein und die Kultur eines funktionierenden Gemeindelebens.* (Das Ideal, auf das von Barber und anderen oft und gern verwiesen wird, ist die Schweiz.) Dieser politische Diskurs ist natürlich durch einen Abgrund getrennt von der Politik als populistischer Gelegenheitsarbeit – von der Entscheidung per Klospülung.

+++

Das größte Experiment bewegter Politik wurde im bevölkerungsreichsten Einzelstaat der USA durchgeführt: in Kalifornien. Die Versuchsanordnung dafür ist schon seit dem Jahr 1911 eingerichtet. Seinerzeit erfolgte eine Reform der kalifornischen Verfassung, mit der die Elemente direkter Demokratie gestärkt wurden: Volksabstimmungen sollten eine Schlüsselfunktion bei der Gesetzgebung bekommen. Der fortschrittliche Gouverneur Hiram Johnson erklärte seinerzeit: *Die Gegner dieser Reform glauben, man könne dem Volk nicht vertrauen. (...) Wir hingegen glauben nicht nur an das Recht des Volkes zur Regierung, sondern auch an dessen Fähigkeit dazu. Dies führt uns logischerweise zu der Auffassung, daß das Volk über das Recht, die Fähigkeiten und Ein-*

sichten verfügt, nicht nur ein Parlament zu wählen, sondern auch Beschlüsse zurückzuweisen oder zu widerrufen.

In den Zeitungskommentaren damals war eine Kontroverse schon vorgezeichnet, die freilich erst Jahrzehnte später entflammen würde. Im *Sacramento Bee*, der traditionsreichen Zeitung der Hauptstadt Kaliforniens, wurde die Reform als Schlag gegen die *Lobbys*, die *Geldwechsler und* das *Big Business* gefeiert, von denen die Gesetzgebung beeinflußt wurde. Dagegen warnte die *New York Times* damals: *Es wird der Anschein erweckt, als würden den Wählern größere Rechte eingeräumt. Sie werden jedoch der Gelegenheit beraubt, ihre Macht wirksam und klug einzusetzen. Zwar werden sie viel öfter das Recht haben abzustimmen und dabei über mehr Dinge bestimmen als früher. Aber die Zahl und die Vielfalt dieser Entscheidungen nimmt ihnen jede Chance, all diesen Fragen ihre Urteilskraft und ihr Unterscheidungsvermögen zuzuwenden.* Seltsamerweise gingen Hoffnungen und Warnungen zunächst gleichermaßen ins Leere: In den Jahren 1911 bis 1978 kam es zwar zu rund vierzig Volksabstimmungen, doch das politische Geschäft in Kalifornien wurde nicht gravierend verändert.

Der eigentliche Beginn des kalifornischen Experiments volksbewegter Politik fällt erst in die Jahre nach 1970. Das höchste Gericht Kaliforniens verhandelte den Fall *Serrano versus Priest* und sprach ein Urteil mit Folgen. Es ging um das Recht aller auf gleiche Schulbildung, und in dem Urteil wurde festgelegt, daß überall in Kalifornien die Schulen gleich gut ausgestattet sein müßten. Dieses Urteil richtete sich gegen ein Kernstück lokaler Selbstverwaltung in Amerika: Da die Schulen zu einem Gutteil aus den Steuern für Haus- und Grundbesitz finanziert werden, verfügen traditionellerweise Gemeinden mit wohlhabenden Mitgliedern über bessere Schulen. Mit dem Umzug in ein besseres Viertel lassen sich bessere Bildungschancen für die Kinder erkaufen. So erbrachte jedes Prozent Grundbesitzsteuer im armen Baldwin Park vor kurzem noch 170 Dollar pro Kind; im reichen Beverly Hills waren es dagegen 1340 Dollar. Gut gestellt war auch ein Schulbezirk, in dem sich ein Atomkraftwerk befand: Die einschlägigen Steuereinnahmen fielen dort so hoch aus, daß sich Klassenfahrten nach Europa finanzieren ließen.

Durch das Urteil im Fall *Serrano versus Priest* sollten die reichen Gemeinden Kaliforniens verpflichtet werden, einen Teil der

Schulsteuern an einen zentralen Topf abzuführen, damit von dort aus ärmere Gemeinden unterstützt werden konnten. Diese Umverteilung, mit der die Erfolgreichen sich um ihre Privilegien gebracht sahen, führte dazu, daß die Steuerzahler – wie das konservative *Wall Street Journal* noch Jahrzehnte später schwärmerisch schrieb – *in Wut gerieten*. Dazu kam noch, daß damals die Grundbesitzsteuern durch einen Immobilienboom in Kalifornien gewaltig in die Höhe schnellten, ohne daß die Gesetzgebung lindernd eingriff. Das wollten die Betroffenen sich nicht gefallen lassen. Es schlug die Stunde der direkten Demokratie, der radikalen Volksherrschaft.

1978 fand in Kalifornien eine Volksabstimmung statt, bei der die sogenannte *Proposition 13* eine überwältigende Mehrheit fand. Eine radikale Senkung der Grundbesitzsteuern wurde beschlossen, und auf einen Schlag waren die öffentlichen Schulen und andere lokale Einrichtungen zum Siechtum verurteilt. Ihre Etats brachen zusammen, die Folgen waren meßbar: Im Jahre 1994 landeten die kalifornischen Schüler bei landesweiten Vergleichstests auf dem vorletzten Platz, nachdem sie vorher zu den *Top Ten* gehört hatten. In den Jahren 1973 bis 1992 wurden 1100 der 2150 öffentlichen Bibliotheken im Land geschlossen.

Proposition 13 brachte die Kalifornier auf den Geschmack, und in den zwanzig Jahren nach 1978 ist es zu ebenso vielen Volksabstimmungen gekommen wie in der ganzen Zeit davor. Meist waren sie angestiftet und begleitet von aufwendigen Werbefeldzügen in den Medien. Um die Politikerkaste zu entmachten, wurde das Rotationsprinzip für Abgeordnete eingeführt; *Proposition 218* legte fest, daß höhere Gemeindeabgaben, z. B. Müllgebühren, nur nach Zustimmung der Betroffenen erhoben werden konnten; der Bau von zwanzig neuen Gefängnissen wurde beschlossen, was den Etat der Gefängnisverwaltung fast verzehnfachte, etc. etc.

Die Entwicklung in Kalifornien hat paradoxe Konsequenzen. Seinerzeit wurden Volksabstimmungen eingeführt, um die Macht von Lobbys und Verwaltung in den Regierungszentralen zu brechen. Durch die volksgewollte Einführung der Politiker-Rotation sind nun aber in Sacramento nur zwei Gruppen übriggeblieben, die als konstante Faktoren über Jahre Kompetenz ansammeln und ausspielen: eben die Bürokraten und die Lobbyisten. Ein früherer Bürgermeister von San Francisco beklagte sich kürzlich über deren arrogantes Auftreten den Politikern gegenüber: *Wir, die zweite Mannschaft, sind schon da, wenn Ihr, die erste Mannschaft, erst kommt. Und wir werden noch da sein, wenn ihr schon längst gegangen seid.*

Die repräsentative Demokratie ist unterdessen weitgehend erledigt. Keine kalifornische Fernsehstation unterhält noch ein Korrespondentenbüro in der Hauptstadt Sacramento. In den drei Monaten vor der Gouverneurswahl im Herbst 1998 hat die *University of Southern California* die Fernseh-Nachrichtensendungen im Land ausgewertet und errechnet, wieviel Zeit in diesen Sendungen auf die anstehende Wahl entfiel. Der Untersuchung lagen 8664 Stunden lokaler Nachrichtensendungen zugrunde. Das Ergebnis: 0,31 Prozent, drei Promille. (Das ist ein Anteil, der, wäre er Alkohol im Blut, noch nicht tödlich wäre.)

Wegen der Staatsverschlankung dauert der Rechtsweg in Kalifornien inzwischen so lange, daß viele Betroffene private Schiedsstellen anrufen, für die sie teuer bezahlen. Inzwischen gibt es dort nicht nur ein *rent-a-car*, sondern auch ein *rent-a-judge system*. Rund vierhundert Juristen, größtenteils Frühpensionierte aus dem staatlichen System, entscheiden über privatrechtliche Streitfälle fern der offiziellen Gerichtsbarkeit und lassen sich dafür mit 375 bis 600 Dollar pro Stunde entlohnen. Wer es sich leisten kann, zieht die Zusatzkosten der zweijährigen Wartezeit bei staatlichen Gerichten vor. Die Anzeige von Armand Arabian, einem privaten Richter, der sich in der Werbung als *Arabischer Ritter* preist, lautet: *Wenn Sie im Süden von Los Angeles Gerechtigkeit suchen, wählen Sie 213–ARABIAN.*

+++

Was ist das für ein Volk, das mit *Proposition 13* die Revolte gegen die repräsentative Demokratie angezettelt hat? Das Wahlvolk. 42 Prozent der Wähler in Kalifornien sind über fünfzig Jahre alt, 36 Prozent verdienen mehr als 60000 Dollar im Jahr, nur 21 Prozent von ihnen haben Kinder in öffentlichen Schulen. Eine satte Mehrheit kann es sich also leisten, diese Schulen zu ruinieren. Wer kann nicht wählen? Eingewanderte aus Lateinamerika zum Beispiel. Von den Schülern in den öffentlichen Schulen des Großraums Los Angeles verfügen 60 Prozent über begrenzte englische Sprachkenntnisse.

Die kalifornische Politik der letzten Jahrzehnte war der direkte Ausdruck des Willens der alten (weißen) Mehrheit; es ist absehbar, wann die Rollen getauscht werden und die junge (bunte) Minderheit eine bestimmende Funktion übernehmen wird. So oder so geht aber die Parole ‚Wir sind *ein* Volk!' in Kalifornien ins Leere. Auf einer Konferenz im Jahre 1994, auf der die langfristigen Auswirkungen von *Proposition 13* untersucht wurden, erklärte der Soziologe Clarence Lo: *Ich glaube nicht, daß wir noch in einer politischen Gemeinschaft leben.*

Der sogenannte *Vorort-Separatismus*, das Leben in vom Wachschutz kontrollierten Gemeinden wird unter denen, die es sich leisten können, immer beliebter. Man kann sich nicht im Ernst darüber beschweren, daß die Feuerwehr höchste Anstrengungen unternahm, als sich in den Jahren 1993 und 1996 verheerende Brandfronten vom Inland her auf die Villenviertel von Los Angeles zubewegten. Seltsam ist aber doch, daß diese Schutzmaßnahmen – glaubt man dem zur Empörung neigenden Publizisten Mike Davis – teurer waren als die komplette Sanierung des Armenviertels in *Downtown*-Los Angeles. Davis unterbreitet deshalb auch einen brachialen Vorschlag zur Lösung der Etatprobleme der Großstadt: Wenn man nur die Villen in Malibu niederbrennen würde, dann müßte man kein Geld mehr aufwenden, um sie zu schützen.

+++

Jemand wie der Politologe Benjamin Barber, der die Bürgerbeteiligung als Element der *starken Demokratie* verteidigt, hat seine liebe Not mit der Bilanz der kalifornischen Volksherrschaft. Und doch wehrt er sich dagegen, nur die negativen Seiten zu sehen, und erklärt: *Demokratie schließt das Recht auf Fehler ein. Niemand wundert sich, wenn ein Parlament Fehler macht. Aber sobald das Volk sich einmal vertut, wird an der direkten Demokratie gezweifelt.* Barber verweist darauf, daß auch viele ökologische und fortschrittliche Projekte durch Volksentscheide ins Rollen gebracht worden seien – eine Möglichkeit, die ohne *starke Demokratie* verschlossen geblieben wäre. So haben die Bewohner der kalifornischen Hauptstadt Sacramento mittels Abstimmung beschlossen, daß das örtliche Atomkraftwerk *Rancho Seco*, das erst 15 Jahre in Betrieb gewesen war, stillgelegt wurde und das Ener-

gieunternehmen der Stadt einen ökologischen Kurswechsel voll-
zog.

Hinter der Kritik an Kalifornien steckt ein mißmutiger Verdacht, der langfristig ebenso gefährlich ist wie die Auswüchse der
Entwicklung dort: der Verdacht nämlich, daß das Volk nicht dazu
tauge, die Politik eines Landes zu bestimmen. Das konservative
Standardargument gegen Volksentscheide in Deutschland ist zum
Beispiel die Warnung, *daß nicht alle Entscheidungen des Souve-
räns allein von Vernunft geprägt sind.* Daß wechselnde Mehrheiten rücksichtslose Beschlüsse fällen können, darf aber nicht zu
dem Umkehrschluß führen, das Volk sei wegen erwiesener Un-
fähigkeit zu entmachten. Auch im Kalifornien des ausgehenden
20. Jahrhunderts war die wildgewordene Volksherrschaft der *Pro-
positions* nur ein Ausschnitt aus dem Gesamtbild. Viele Ergebnisse dieser politischen Gelegenheitsarbeit landeten zum Beispiel zur
Überprüfung bei den Gerichten, die deren Verfassungsmäßigkeit
zu überprüfen hatten – und manchmal liefen sie dort auf wie ein
Schiff auf einen Felsen. Dort entfaltete sich also eine Spannung
zwischen dem aktuellen Willen des Volkes und den Grundsätzen
der Verfassung. Schon zu Beginn der amerikanischen Geschichte
war diese Spannung erkennbar anhand der prominenten Doppel-
spitze von Thomas Jefferson und Alexander Hamilton, die darüber uneins waren, wieviel Vertrauen man in die politische Kompetenz des Volkes setzen dürfe. Amerika ist insofern nicht ein
Fehlerbeispiel für plebiszitäre Exzesse, sondern eher ein Musterbeispiel für das gut demokratische Hin-und-Her zwischen Normen einerseits, politischer Willensbekundung andererseits.

Inzwischen mehren sich die Anzeichen, daß in Kalifornien
der Eifer bei der Aushöhlung der Institutionen nachläßt. Peter
Schrag, besorgter Beobachter seiner Heimat, hat erleichtert festgestellt, daß *der wütende Haß auf die Regierung wieder nachläßt.*
Und er wurde kurz darauf bestätigt, als bei Wahlen in Kalifornien
gerade die Kandidaten reihenweise scheiterten, die über die
größten Werbeetats verfügten und auf die populistische Karte
setzten.

+++

Steht Gott auf der Seite des Volkes? Als Hiram Johnson, der op-
timistische Gouverneur Kaliforniens zu Beginn des 20. Jahrhun-

derts, die Einführung der Volksabstimmung pries, stieß er auf den Widerstand eines Menschen, der ihm nahestand. *Die Stimme des Volkes,* so warnte Hirams Vater Grove Johnson, *ist nicht die Stimme Gottes, denn die Stimme des Volkes hat Jesus gekreuzigt.* Johnson Senior erinnerte an die Verführbarkeit der Massen, er wollte die humanen Grundsätze vor der Beschlußfreude der Mehrheiten in Sicherheit bringen, in deren Hände sein Sohn das Schicksal des Landes legte.

Steht Gott auf der Seite der Verfassung? Einer der berüchtigsten Politiker der zweiten Hälfte des 20. Jahrhunderts war George Wallace, die rassistische Galionsfigur der Südstaatler, die immer noch den Haß auf die *Yankees* aus dem Norden pflegen. Als von Washington aus die Aufhebung der Rassentrennung durchgesetzt werden sollte, sah Wallace darin eine unzulässige Einmischung von oben. Als Schuldigen machte er die Regierung aus, die sich unter Berufung auf die Menschenrechte in die Rituale des Südens einmischte. Wallace erklärte: *Die Regierung ist zu unserem Gott geworden. Dieses System ist das genaue Gegenteil zu Christus.*

Er plazierte Gott also an einem Ort, der dem von Grove Johnson genau entgegengesetzt war. Wallace sah die falsche Anmaßung auf der Seite derer, die Grundsätze geltend machten gegen seinen eigenen, religiös überhöhten Rassismus; Gott zog er auf seine Seite – genau dorthin also, wo nach Grove Johnson jenen demokratischen Grundsätzen Gefahr drohte. Den Rassismus verteidigte Wallace mit einem Argument, das in Amerika fast immer gewirkt hat: Die Tradition des amerikanischen *Südens* erschien bei ihm als Bastion im Kampf gegen die *Regierung* und deren angemaßte, pseudo-göttliche Allmacht. Wallace sagte: *Der Süden ist keine Frage der Geographie mehr, er ist eine Einstellung und eine Philosophie gegenüber der Regierung.* Mit dieser forschen These betrieb er freilich, was Sinn und Zweck der *Regierung* betraf, eine arge Irreführung. Wallace beklagte die Bevormundung durch volksferne *Regierungs*-Vertreter, während er doch eigentlich denen gegenüberstand, die von Staats wegen für die Menschenrechte eintraten.

Heute noch wird Jefferson Davis, der Präsident der abtrünnigen Südstaaten während des Unabhängigkeitskrieges 1861–1865, von konservativen Politikern nicht als Verteidiger der Sklaverei, sondern ausdrücklich als Kämpfer gegen den überzogenen Einfluß der *Regierung* gefeiert und verharmlost; sein Geburtstag, der 3. Juni, ist in sieben Staaten der USA ein gesetzlicher Feiertag.

+++

Auf seiner großen Amerikareise im Jahre 1904 hat Max Weber Arbeiter gefragt, warum sie sich von so miserablen Politikern regieren ließen. Deren Antwort lautete: *Wir haben lieber Leute als Beamte, auf die wir spucken, als wie bei euch eine Beamtenkaste, die auf uns spuckt.* Weber sah in dieser Auskunft ein Zeichen politischer Unreife, die – so hoffte er – mit der Zeit beseitigt werden würde. Darin täuschte er sich gewaltig. Beliebter denn je sind Autoaufkleber mit Sprüchen wie *Ich liebe mein Land, aber ich fürchte meine Regierung (I love my country. It's the government I'm afraid of)* oder *Nicht stehlen! Die Regierung haßt Konkurrenz (Don't steal! The government hates competition).*

Die Regierung muß sich in Amerika seit jeher um ihren guten Ruf sorgen. Thomas Jefferson sah im *Geist des Widerstands gegen die Regierung* etwas *Wertvolles* und schrieb lakonisch: *Ich mag ein bißchen Rebellion dann und wann.* Seit der Präsidentschaft Ronald Reagans, der mit Jefferson doch wenig gemeinsam hatte, und seit dem republikanischen Propagandafeldzug gegen *Big Government* ist das Wort *Regierung* in Amerika fast zum Schimpfwort geworden.

1994 hatte Bill Clinton noch zu sagen gewagt: *Die Regierung ist nicht das Problem, und die Regierung ist auch nicht die Lösung.* Clintons Berater Donald Baer zufolge stellte sich dann aber schnell heraus, daß ein Demokrat das Wort *Regierung* möglichst gar nicht benutzen sollte: *Es ist einfach ein schlechtes Wort.* Danach sprach Clinton lieber von *Chancen, Verantwortung und Gemeinschaft.*

1996 erklärte er in der Rede zur Lage der Nation: *Das Zeitalter der Großen Regierung ist vorbei.* Im ersten Redeentwurf folgte hierauf noch der Satz: *Aber wir dürfen nie mehr zum Zeitalter des „Jeder nur für sich selbst" zurückkehren.* Pikanterweise wurde dieser Satz bei der Ansprache selbst nicht vorgetragen. Die Gründe dafür sind etwas verwickelt: Manche im Regierungsstab warnten davor, dies würde als Angriff auf individuelle Freiheit gewertet werden, andere befürchteten Kritik von feministischer Seite. (Die festgestanzte Formel *Jeder nur für sich selbst* klingt im Englischen unweigerlich männlich: *Every man for himself.*)

Am Ende wählte Clinton eine schwächere Formulierung und sagte: *Aber wir können nicht zurückgehen zu der Zeit, als es unseren Mitbürgern überlassen blieb, für sich selbst zu kämpfen.* Der Publizist William Safire von der *New York Times* erkannte in dieser abgeschwächten Wendung freilich immer noch die Angst vor einer Aufwertung der Regierung. Wenn die Demokraten dieser Angst wirklich hätten entgegentreten wollen, dann hätten sie, Safire zufolge, Klischee gegen Klischee setzen müssen: also die Gefahren des *Every man for himself* gegen die Gefahren von *Big Government*. Dies haben die Demokraten dann doch nicht gewagt.

+++

Die Demokratie in Amerika funktioniert als permanenter Streit zwischen einem kleinen ‚wir‘ und einem großen WIR. Das kleine ‚wir‘ ist die Mehrheit, die sich zusammentut, um einen Beschluß auf eigene Faust durchzusetzen. Alles, was sie davon abhalten könnte, wirkt nur störend – zuvorderst der verdachtsweise volksferne Regierungsapparat. Das große WIR ist die Nation, wie sie von der verehrten Generation der Gründerväter geschaffen worden ist. Deren Grundsätze sind schon deshalb schützenswert, weil sie ihrerseits auf einen hervorragenden Akt der Selbstbestimmung zurückgehen, mit dem nicht nur eine zufällige Mehrheit, sondern das ganze Land erst etabliert wurde.

Für die herausgehobene Rolle der Gründerväter hat jemand eine plausible Erklärung geliefert, von dem man dies vielleicht nicht erwarten würde: der Dekonstruktivist Jacques Derrida. Er sagte über das große *Wir, das in der Unabhängigkeitserklärung spricht,* daß es sich erst dadurch, *durch jene Unterzeichnung (...) als freies und unabhängiges Subjekt, als möglicher Unterzeichner zur Welt* bringe. Nach Derrida haben die Amerikaner es jenem *gründenden Augenblick* zu verdanken, daß fortan erst *das Recht* etabliert ist, das es dem kleinen ‚wir‘ ermöglicht, gelegentlich alte Regeln außer Kraft zu setzen.

Die amerikanische Demokratie lebt also nicht einfach mit politischer Gelegenheitsarbeit in den Tag hinein. Sie ist auch eine Feierstunde, die nicht enden will: eine Feierstunde für den historischen Moment, da die Vereinigten Staaten diese Form der Politik installiert haben. Und was wird da gefeiert? Zweierlei.

Einerseits ist man erfüllt von der Bewunderung für den souveränen Akt der Selbstgründung und pflegt den Stolz auf das eigene Land, das man den Gründervätern verdankt. So bemüht man sich auch mehr oder weniger unbeholfen, alle neuen Herausforderungen, die die Moderne bereithält, mit den dürren normativen Vorgaben, die sie gemacht haben, zu bewältigen.

Andererseits nimmt man zur Kenntnis, daß die Gründerväter erfüllt waren von einer heftigen Abneigung gegen alles Vorgegebene, gegen alle Bevormundung. Auch dieser Abneigung schließt man sich an, und dies hat den paradoxen Effekt, daß man die Autorität der Gründerväter abweisen muß: Man hält ihnen die Treue, indem man sie hinter sich läßt, und feiern muß man dann vor allem sich selbst.

Daß es zwischen dem großen WIR und dem kleinen ‚wir' zu diesem Konflikt kommen muß, ist unvermeidlich. Genau deshalb gerieten ja auch die Exzesse des kleinen kalifornischen ‚wir' mit dem großen WIR der Gründerväter und ihren Grundsätzen aneinander – vor den Gerichten. Es wäre aber ganz undenkbar, daß in diesem Konflikt eine Seite den Sieg davontragen würde. Damit würde sich Amerika selbst abschaffen. Wo jene zwei Seiten, jene zwei Wogen des amerikanischen Selbstverständnisses zusammenschlagen, ergibt sich der Wellenkamm, an dem die Vereinigten Staaten, seitdem sie bestehen, mal elegant, mal plump entlang gleiten.

+++

Wenn die Amerikaner ein pragmatisches Verhältnis zu ihrer Regierung haben, so haben sie ein ästhetisches Verhältnis zu ihrer Nation. Sie bewundern in ihr den symbolischen Ausdruck ihrer eigenen Souveränität. Der Staat kann am ungebrochensten, am reinsten genossen werden, wenn er sich ganz auf seine repräsentative Funktion verlegt. Man sollte sich bloß nicht darüber aufregen, daß die Staatsakte und Feierstunden, die in Amerika bei diversen Anlässen abgehalten werden, nur Inszenierung oder *show* seien. Sie sind genau deshalb so bedeutungsvoll, *weil* sie Inszenierungen sind. In ihnen feiert das Volk sich selbst.

Der geistige Pate dieser Seite des amerikanischen Lebens, der Philosoph Jean-Jacques Rousseau, hat die kollektive Selbstinszenierung in seinem *Brief über das Schauspiel* besonders eindrucksvoll beschrieben. Schöner als jedes Schauspiel, so meinte Rousseau, sei das Fest, in dem sich das Volk selbst ergehe, genieße, feiere: Das Volk selbst sei *das würdigste Schauspiel, auf das die Sonne scheinen kann. (...) Mit der Freiheit herrscht überall, wo viele Menschen zusammenkommen, auch die Freude. Pflanzt in der Mitte eines Platzes einen mit Blumen bekränzten Baum auf, versammelt dort das Volk, und ihr werdet ein Fest haben. Oder noch besser: stellt die Zuschauer zur Schau, macht sie selbst zu Darstellern, sorgt dafür, (...) daß alle besser miteinander verbunden sind.*

Hat der amerikanische Theatermann Percy MacKaye wohl Rousseau gelesen? Anfang des 20. Jahrhunderts war er der Führer einer Bewegung, die Umzüge und Freilichtspiele als nationale Großereignisse organisierte. MacKaye wollte erreichen, daß die Bürger sich nicht nur passiv vergnügten; sie sollten an diesen Festtagen – wie er sagte – *nicht nur Zuschauer, sondern Teilnehmer* sein. Als Autor war er drittklassig, als Phänomen ist er bemerkenswert. Sein Schlußchor für das große nationale Fest, das er im Mai 1914 in St. Louis mitveranstaltete, lautete: *Einer für alle, alle zusammen/ Drehen wir uns freudig beim Tanz./ Als Brüder teilen wir das Licht,/ Bauen wir neue Welten/ Mit altem Feuer.*

+++

Der Glanz der Gründerväter liegt auf allen, die in diesem Land das Gesetz vertreten: den Sheriffs im Western, der Polizeipatrouille auf der Autobahn, den Beamten in den Steuerbehörden. Je mehr man sich mit seinen Hoheitsaufgaben identifiziert, desto größer wird der Stolz, das Gesetz zu verkörpern. Dieser Stolz gilt im Großen wie im Kleinen, und er findet sich nicht nur bei bestallten Gesetzeshütern, sondern bei Bedarf auch bei jedem Bürger.

Wer darauf gefaßt ist, in diesem Land auf ungehobelte Zeitgenossen zu treffen, die ihre Ellenbogen einsetzen, wird über die Rücksicht, Geduld und Disziplin erstaunt sein, mit der Amerikaner sich in der Kunst des Schlangestehens üben. Darin mag man ein Überbleibsel englischer Tugenden sehen, doch wenn man erklären will, warum gerade diese Tugend so quicklebendig geblieben ist, kommt man wieder auf die Feier der Volkssouveränität.

Beim Schlangestehen bietet eine Gruppe von Menschen den lebendigen Beweis ihrer Fähigkeit zur Selbstorganisation: Alle haben dasselbe Ziel (an den Schalter zu gelangen, den Skilift zu besteigen etc.), und wenn an der Spitze der Schlange jemand für die Abwicklung zu sorgen hat, so ist dieser ärgerlicherweise oft ziemlich inkompetent. Doch die Wartenden finden Gefallen darin, ja sie feiern sich geradezu dafür, daß sie die Zeit davor in Anstand zubringen. Sie geben ihrem Haufen aus eigener Kraft eine Ordnung und ziehen diese einem Zustand vor, in dem nichts geregelt wäre – würde vielleicht auch der eine oder andere ohne disziplinertes Schlangestehen schneller ans Ziel kommen. Diese Leidenschaft an der Selbstorganisation ist in Deutschland weniger verbreitet: Wenn die Obrigkeit nicht eingreift, entregelt sich das soziale Leben, und schnell frönt man dann dem Schubsen, dem Vordrängeln, dem Clinch.

+++

Amerikanische Beamte sind nicht einfach nur Staats-Diener, auch sie spüren vielmehr etwas von der Volkssouveränität in sich, die in diesem Land zur Entfaltung kommt. Das führt dazu, daß sie die Gesetze nicht einfach anwenden, sondern als Verkörperung der Macht selbst – immer mal ein bißchen anders – vertreten. Das macht die Begegnung mit amerikanischen Beamten zu einem besonderen Erlebnis.

Als ich eine *Social Security Number* beantragte – neben dem Führerschein das wichtigste Utensil der amerikanischen Bürokratie –, wurde mir diese Nummer beim Amt in der *Delancey Street* von Manhattan aufgrund angeblicher Formfehler in den Unterlagen verweigert. Nach dieser Begegnung mit der erhabenen Entschlußkraft eines amerikanischen Staatsvertreters beeilte ich mich, noch weitere seiner Kollegen im Vollgefühl ihrer Souveränität kennenzulernen. Ich ging ein paar Straßen weiter, um bei einem anderen Amt vorstellig zu werden und dort dasselbe Anliegen mit genau denselben Unterlagen vorzutragen. Der dortige Vertreter des Gesetzes brachte seine Souveränität dadurch zum Ausdruck, daß er mir die ersehnte Nummer ohne alle Umstände zuteilte.

Wäre Franz Kafka Amerikaner gewesen, hätte er nicht so lange vor diesem einen *Schloß* gewartet, sondern sich einfach ein anderes gesucht, wo er eingelassen worden wäre.

Wohltätigkeit

Das Paradies ist gefunden in Amerika +++ Das verhungerte Baby +++
Sozialhilfe und Selbstvertrauen +++ Die Ich-GmbH +++ Roosevelt gegen
Arbeitslosigkeit +++ Sind sie meine Armen? Eine Debatte über Ralph Waldo
Emerson, Hippies, Yuppies, Jesus Christus und vergiftete Almosen +++
Selbstvertrauen und schwaches Herz +++ Faule Unterklasse und
amerikanischer Traum +++ Arbeit und Wohlfahrt +++ 175 Milliarden Dollar
Spenden +++ Platon für Arme +++ Helfen will gelernt sein +++ Was hat
Spenden mit Sex gemeinsam?

Bruce Steinberg von der großen Investmentbank *Merrill Lynch*
hält Amerikas Wirtschaftssystem für *die beste aller möglichen
Ökonomien,* und er sagt: *Das Paradies ist gefunden.* Was dem einen sein Paradies ist, ist dem anderen seine Hölle. Wenn man beides zusammennimmt, Paradies und Hölle, ist das Bild komplett:
Amerika ist das Land des unverfrorenen Reichtums und der unge-
schützten Armut.

Dieses zerrissene Bild ist faszinierend, abstoßend und verblüffend. Faszinierend ist die Kraft, mit der sich Amerika als Wirt-
schaftsmacht etabliert hat, die enorme Dynamik in diesem Land.
Abstoßend wirkt, wie mit denjenigen umgesprungen wird, die
ganz unten im Betrieb sitzen oder aus ihm herausfallen; fast jedem
kann dies – wer weiß? – widerfahren. Verblüffend ist schließlich,
wie gering die Neigung zum politischen Protest gegen die Koexi-
stenz von Paradies und Hölle in diesem Land ist; wer sich dagegen wehrt, lebt, nach amerikanischer Logik, verkehrt. Die Frage
„Wie hält es Amerika mit seinen Armen?" führt auf einen Schauplatz, auf dem sich die Ethik, von der dieses Land getragen ist, einer ihrer härtesten Bewährungsproben stellt.

+++

Hier sind ein paar Fakten, mit denen sich die Dimensionen des
Schauplatzes zwischen Reich und Arm ermessen lassen.

Der Aktienindex *Dow Jones* überschritt im Jahr 1999 die 10 000-
Punkte-Grenze, im Jahr 1987 lag er bei rund 2 000.

97 Millionen Amerikaner hatten im Jahr 1998 Übergewicht; im
Jahr 1992 waren es 34 Millionen.

68 000 Amerikaner gab es 1995, die eine Million Dollar oder
mehr im Jahr verdienten; 1979 waren es rund 13 000.

440 Dollar verdiente ein Durchschnittsarbeiter im Jahr 1996 in einer vollen Arbeitswoche, und er arbeitete 1 980 Stunden im Jahr. 517 Dollar bekam er für die selbe Arbeit im Jahr 1970, und er arbeitete rund 1 850 Stunden im Jahr.

Rund 10 Prozent aller Beschäftigten in der Privatwirtschaft waren Ende der neunziger Jahre gewerkschaftlich organisiert; diese Zahl ist während der letzten Jahrzehnte weitgehend konstant geblieben.

4 Prozent betrug die Arbeitslosenrate im Jahr 1998; über 10 Prozent betrug sie im Jahr 1980.

15 Millionen Arbeitsplätze wurden seit 1992 in den USA neu geschaffen.

7,6 Millionen Amerikaner bezogen im März 1999 Sozialhilfe; 14,1 Millionen waren es im Jahr 1993.

13,3 Prozent lebten im Jahr 1998 unterhalb der offiziellen Armutsgrenze; im Jahr 1989 waren es 12,8 Prozent.

16 Prozent der Bevölkerung oder 43,4 Millionen Menschen hatten im Jahr 1997 keine Krankenversicherung; im Jahr 1992 waren es 36,6 Millionen.

+++

Eine der zerschrundenen Geschichten, die von amerikanischer Armut handeln, trug sich 1998 in New York zu.

Im Februar dieses Jahres meldete sich die einundzwanzigjährige Tatiana Cheeks, eines von elf Kindern einer rauschgiftsüchtigen Mutter, mit ihrem eine Woche alten Baby Shannell beim *New York Methodist Hospital*. Weil sie für ihre Tochter keine Krankenversicherung vorweisen konnte, verlangte man von ihr, sie solle für die Untersuchung 25 Dollar bezahlen. Sie verfügte über das Geld nicht, verließ das Krankenhaus und rief bei ihrer Sozialarbeiterin an, um eine Bescheinigung zu bekommen, die die Kostenübernahme durch das staatliche *Medicaid*-Programm garantierte. Sie erhielt jedoch, so erzählt sie, die Auskunft: *Ich habe mit wichtigeren Fällen zu tun.* Ihre Bemühungen blieben in der Bürokratie stecken. Tatiana Cheeks ging nicht mehr ins Krankenhaus, sie kam jedoch mit dem Stillen nicht zurecht. Ein paar Wochen später starb der Säugling an Unterernährung. Im Mai 1998 wurde sie wegen Totschlags festgenommen. Ihr wurde vorgeworfen, Shannell vorsätzlich getötet zu haben. Nachdem Kinderärzte als

Gutachter glaubwürdig versichert hatten, daß *selbst Mütter mit guter Vorbildung typischerweise nicht in der Lage sind, Unterernährung bei ihren Kindern selbst zu diagnostizieren*, wurden die Vorwürfe gegen Tatiana Cheeks im Juli 1998 fallengelassen und das Verfahren eingestellt. Das Krankenhaus bekam von der Gesundheitsverwaltung eine Rüge.

+++

Im Hintergrund der Geschichte von Tatiana Cheeks und ihrer Tochter steht die Reform der staatlichen Sozialpolitik. In seinem ersten Wahlkampf versprach Bill Clinton, *die Sozialfürsorge, wie wir sie kennen, abzuschaffen.* (Seinem Satz wurde die amerikanische Form des Adels zuteil: die Abkürzung, die als Sprachbeschleunigung dem Ideal des bewegten Lebens zu Diensten ist. Aus *End Welfare As We Know It!* wurde im Washingtoner Regierungsapparat *EWAKI*.) Der Kernpunkt des US-Wohlfahrtsgesetzes, das 1996 nach zähen Verhandlungen verabschiedet wurde, war nicht die Versorgung Notleidender, sondern der Kampf gegen Abhängigkeit. Peter Edelman, damals Staatssekretär im Gesundheitsministerium, trat 1997 aus Protest gegen diese Reform von seinem Posten zurück und verfocht die Hilfe für *die Bedürftigen*, für diejenigen, *die es nicht schaffen*. Den Wohlmeinenden unter den Verfechtern jener Reform ging es umgekehrt darum, mit dem Wind des Aufschwungs im Rücken zu erreichen, daß alle es schaffen.

In New York ist im Jahr 1998 ein Teil der Sozialhilfebüros in sogenannte *Jobzentren* umgewandelt worden. Dieser neue Name sende, so sagt Elaine Ryan von der *American Public Welfare Association*, die *positive Nachricht an die Betroffenen und an die Sachbearbeiter, daß sich die Welt der Sozialfürsorge grundlegend ändert.*

Eines jener Jobzentren ist das *Linden Job Center* in Brooklyn. Aus einem Lautsprecher ertönt die Ansage: *Willkommen im Jobzentrum. Sozialhilfe ist von jetzt an zeitlich befristet. Man bekommt sie nicht mehr für unbegrenzte Zeit. Unser Ziel ist, Sie unabhängig und selbständig zu machen.* Um dieses Ziels willen müssen die Arbeitslosen das Schreiben von Bewerbungen üben und Vorstellungsgespräche proben. Damit ihre Anträge auf Unterstützung überhaupt weiter bearbeitet werden, müssen sie nachweisen, daß sie acht Stunden täglich zur Arbeitssuche unterwegs sind.

Ms. Dews war nach sechs Monaten der Suche erfolgreich. Sie nahm die Arbeit auf bei einer Kosmetikfirma, wo sie für 5,15 Dollar pro Stunde Behältnisse für Cremes und Lippenstifte herstellt. Zwar klagt sie über den langen Fahrweg von Brooklyn nach Queens und über die Arbeitszeit (16.30 bis 0.30 Uhr), aber die Arbeit, so sagt sie, bringe ihr *Seelenfrieden*. Genaro Sanchez, der gerade aus dem Gefängnis entlassen worden ist, meint: *Wenn du von der Straße kommen willst, kommt es auf dich an, ob du den Wechsel schaffst. Die Leute vom Jobzentrum helfen dir, den ersten Schritt zu tun.* Von den 5300 New Yorkern, die von den neuen *Jobzentren* im ersten halben Jahr deren Bestehens beraten wurden, hat freilich nur jeder zwanzigste tatsächlich einen Arbeitsplatz gefunden.

Das US-Sozialhilfegesetz legt fest, daß alleinstehende arbeitsfähige Erwachsene ihren Anspruch auf Essensmarken nach drei Monaten verlieren, sofern sie nicht wenigstens einen Halbtagsjob haben oder an einem Arbeitsprogramm (*workfare* statt *welfare*) teilnehmen, also zum Beispiel als Straßenfeger arbeiten. Die Gemeinden können Ausnahmen von dieser Regel beantragen, wenn sie darin eine unzumutbare Härte sehen. Die Stadt New York hat im Jahr 1999 keinen solchen Antrag gestellt. Deborah Sproles, die Sprecherin der Sozialverwaltung, sagt: *Dies ist Teil unserer allgemeinen Bemühungen, den Menschen dabei zu helfen, Selbstvertrauen zu gewinnen.*

+++

Selbstvertrauen. Im Jahr 1998 wurde der unabhängige Kandidat und ehemalige *Wrestler* Jesse *The Body* Ventura zum Gouverneur des Staates Minnesota gewählt: ein glatzköpfiger, kraftstrotzender Provokateur. Eines der Kapitel in seinem ein Jahr nach der Wahl veröffentlichten Buch *Ich habe keine Zeit zum Bluten* trägt den Titel *Selbstvertrauen.* Darin beschreibt er einen Streit, den er mit Studentinnen ausfocht, die sich über mangelnde Unterstützung für ihre kleinen Kinder beklagten.

Warum habt ihr euch überhaupt Kinder zugelegt, fragte Ventura, *wenn ihr noch nicht ernsthaft in der Lage seid, sie zu unterstützen? Ihr macht da etwas falsch, ihr macht etwas in der fal-*

schen Reihenfolge, (...) und jetzt schaut ihr auf die Regierung, die *für das, was ihr angestellt habt, bezahlen soll!* Daraufhin habe, so erzählt Ventura, eine Studentin gerufen: *Aber mein Mann ist mir weggelaufen!* Venturas Antwort: *Ist das mein Fehler? Warum hast du dich mit so einem Idioten überhaupt eingelassen? (...) Solange wir nicht die Verantwortung annehmen, die ein Kernstück der Freiheit ist, werden wir sie nie wirklich haben. Es gibt keine wirkliche Freiheit ohne Selbstvertrauen.*

+++

Selbstvertrauen. Einer der großspurigsten Unternehmensberater der USA, Tom Peters, träumt vom *New American Professional (NAP),* der sich selbst – als *Ich-GmbH* – wie ein Unternehmen führt. Peters sagt: *Der NAP kehrt zurück zum amerikanischen Grundwert, der in den letzten siebzig Jahren, während der Herrschaft des BBE (Big Bureaucratic Enterprise) ignoriert worden ist. Und dies ist: Selbstvertrauen.*

+++

Selbstvertrauen. Der sozialdemokratischste Präsident, den die Vereinigten Staaten je hatten, war Franklin Delano Roosevelt – und aus Tom Peters' Sicht hat mit ihm der bürokratische Irrweg begonnen. Doch Roosevelt sagte im Jahr 1935, *daß die andauernde Abhängigkeit von Sozialhilfe eine geistige und moralische Auflösung herbeiführt, die eine grundsätzlich zerstörerische Wirkung auf den Charakter der Nation ausübt. Wenn man Sozialhilfe auf diese Weise vergibt, trägt man bei zu einer schleichenden, einschläfernden Zerstörung des menschlichen Geistes. Dies ist unverträglich mit den Vorgaben für eine aufrechte Politik. Es verstößt gegen die amerikanische Tradition. (...) Wir müssen die Arbeitslosen nicht nur vor dem körperlichen Verfall bewahren, sondern auch vor dem Verfall ihrer Selbstachtung, ihres Selbstvertrauens, ihres Mutes und ihrer Entschlußkraft.*

+++

Selbstvertrauen. Wer je ein amerikanisches College besucht und halbwegs aufgepaßt hat, dem fällt zu diesem Wort ein Name ein: Ralph Waldo Emerson. In kaum einem Grundkurs zur amerikanischen Kultur fehlt dessen Essay *Selbstvertrauen,* das große Dokument des amerikanischen Individualismus. Emerson schreibt: *Die Gesellschaft befindet sich überall in einer Verschwörung gegen die Menschheit in jedem ihrer Mitglieder. (...) Selbstvertrauen ist ihr ein Greuel. (...) Es ist leicht zu erkennen, daß ein größeres Selbstvertrauen eine Revolution in allen Aufgaben und Beziehungen der Menschen bewirken muß: in ihrer Religion und Erziehung, ihren Bestrebungen, ihrer Art zu leben und sich zu verbinden, ihren Eigentumsverhältnissen, ihren spekulativen Ansichten.*

In Emersons Essay *Selbstvertrauen* findet sich eine Passage über die Armut in Amerika, die so umstritten ist wie keine sonst in seinem Werk. Der Streit entzündet sich an seinen *unorthodoxen Überlegungen zum Gefühl des Mitleids.* Emerson: *Erzählt mir (...) nicht, wie dies heute ein guter Mensch tat, von meiner Verpflichtung, allen Armen zu guten Lebensumständen zu verhelfen. Sind sie* meine *Armen? Ich sage dir, du törichter Philanthrop, daß ich solchen Menschen den Dollar, den Dime, den Cent, den ich ihnen gebe, nicht gönne. Sie gehören nicht zu mir und ich gehöre nicht zu ihnen. Es gibt eine Klasse von Menschen, denen ich ganz und gar, in geistiger Verwandtschaft, zugetan bin; für sie würde ich, wenn nötig, ins Gefängnis gehen. Aber deine diversen volkstümelnden Wohltätigkeiten – die College-Erziehung für Dummköpfe, die Errichtung von Versammlungshäusern zu dem eitlen Zweck, um dessentwillen es schon allzu viele gibt, die Almosen für Säufer, die zahllosen Hilfsorganisationen –: auch wenn ich zu meiner Schande gestehen muß, daß ich manchmal klein beigebe und dafür einen Dollar spende, so ist es doch ein böser Dollar, den zurückzuhalten ich nach und nach Manns genug sein werde. (...) Wir kommen zu denen, die wie verrückt heulen, setzen uns zu ihnen und weinen in Gesellschaft, statt sie mit groben elektrisierenden Schocks zu Wahrheit und Gesundheit zu bringen (...). Willkommen bei Göttern und Menschen ist allemal der Mensch, der sich selbst hilft.*

An der Debatte um Emersons Frage: *Sind sie* meine *Armen?* beteiligt sich eine illustre Gesellschaft: John Updike, der Großschriftsteller des Kleinbürgertums; Harold Bloom, der Zuchtmeister der Literaturwissenschaft; Michael Sandel, der Kritiker des liberalen Individualismus; Judith Shklar, die zu früh verstorbene *grande dame* der Politikwissenschaft; George Kateb, der Verteidiger des demokratischen Individualismus; Stanley Cavell, das philosophische *enfant terrible*, dessen Bücher von Wittgenstein, Shakespeare und Hollywood-Filmen handeln. Emersons härtester Gegner in diesem Reigen ist John Updike, sein glühendster Verteidiger Stanley Cavell. Lassen wir die Streithähne auftreten.

+++

Für John Updike ist *Emersons große Entdeckung (...) die Kunst, entspannt zu sein und das zu tun, was man will.* Die fleißigsten Gefolgsleute dieser *Botschaft* von der vermeintlich *rechtschaffenen Selbstsucht* sind, Updike zufolge, die ruchlosen Kapitalisten einerseits, die Hippies andererseits. Beide verfechten auf ihre Art einen *krassen Individualismus.* Von ihnen wird, Updike zufolge, *die biblische Verfügung „Liebe deinen Nächsten wie dich selbst!"* bequemerweise zum *„Liebe dich selbst!"* verkürzt. Updike schreibt: *Emerson wollte den Menschen den Mut zum Sein zusprechen, den Mut, ihren eigenen Instinkten zu folgen, er versäumte aber, deutlich zu machen, daß diese Instinkte räuberisch sein könnten. Er scheint nicht verstanden zu haben, daß ein soziales Gewebe (...) zum Schutz seiner Mitglieder da ist. (...) Natürlich war nicht er es, der das amerikanische Eroberungsstreben und unsere besondere Art schwungvoller Ausbeutung erfunden hat, aber er gab ihnen seinen Segen und eine hochgestochene Verteidigung.* Updike entdeckt schließlich eine *furchtbare Verbindung* zwischen Emersons *höherer Seele*, Nietzsches *Übermenschen* und Hitlers *Herrenrasse.* Er meint, daß *Emersons Kälte und sein Sich-heraus-Halten, sein Argwohn gegen Altruismus* in der Figur des *totalitären Führers* wiederzuerkennen sei, bei dem das *Selbstvertrauen Amok läuft.*

+++

Harold Bloom bringt Emerson nicht mit Hitler, auch nicht mit den Hippies zusammen, wohl aber mit den Yuppies, in denen er die jüngsten Blüten des Liberalismus erkennt. Emersons Antwort auf die Frage *Sind sie* meine *Armen?* paßt nach Bloom wunderbar zu der Mentalität, die seit dem Wahlsieg Ronald Reagans in Amerika politisch anerkannt ist: *Emerson (...) besteht auf der Notwendigkeit, daß das einzelne Selbst totale Autonomie erreicht. (...) Er will uns an uns selbst zurückgeben, womit er freilich heutzutage nur Gläubige bekehren kann, denn wenn man dem Zeit-*

geist glauben darf, leben wir in einer narzißtischen Gesellschaft. *(...) Wenn man das Selbstvertrauen vom inneren Leben auf den Markt der Öffentlichkeit bringt, dann läßt es sich schwer von der gegenwärtigen Religion der Selbstsucht unterscheiden.* Bloom selbst gehört nicht zu den Anhängern dieser Religion, aber er blickt schmerzerfüllt auf die Ähnlichkeiten, die er zwischen Emersons Umgang mit den Armen und der neuen Gleichgültigkeit zu entdecken meint.

+++

Auch Michael Sandel sieht in der individualistischen Selbstsucht eine Gefahr für den Zusammenhalt der Gemeinschaft. Aber er versteht Emersons Frage *Sind sie* meine *Armen?* als heilsame Provokation, die doch Gleichgültigkeit gerade nicht zulasse. Immerhin werde damit, so meint er, zu einem bewußten Verhältnis zu den Armen aufgerufen: Sie werden der Anonymität entrissen. Während Emerson freilich die Vorstellung, es seien *seine* Armen, abzuweisen scheint, will Sandel, der Kommunitarist, sie mit offenen Armen empfangen. *Ein starker Begriff von Gemeinschaft* sei erforderlich, so sagt er – eine Gemeinschaft, in der alle, auch die Armen, zusammengehören und einander *wechselseitig verpflichtet* sind. Dieses *gemeinsame Leben geteilter Bestrebungen* will Sandel gegen Emerson, vor allem aber gegen die Auflösungserscheinungen des Liberalismus stärken.

+++

Judith Shklar hält nichts von diesem heftigen Schutz der Gemeinschaft; darin liege, so erklärt sie, die Gefahr, daß die eigentliche Pointe Emersons verlorengeht: *Sich seine eigenen Regeln zu geben,* das heiße nämlich auch, die versteckten Zwangsmechanismen der *üblichen Familienbande abzuweisen,* und genau darauf habe es Emerson abgesehen. Er wolle, so sagt Shklar, *seine Leser schokkieren. Er tut dies aber auch zu dem Zweck, seine Gleichgültigkeit gegenüber jeder Verpflichtung kundzutun, die nicht selbstgewollt ist. Zugleich ist die Stoßkraft seiner Aussage jedoch ironisch gemildert. Verschämt und voll Bedauern bekennt er, daß er doch zu schwach sei, dem Armen den Dollar zu verweigern. Das Prinzip bleibt also gültig, (...) er zieht sich aus der Gemeinschaft letztlich doch nicht zurück.* Judith Shklars beruhigende Auskunft ist, daß gerade mit Emersons Hilfe, nach Abzug seiner Rhetorik, eine Anteilnahme am Schicksal anderer denkbar wird, in der selbständig gewonnene Bereitschaft und nicht bloße Anhänglichkeit zum Ausdruck kommt.

+++

Während Emerson bei Updike als Verräter an der christlichen Botschaft der Nächstenliebe aufgetreten war, hält er nach George Kateb der christlichen Botschaft in origineller Weise die Treue. Kateb zieht eine Linie zwischen Emersons Frage *Sind sie* meine *Armen?* und dem *Schock*, den eine der aufrührendsten Geschichten aus dem Neuen Testament auslöst: die Geschichte, wie Jesus unmittelbar vor Judas' Verrat, ein paar Tage vor der Kreuzigung, von Maria mit kostbarem Öl gesalbt wird (Mt. 26, 7–13, Joh. 12, 3–8). Als sie dies tut, beschwert sich einer der Jünger (dem Johannes-Evangelium zufolge ist es Judas!), man hätte das kostbare Öl doch besser verkauft und den Erlös den Armen geben sollen. Jesus weist ihn zurecht: *Ihr habt allezeit Arme bei Euch, mich aber habt Ihr nicht allezeit.* Diese Botschaft sei deshalb *schockierend*, so meint Kateb, weil es den Anschein habe, als empfehle Jesus hier die *Gleichgültigkeit gegenüber dem Benachteiligten.* Dies jedoch sei, so erklärt er weiter, natürlich nicht gemeint. Jesus protestiere vielmehr dagegen, sich mit platter, am Ende gar scheinheiliger Wohltätigkeit zu begnügen, und biete sich als Überbringer einer höheren Botschaft an. Eine solche Botschaft ist es nun auch, die Kateb bei Emerson heraushört. *Er will nicht, daß Unterstützung eine wechselseitig erniedrigende Routine wird.* Auch *will er nicht, daß Schuldgefühle die Wohltätigkeit zerstören. Vielmehr beharrt er auf Respekt als Basis des Mitgefühls.*

Schließlich bringt Kateb Emersons Plädoyer für *Selbstvertrauen* zusammen mit einem Mitgefühl jenseits bloßer Almosen, mit *wechselseitigem Austausch.* Hier stößt er freilich auf ein echtes Problem in der Idee des *liberalen Individualismus.* Diesem fällt es nämlich, so bemerkt Kateb, *nicht leicht (…), Wechselseitigkeit als ständigen Leitgedanken der öffentlichen Politik zu verfechten. Wenn diese Wechselseitigkeit über die Hilfe für Bedürftige hinaus die weitergehende Bemühung einschließen soll, Menschen dazu zu überreden oder anzureizen, sich aktiv um das Wohlergehen anderer zu kümmern, dann muß der Individualist daran doch Anstoß nehmen*. Kateb spürt hier eine Spannung im amerikanischen Modell selbst – eine prekäre Balance zwischen dem Vertrauen in sich selbst und der Zuwendung zu anderen. Gegen Emerson wäre dann nach Kateb einzuwenden, daß bei ihm das Gleichgewicht zugunsten des Selbstvertrauens verschoben ist.

+++

Am Ende kommt der Auftritt des entschiedensten Befürworters Emersons: der Auftritt von Stanley Cavell. Sichtlich unwillig über Updikes und Blooms schrilles Quintett von Emerson, Hitler, Reagan, Hippies und Yuppies fragt er: *Ist Emerson wirklich so schwer zu unterscheiden von denen, die als Karikaturen von ihm taugen könnten?* Und er schreibt: *Emerson sagt nicht, daß er den Armen nichts gebe; er sagt vielmehr im Gegenteil, daß er dies tue (manchmal gebe er klein bei, sagt er; niemand gibt, so vermute ich, in jedem Fall, in dem er vor diese Frage gestellt wird). Auch die schwierige Frage „Sind sie meine Armen?" meint nicht, daß er keine Armen als die seinigen im Blick auf die Wohltätigkeit anerkennt. Vielmehr ist in dieser Frage schon unterstellt, daß einige tatsächlich seine Armen* sind. *Sie sind seine oder, wie man auch sagen könnte, seinesgleichen. Daraus kann man schließen, daß der gespendete Dollar böse ist, weil er an Ungleiche gegeben wird, weil er dazu beiträgt, sie unten zu halten. Ferner ist daraus zu schließen, daß Emerson mit seinem Vorsatz, „Manns genug zu sein", den bösen Dollar „nach und nach zurückzuhalten", gerade nicht im Sinn hat, daß er sein Herz weiter verhärten läßt, sondern daß (...) eines Tages die menschliche Gattung untereinander keine Almosen mehr verteilen muß.*

Wenn sich Emerson scheinbar gegen die Armen wende, sei dies, so meint Cavell, in einem zutiefst moralischen Sinne *für die Armen getan*. Dies habe nichts zu tun mit der *Selbstgefälligkeit* all jener furchtbaren Erben Emersons, die von Updike und Bloom angeführt werden.

+++

Wie soll in dieser Kontroverse nun die Entscheidung fallen? Die schönste Route zur Antwort auf diese Frage führt über einen kleinen Umweg. Emersons Aversion gegen Wohltätigkeit läßt sich nämlich am leichtesten verständlich machen, wenn man sich anhört, was sein Mitstreiter Henry David Thoreau zum selben Thema zu sagen hat.

In seinem berühmten Buch *Walden oder Leben in den Wäldern* sagt Thoreau: *Wenn ich sicher wüßte, daß jemand sich meinem Haus nähert mit der bewußten Absicht, mir Gutes zu tun, würde ich für mein Leben rennen – wie ich auch vor jenem trockenen und ausdörrenden Wind der afrikanischen Wüsten davonlaufen würde, (...) der den Mund und die Nase und die Ohren und die Augen mit Staub füllt, bis man erstickt. Denn ich würde fürchten, daß er mir tatsächlich etwas Gutes tue, etwas von dessen Virus in mein Blut mische. (...) Ein Mensch ist nicht ein guter Mensch für mich, weil er mich nährt, wenn ich hungre, oder wärmt, wenn ich friere, oder mich aus einem Graben holt, wenn ich denn in einen hineinfalle. Ich kann einen Hund, einen Neufundländer finden, der das Gleiche fertigbringt. Philanthropie ist nicht Liebe für den Nächsten im weitesten Sinne. (...) Wenn du Geld spendest, überlasse es nicht einfach den Armen, sondern gib dich selbst mit dazu. (...) Manche zeigen den Armen ihre Freundlichkeit, indem sie sie in ihren Küchen beschäftigen. Wäre es nicht netter, wenn sie selbst dort arbeiten würden?*

Es ist genau dieser Ton, den man bei Emerson wiederfinden kann, wenn man ein bißchen ausgiebiger sucht. Zwar beginnt er rabiat: *Das Schlimmste an der Wohltätigkeit ist, daß die Leben, die man zu erhalten gedrängt wird, die Erhaltung gar nicht lohnen.* Seine Pointe ist dann aber gerade nicht abschätzig: *Einem Notleidenden Geld zu geben ist nur eine Ausflucht; es ist nur ein Aufschub der wahren Zahlung, ein Schweigegeld (...). Wir schulden dem Menschen höheren Beistand als Brot und Feuer; wir schulden dem Menschen den „Menschen". (...) Wenn wir ihm statt dessen Geld anbieten, so ist das dieselbe Untat, wie wenn der Bräutigam seiner Verlobten einen Barbetrag anbietet, damit sie ihn aus seiner Verpflichtung entläßt.*

Es ist immer leicht, jemandem nach der Manier Updikes oder Blooms mit so laxer Hand zu zeichnen, daß er in dieser Entstellung allen möglichen Leuten ähnelt und eine Unzahl häßlicher Verwandter bekommt; Emerson wird in ihren Bildern jedenfalls nicht richtig getroffen. Denn er sagt eben gerade nicht, man solle überhaupt nicht helfen. Vielmehr weist er vor allem darauf hin, wie schwierig wahre Hilfe ist, wie leicht sie verkehrt wird.

Aber auch Michael Sandel kann mit seiner Antwort auf Emerson nicht überzeugen. Für Sandel sind die Armen deshalb *seine* Armen, weil sie zu *seiner* Gemeinschaft, am Ende vielleicht gar zu einer Weltfamilie gehören. Dieses im Millionenmaßstab aufgeblasene geschlossene Gruppengefühl wirkt doch hohl. Bei Emerson geht es dagegen um Individuen, die in ihrem *Selbstvertrauen* – wie er betont – zugleich auch ihre *Ungewißheit* und ihr *schwaches Herz* kennen und in *Kommunikation mit dem inneren Ozean* treten. Hier handelt es sich gerade nicht um die naßforschen Individualisten, von denen sich Sandel (und viele andere) abgestoßen fühlen.

Ein solcher ‚freundlicher‘ Individualismus ist auch das Credo Judith Shklars, aber sie macht es sich selbst und Emerson etwas zu leicht, indem sie ihn als heimlichen, selbstironischen Kritiker seiner eigenen Bosheiten präsentiert. Damit wird die Härte allzu sehr abgepolstert, die in dessen Kritik an herkömmlicher Menschenfreundlichkeit steckt.

Kateb macht dann das eigentliche Problem ausfindig, das bei Emerson übrigbleibt: Es liegt an der Stelle, wo das *Selbstvertrauen*, die Eigen-Bewegung der Individuen zusammenspielen soll mit den sozialen Beziehungen und Bindungen, die sie eingehen. Dies ist eine weiche Stelle bei Emerson. Seine Hinweise darauf, wie die wunderbare Entfaltung der *Individuen* hinter dem Grauschleier der *Massen* gelingen könne, sind doch arg weich gezeichnet. Über den *Bereich*, das *offene Feld*, das den Individuen nach Emerson zusteht und auf dem sie sich entfalten können, erfährt man zu wenig – immerhin aber so viel, daß Cavell meint, mit Emerson dem gelingenden Leben in der Gemeinschaft auf der Spur bleiben zu können.

Es ist genau diese soziale Seite des *Selbstvertrauens*, die im Zentrum der aktuellen Debatte um den Umgang Amerikas mit seinen Armen steht.

+++

Die Idee des *Selbstvertrauens* setzt auf das brennende Verlangen aller, auf eigenen Füßen zu stehen. Wer da nicht mithalten kann, wird, dieser Logik zufolge, durch staatliche Hilfe nur weiterhin in Abhängigkeit gehalten; er wird daran gehindert oder mindestens davon abgelenkt, sich selbst zu helfen. Was aber soll man dann von denen halten und mit denen anstellen, die die erwartete Eigen-Bewegung einfach nicht aufbringen und durch äußere oder innere Gründe gehemmt sind, selbstbewußt aufzutreten?

Einige rabiate Verfechter des *Selbstvertrauens* sind, was ‚solche Leute' betrifft, zu fast jeder Schandtat bereit. Sie lassen die Leute ihr Pech selbst ausbaden, weil es aus ihrer Sicht schlicht kein ‚Pech' gibt, sondern nur selbstverschuldete Kalamitäten. Wer dieser exaltierten Idee von Selbstverantwortung nicht folgt, wird von ihnen als Außenseiter, als Fremder, Fremdartiger abgetan. Sie ziehen eine scharfe Linie zwischen den normalen, kraftvollen, strebsamen Menschen, und denjenigen, bei denen scheinbar ‚etwas nicht stimmt'.

Es ist nicht lange her, daß die ‚Normalen' gar den Verdacht schürten, bei jenen ‚Anderen' handle es sich vielleicht gar nicht um ‚Menschen', die diesen Namen wirklich verdienten. Wenn sie die menschlichste Eigenschaft, *Selbstvertrauen*, nicht unter Beweis stellen können, dann soll es ihnen – dieser Logik zufolge – dreckig gehen. Wer die *Armen* einer niedrigeren Art zurechnet, macht sich taub für die Forderung, an ihrer Lage etwas zu ändern. Dieser Rassismus ist in den Zeiten der Sklaverei so intensiv eingeübt worden, daß Nachwirkungen noch lange danach spürbar geblieben sind.

Man versetze sich nur mal in das unscheinbare Jahr 1903. Da erklärt Präsident Theodore Roosevelt, die Schwarzen befänden sich immer noch auf einem Niveau, das seine weißen *Vorfahren* schon *längst hinter sich gelassen haben in den dunklen Jahren, bevor Geschichte selbst begonnen hat*. Die Schwarzen werden an den Rand der Menschheit geschoben – oder sogar darüber hinaus. Doch dies widerfährt nicht nur ihnen, sondern noch anderen, bei deren Leiden sich das Mitgefühl in Grenzen hält. So behauptet in demselben Jahr 1903 der Industrielle Robert Baer, die Einwanderer, die wegen der Arbeitsbedingungen in den Bergwerken streikten, würden *gar nicht leiden*. Seine (ernst gemeinte!) Begründung lautet: *Sie können doch noch nicht mal Englisch.* Auch im Jahr 1903 erscheint schließlich der Roman *Hesper* von Hamlin Garland, in dem diese Bergarbeiter als Gegenfiguren zu den wahrhaft menschlichen Menschen aus der Ferne bemängelt werden: *Unter der Erdkruste zu arbeiten und dort zu leben ist ein heilloses Geschäft – nichts für freie Menschen wie uns. (...) Ich will damit nicht sagen, Bergarbeiter seien Sklaven (...) Ich meine nur, daß ein Mensch, der sich damit zufrieden gibt, sein ganzes Leben lang im Bergwerk den Pickel zu schwingen, dazu geboren und gemacht sein muß.*

Gemäß dieser Schwarzweißmalerei gibt es auf der einen Seite ein Monopol von Freiheit und *Selbstvertrauen*, auf der anderen Seite ein Leben, bei dem diese Vorzüge, in denen die wahre Menschheit erst zum Ausdruck kommt, nicht zu finden sind. Den Bedürftigen wird entgegengehalten, daß sie selbst als ‚Menschen‘ versagt haben. Diese Menschenverachtung klingt in der Feier des *Selbstvertrauens* und in der Kritik am Wohlfahrtsstaat seit jeher – und bis heute – durch.

Im Jahr 1875 erklärte die Wohltätigkeitskommission des Staates New York: *Wenn von Natur aus faule und gedankenlose Menschen für wenige Monate die Bequemlichkeit erlebt haben, mit der man auf Kosten der Arbeit anderer leben kann, dann ist es sehr wahrscheinlich, daß sie diese Art des Lebensunterhalts so oft und so lang wie möglich in Anspruch zu nehmen suchen.*

Und im Jahr 1996 schrieb Phyllis Schlafly, eine der Wortführerinnen der christlichen Rechten in Amerika: *Das Schlimmste ist, daß das liberale Wohlfahrtssystem unserer Gesellschaft so schrecklichen Schaden zugefügt hat. Es hat Millionen Familien zerstört, (...) sieben Millionen uneheliche Kinder hervorgebracht und eine jämmerliche Unterklasse geschaffen, die niemals das, was wir den amerikanischen Traum nennen, erfüllen wird.*

+++

Natürlich sind die Rechten und die Linken in Amerika verstritten darüber, wie man mit denjenigen umgeht, bei denen das *Selbstvertrauen* zu wünschen übrig läßt. In Sozialpolitik übersetzt heißt dies: Rechte und Linke streiten darüber, wieweit die Regierung intervenieren soll, wieviel Sozialstaat das Land und die Leute brauchen. Weil die Regierung in Amerika freilich von vornherein auf Zurückhaltung verpflichtet ist, können sich die zwei Strategien in der amerikanischen Sozialpolitik nur dadurch unterscheiden, ob sie *ganz wenig* oder *etwas mehr* Regierung ins Spiel bringen.

Die einen folgen der Devise „Hart, aber herzlich"; in Amerika heißt das *strenge Liebe (tough love)*. Demnach sollen die Schwachen mit harter Hand stark und beweglich gemacht werden, und das heißt, daß man ihnen staatliche Hilfe ganz entzieht, wenn sie nicht mitziehen, ausgiebig auf Jobsuche sind, Arbeitsverpflichtungen nachkommen etc.

Die anderen meinen, daß man denjenigen, bei denen das *Selbstvertrauen* gelitten hat, zur Seite stehen müsse; sie wollen die Individuen mit deren *Ungewißheit*, dem *schwachen Herz*, von dem Emerson gesprochen hat (vgl. S. 101), nicht sich selbst überlassen.

Viele Argumente der rivalisierenden Strategien im Umgang mit Sozialhilfe sind im Grundmuster auch aus der deutschen Debatte vertraut. Interessant sind deshalb nicht so sehr einzelne Argumente, sondern versteckte Gemeinsamkeiten in der amerikanischen Debatte, die man in Deutschland so nicht kennt. Am deutlichsten werden sie dort, wo auch die Debatte um Emersons Umgang mit den *Armen* ihren Kern hat. Fast alle lassen sich in Amerika nämlich von der Überzeugung leiten, daß Sozialhilfeempfänger nicht nur gefördert, sondern auf vielfältige Weise gefordert und in den Arbeitsprozeß einbezogen werden sollen. Umstritten ist, auf welchem Wege dies geschehen soll: Die einen verhängen Sanktionen, die anderen setzen auf sanftere Programme. Einig aber sind sie sich in dem Bestreben, dies dringend erreichen zu wollen. Dieser Druck ist in Deutschland viel, viel schwächer.

Auch einige Berater Bill Clintons, die sich erbittert von ihm abwandten, als er im Einvernehmen mit den Republikanern die Reform und den Abbau der Sozialhilfe beschlossen hatte, halten das soziale Netz, das in Amerika zuvor ausgespannt war, für falsch gestrickt. So meint Ex-Staatssekretär Peter Edelman, der die Wohlfahrtsreform für das *Schlimmste* hält, *was Clinton je getan hat*, daß viele sich bislang zu sehr auf staatliche Hilfen verlassen hätten und stärker zum Arbeiten ermutigt werden müßten. Und Robert Solow, der Nobelpreisträger für Wirtschaft des Jahres 1987, kritisiert die Reform zwar als Schlag gegen die Schwachen, erklärt aber zugleich, daß das alte System *selbstzerstörerische Verhaltensmuster befestigt* und das *Selbstvertrauen* der Menschen untergraben habe. (Nebenbei hat Solow eine schöne Pointe gegen den amerikanischen Abkürzungsfimmel parat: Er schlägt der Regierung vor, ein Programm für die Umschulung Arbeitsloser zu Ärzten zu starten. Titelvorschlag: *System for Turning Unemployed People Into Doctors*. Abkürzung: *STUPID*.)

In seinem Buch *Arbeit und Wohlfahrt* sagt Robert Solow: *Die völlige oder teilweise Umwandlung unerarbeiteter Sozialleistungen durch verdiente Lohnzahlungen ist die richtige Lösung.* Wenn Sozialhilfeempfänger arbeiten, dann geht es ihnen, Solow zufolge, in der Regel *besser, weil sie* – da ist es wieder, das Zauberwort – *Selbstvertrauen entfalten können.* Solow spricht wohlgemerkt nicht als herablassender Wissenschaftler, der, wie er selbstironisch bemerkt, *am oberen Ende der Nahrungskette* steht. Er weist vielmehr einen ganzen Stapel sozialwissenschaftlicher Untersuchungen vor, die allesamt bestätigen, daß ein enormer Prozentsatz, 70 bis 90 Prozent, auch wenig attraktive Arbeit dem sogenannten Müßiggang vorziehen. (Nicht zu übersehen ist natürlich auch ein anderer Aspekt: Wenn die Sozialhilfeempfänger wieder zum Arbeitsprozeß gehören, dann werden sich, so meint Solow, auch die *Steuerzahler besser fühlen, weil weniger von ihrem begrenzten Altruismus verlangt wird und weil sie sehen, daß er nicht ausgenützt wird.*)

Einstweilen werden all diejenigen, die in Deutschland Maßnahmen in Solows Sinn erwägen, gern als Wegbereiter der Zwangsarbeit gebrandmarkt. Das ist ungerechtfertigt. Blickt man von Amerika aus nach Deutschland, dann tritt neben der Menschenfreundlichkeit, dem Schutz der Bedürftigen, der hier viel besser ist als drüben, Gleichgültigkeit und Geringschätzung hervor – genau im Sinne von Ralph Waldo Emersons Einwand, im Philanthropen verstecke sich ein Menschenfeind.

Natürlich sind warme Worte kraftlos; die Spielräume für den Umgang mit den Armen hängen ab von den ökonomischen Rahmendaten in einer Gesellschaft – Rahmendaten, die in Amerika und Deutschland reichlich verschieden sind. Unsinnig wäre es auch, wenn man den Leuten einfach gut zuredete, damit ihnen ihr *Selbstvertrauen* gewissermaßen wieder ‚einfalle‘; da bewegt man sich auf der Grenze zwischen Naivität und Zynismus. Aber selbst wenn sich jene Rahmendaten in den Vereinigten Staaten und Deutschland ähnelten, fiele der Umgang mit den Armen in beiden Ländern doch ganz unterschiedlich aus. Der deutsche Staat sieht sich in seiner Fürsorgepflicht für das *Selbstvertrauen* der Individuen jedenfalls nicht zuständig. Die amerikanische Gesellschaft dagegen ist von dieser Idee beherrscht.

Man wird immer wieder Stimmen aus Amerika hören, die man

wegen ihrer Kälte und Rücksichtslosigkeit unerträglich findet; es wäre aber fahrlässig, würde man sie zum Anlaß nehmen, den amerikanischen Umgang mit den Armen pauschal abzutun. Es geht nicht nur um einzelne Stimmen, sondern um einen ganzen Schauplatz, der einer bestimmten Bandbreite von Stimmen Platz einräumt. Dieser Schauplatz, in deren Brennpunkt die Idee des *Selbstvertrauens* steht, fehlt in Deutschland weitgehend. Wollte man ihn hierzulande eröffnen, bedürfte es eines Lebens-Wandels, den die deutsche Gesellschaft ebenso scheut wie der Teufel das Weihwasser und der Amerikaner den Sprudel.

+++

Die brutalen Auswirkungen der amerikanischen Sozialpolitik sind bekannt. Daß das Elend vieler Menschen in Kauf genommen wird, hat mit unverhohlener Rücksichtslosigkeit gegenüber der *jämmerlichen Unterklasse* (Phyllis Schlafly) zu tun – gemäß der Devise: ‚Die sind selber schuld, wenn es ihnen dreckig geht!' In einer verwickelten Beziehung zu dieser Härte stehen aber auch Werte, die respektabel sind; wenn man sie einfach ignoriert, macht man es sich mit der Verurteilung Amerikas zu leicht. Neben die schiere Absicherung des Überlebens tritt als zweites Leitziel die Stärkung des Selbstvertrauens und der Selbstbestimmung. Diese Ziele stehen nicht in trauter Harmonie, sondern treten gelegentlich in Konkurrenz zueinander. Und wenn diese Konkurrenz in den Vereinigten Staaten schärfer ist als anderswo, so gibt es doch eine ziemlich ehrwürdige Tradition, die an der Fixierung auf Selbsterhaltung, auf schieres Überleben etwas Würdeloses fand: Sie reicht von Platon über Kant bis Max Weber – und eben bis ins Amerika von heute. (Sokrates hat es im Zweifelsfall vorgezogen, gar nicht zu leben als moralisch schlecht oder unfrei zu leben. Aus weniger sokratischen Motiven sagt Darryl Hannah als Geliebte von *Bud* in dem Film *Wall Street*: *I'm not willing to just survive*.) Auch wenn man nur erstarren kann bei dem Gedanken, Überleben könne nachrangig sein – jene Konkurrenz zwischen Selbstvertrauen und Selbsterhaltung läßt sich nicht aus der Welt schaffen.

Die staatliche Sozialpolitik in Amerika hat *auch* deshalb brutale Seiten, weil diese Konkurrenz hier nicht ganz so klar entschieden worden ist wie zum Beispiel in Deutschland. Und der Staat hält sich *auch* deshalb zurück, weil er gar nicht die alleinige sozialpolitische Verantwortung hat. Zur amerikanischen Lebensart gehört die Individualisierung der Wohltätigkeit – als Teil der Ausgestaltung individueller Freiheit, der sich dieses Land widmet.

In anderen Ländern liebäugeln manche mit einer Amerikanisierung der Sozialpolitik, doch meist wird dabei übersehen, daß es hierbei nicht einfach um Leistungsreduzierung ginge, sondern faktisch ein höchst *anspruchsvolles* Unternehmen anstünde. Man müßte hierzu auch die private, nicht-staatliche Hilfsbereitschaft in einem Maße mobilisieren, das gewöhnliche Vorstellungen sprengt. Unter dem Titel der Amerikanisierung das eine zu tun und das andere zu lassen – das wäre praktizierter Zynismus.

175 Milliarden Dollar waren es im Jahr 1998, die in den Vereinigten Staaten an Spenden aufgebracht wurden. 93 Millionen Amerikaner, rund die Hälfte aller Erwachsenen, übernahmen freiwillige gemeinnützige Arbeiten in einem Umfang von durchschnittlich vier Stunden pro Woche: in Kirchen, Schulen, Einrichtungen für Drogenabhängige, Krankenhäusern, Museen, bei alten Menschen, in Nachbarschaftsvereinigungen. Dies entspricht zusätzlich zum Spendenaufkommen einer Arbeitsleistung im Wert von über 200 Milliarden Dollar.

Das Ausmaß privater Hilfsbereitschaft ist ehrfurchtgebietend; manchmal feiert sie sich freilich vor allem selbst. Berüchtigt ist das Benefizessen, bei dem 94 Prozent der aufgebrachten Spenden für die Ausrichtung des Abends selbst aufgewendet wurden. Bei solchen Gelegenheiten spielt das soziale Prestige und die Beruhigung des schlechten Gewissens mit, die Henry David Thoreau und Ralph Waldo Emerson so scharf kritisiert haben (vgl. S. 100). Befremdlich ist auch der propagandistische und logistische Aufwand, der oft bei der Eintreibung von Spenden betrieben wird. Er wäre überflüssig, wenn das soziale Netz vom Staat allein geknüpft werden würde. All dies sind die offensichtlichen Nachteile entstaatlichter Wohltätigkeit.

Ihre Vorzüge werden immer dann deutlich, wenn mit den Spenden eine tatsächliche Beteiligung und Anteilnahme der Menschen verbunden ist und wenn Flexibilität, Einfallsreichtum, Experimentierfreude gefragt sind. Wer begeistert hilft, kann mehr erreichen. Von Staats wegen ist Begeisterung selten.

+++

Ein Experiment, wie man es sich abgelegener, waghalsiger kaum vorstellen könnte, ist vor wenigen Jahren von dem Journalisten Earl Shorris gestartet worden – und er hätte dieses Experiment wohl kaum gewagt, wenn er selbst die Idee dazu gehabt hätte. Es wäre ihm vorgekommen wie eine Kopfgeburt. Viniece Walker, mit der Shorris im Frauengefängnis von *Bedford Hills* zusammentraf, wo sie wegen Drogendelikten einsaß, fragte ihn einmal: *Warum sind wir arm?* Und ihre eigene Antwort lautete: *Wenn Leute das moralische Leben in ‚Downtown‘ kennenlernen, werden sie nicht mehr arm sein.* Mit *Downtown* meinte sie: Museen, Theater, Bibliotheken.

Kultur ist, so wird man einwenden, nicht die erste Sorge von Leuten, die ganz unten sind, doch was soll man sagen, wenn sie selbst dies so sehen? Earl Shorris jedenfalls hat Viniece Walker ernst genommen und im Jahr 1995 in einem Armenviertel von New York für Arbeitslose den *Clemente Course in the Humanities* organisiert. Dort las er mit ihnen dieselben Texte, die auch im ersten Studienjahr an guten Universitäten Pflichtlektüre sind: Sophokles’ *Antigone* und Platons *Staat* zum Beispiel. Eben Vorbereitung für *Downtown*.

Konnte das gutgehen? Von den Teilnehmern des ersten Kurses starb einer an AIDS, drei wurden schwanger, zwei schwerkrank, siebzehn hielten durch, vierzehn davon haben Abschlußarbeiten geschrieben, die vom renommierten *Bard College* als reguläre Studienleistungen anerkannt wurden, elf sind heute in einem regulären College. Das ist nichts anderes als ein sensationeller Erfolg.

Ein Kurs nach diesem Muster wurde dann auch mit Obdachlosen an der *University of Notre Dame* durchgeführt, wo unter anderem Texte von Shakespeare, Montaigne und Herman Melville diskutiert wurden. Ted West, 39 Jahre alt: *Zwanzig Jahre lang hatte ich nie ein anderes Ziel als das nächste Glas Wodka. Ich habe gezittert, ich konnte mir noch nicht mal eine Zigarette anzünden. Jetzt brauche ich Halt in meinem Leben, und es ist für mich ein wichtiger Halt geworden, diese Bücher zu lesen. Wenn Sokrates von der Freude am Wissen spricht, weiß ich, wovon er redet.* Denis Kazmierczak, 54 Jahre alt: *Es ist schwer, etwas Schönes zu entdecken, wenn man in einer Situation steckt wie wir. Aber nach dem, was ich gelesen habe, bin ich darauf gekommen, daß jeder irgendwie obdachlos ist. Man kann in einer schicken Penthouse-Wohnung sitzen, auf die Welt schauen – und das Leben kann einem doch leer vorkommen. Mein Kopf ist jetzt jedenfalls wieder aktiv, und ich habe einen verlorenen Faden wieder zu fassen bekommen.*

Inzwischen gibt es Kurse nach dem Shorris-Modell in New Brunswick, Seattle, Anchorage und zahllosen weiteren Städten. Ein Kommentator bemerkt: *Dieses Projekt hat etwas typisch Amerikanisches: es ist demokratisch im Geiste, elitär im Anspruch und von der Struktur her auf Erlösung angelegt.*

+++

Helfen will gelernt sein. Deshalb nehmen viele Reiche teil an dem vierwöchigen *Philanthropie-Kurs* bei der *Rockefeller Foundation* (Teilnahmegebühr: 20 000 Dollar). Sie lesen Aristoteles, erwerben Kenntnisse im Stiftungsrecht, in der Buchhaltung, unterhalten sich mit Sozialarbeitern und besuchen Armenviertel in Brasilien. Jeffrey Soros, ein Neffe des Milliardärs und Mäzens George Soros bereitet sich hier auf die schwierige Aufgabe vor, Geld zu verschenken.

Helfen will gelernt sein. Deshalb gibt es regelrechte Ausbildungsgänge für Leute, die im *non-profit*-Bereich arbeiten wollen. 75 Universitäten bieten Studiengänge in *Philanthropie* an. Die bedeutendste Institution dieser Art ist das *Indiana University Center on Philanthropy*. Über sechzig Lehrende sind in diesem Bereich tätig, und sie brüsten sich damit, daß ihre Absolventen ethische Aspekte des sozialen Lebens besser verstehen, das Management karitativer Organisationen professionell organisieren und deren Einnahmen mit neuen Techniken steigern. Eine Studentin meint, manche seien befremdet, wenn sie von ihrer Ausbildung in *Philanthropie* erzählt, aber sie fühlt sich gut anerkannt und sieht exzellente Berufschancen. (Man stelle sich mal in Deutschland die Reaktion vor, wenn jemand erklärte, er würde Menschenliebe studieren.)

Eine der Ideen, die den Philanthropen eingefallen sind, ist das sogenannte *Math-A-Thon*, mit dem Spenden für eine Kinderkrebsklinik gesammelt werden. Schüler erhalten eine lange Liste von Rechenaufgaben und sollen mit Eltern, Verwandten und Freunden verabreden, daß sie für jede gelöste Aufgabe 3 bis 10

Cents bekommen. Bei rund 200 Aufgaben können schnell 50 Dollar zusammenkommen, die dann an die Klinik weitergeleitet werden. Am Ende haben alle etwas davon: Die Eltern sind froh über die Mathematik-Übungen ihrer Kinder, diese bekommen ab einer bestimmten Spendensumme ein T-Shirt als Anerkennung, und die Klinik erhält das Geld.

Manche Ideen sind nicht nur wirkungsvoll, sondern auch kurios. Von dieser Art ist die Organisation der *Single Volunteers*, die in der Hauptstadt Washington ins Leben gerufen wurde. (Wie würde man das übersetzen? *Ledige Freiwillige*?) Mehrere tausend Mitglieder gibt es inzwischen; sie verteilen Essen an Obdachlose, arbeiten bei Wohltätigkeitsaktionen mit – und da sie alle *Singles* sind, können sie sich bei dieser Gelegenheit vielleicht auch selber helfen.

+++

In Amerika wirkt alles attraktiv, was sich individualisieren läßt. Private Wohltätigkeit ist anerkannt als unverzichtbarer Schauplatz, auf dem eigene Anliegen und Vorlieben zum Ausdruck gebracht werden und individuelles Engagement sich ausleben kann. Man gibt sein Bestes. Eine komplette Verstaatlichung der Wohltätigkeit wäre ein Anschlag auf den amerikanischen Individualismus. Die *New York Times* weist darauf hin, daß das Helfen damit einen intimen Nachbarn bekommt: *Alle Spenden sind persönlich. Mit der Ausnahme von Sex gibt es nichts, was ein deutlicherer Ausdruck individueller Neigungen, Werte und Neurosen wäre als Wohltätigkeit.*

Manchmal kommen auch beide Belange – Sex und Spenden – zusammen. Der *Wall Street*-Banker Alan C. Greenberg spendete im Jahr 1998 eine Million Dollar für die Verteilung von *Viagra*-Pillen an Männer, die sich das Medikament nicht leisten konnten.

Geld

Im Mai 1834, als Johann August Suter, Handlungsreisender in
Textilwaren, Schulden von 50 000 Franken angehäuft hatte, ver-
ließ er seinen Heimatort Burgdorf im Kanton Bern, seine Frau
Annette mitsamt ihren fünf Kindern und reiste nach Le Havre.
Im Juni wurde in der Schweiz Haftbefehl gegen ihn erlassen, im
Juli erreichte er New York. Dort blieb er nicht.

Über St. Louis, Santa Fe, Hawaii und Alaska, wo er düpierte
Geschäftspartner zurückließ, gelangte er schließlich am 1. Juli
1839 ins damals noch mexikanische Kalifornien; nunmehr schrieb
er sich ‚Sutter‘. Gouverneur Juan Bautista de Alvarado war – so
erinnerte sich Sutter später – *sehr froh zu hören, daß ich vorhatte,
im Hinterland zu siedeln*, denn er versprach sich davon Schutz
vor den Indianern. Sutter bekam die Genehmigung zur Gründung
einer Kolonie, fuhr den *Sacramento River* flußaufwärts und gründete *Sutter's Fort*. Ein paar Jahre später besaß er 229 Quadratmeilen, sein *New Helvetia* war also zehnmal so groß wie Manhattan, und ihm gehörten 4500 Stück Vieh, 1500 Pferde und Esel,
2000 Schafe.

Sutter erfüllte damit die Erwartungen, die Georg Wilhelm
Friedrich Hegel den frühen amerikanischen Pionieren von Berlin
aus nachschickte: *Die Auswandernden haben vieles abgestreift,
was ihnen in der Heimat beengend sein konnte, und bringen den
Schatz des europäischen Selbstgefühles und der Geschicklichkeiten
mit; und für die, welche anstrengend arbeiten wollen und in Europa dazu die Quellen nicht fanden, ist in Amerika allerdings ein
Schauplatz eröffnet. (...) In Nordamerika herrscht die ungebän-
digtste Wildheit aller Einbildungen (...). Amerika ist somit das
Land der Zukunft (...); es ist ein Land der Sehnsucht für alle die,
welche die historische Rüstkammer des alten Europa langweilt.*

Sutter gab den Indianern Schnaps für Felle, beschäftigte sie auf den Feldern, sorgte für sie, ließ gelegentlich einen köpfen, zeugte uneheliche Kinder, gab sich als ehemaliger Offizier der Schweizer Garde von Frankreichs König Karl X. aus, soff unmäßig, büßte durch schlechtes Wetter zwei Ernten ein, hielt seine Papiere in Unordnung, half neu ankommenden Siedlern, pflanzte Getreide und Obstbäume, verdiente Geld und verlor es wieder. *Ich wäre, so behauptete er im Rückblick, einer der wohlhabendsten Männer an der Pazifikküste geworden, aber die Entdeckung des Goldes hat mein ganzes Unternehmen zerstört.*

Am Abend des 28. Januar 1848 – so notierte Sutter in sein Tagebuch – *regnete es sehr heftig*. Sein Verwalter James Marshall kam aufgeregt zurück ins Fort und bat ihn ins Hinterzimmer: *Nachdem wir allein waren, zeigte er mir die ersten Körnchen Gold*, die er im Mühlbach des neu erbauten großen Sägewerks gefunden hatte. Sutter eilte zu seiner Mühle, weil er um deren Inbetriebnahme fürchtete, und er *bat alle um den Gefallen, den Fund nur für sechs Wochen geheimzuhalten. (...) Unglücklicherweise behielten die Leute das Geheimnis nicht für sich. (...) Ich begann, den Weizen zu ernten, während die anderen nach Gold gruben und Gold wuschen. Sogar die Indianer konnte ich nicht länger bei der Arbeit halten.*

Sutter begann nach einigem Zögern selbst mit der Goldsuche, doch im Mai 1848 kam, wie er klagte, *der große Ansturm: Alles war in Verwirrung, alle verließen ihre Frauen und Familien in San Francisco. (...) Und von dieser Zeit an (...) betrachteten die Leute meinen eigenen Besitz als den ihren.* Sutter wurden die Pferde und das Vieh gestohlen, er sandte nach Sheriff Jasper Hopkins, der doch erst kam, als alles verloren war. Unterdessen war Kalifornien von Mexiko an die Vereinigten Staaten übergegangen, und Sutter begann einen Rechtsstreit. *Ich hatte nichts zu tun mit all den Spekulationen, sondern blieb bei meinem Pflug (...). Ich beanspruchte nur mein Land – in der Hoffnung, daß mein Besitzanspruch von der US-Landkommission zu meinen Gunsten entschieden werden würde.*

Der Westen war damals noch wild. Jahrzehntelang rieb sich Sutter im Kampf um sein Land auf, zeitweise gewährte ihm der Staat Kalifornien eine kleine Rente, doch auf eine Grundsatzentscheidung zu seinen Gunsten wartete er bis zu seinem Tod im

Jahr 1880 vergeblich. *Nach amerikanischem Recht gehört die Hälfte des gefundenen Goldes mir. (...) Ich bin der einzige Eigentümer des gesamten Terrains, auf dem San Francisco erbaut wurde (...), und noch anderer Terrains, auf denen andere Städte und Dörfer errichtet worden sind. (...) Was soll ich tun? Gold bringt Unglück. Wenn ich nun dran rühre, ihm nachjage und zurückfordere, was mir mit vollem Recht zukommt, werde ich dann nicht auch meinerseits verflucht werden? (...) Ich wurde ausgeraubt und ruiniert von Rechtsanwälten und Politikern. Meine Leute wurden zerquetscht vom Eisenrad der Zivilisation; mein Vieh wurde weggetrieben von hungrigen Goldsuchern; meine Forts und Mühlen wurden dem Verfall preisgegeben; meine Ländereien wurden von Einwanderern besetzt; schließlich wurde ich um all meinen Besitz betrogen. Einst aber gehörte mir ganz Sacramento.*

+++

Längst ist *Sutter's Fort* – wieder aufgebaut – eine erstrangige Touristenattraktion in Kalifornien, im *Sutter Memorial Hospital* der Hauptstadt Sacramento ist inzwischen eine Viertelmillion Kinder zur Welt gebracht worden, es gibt Wein und Tomatensauce der Marke *Sutter Home* und John August Sutter nennt man den *Vater Kaliforniens*.

Im Jahre 1998 wurde in Sacramento die *Cal Expo* eröffnet, zu deren Attraktionen eine nachgebaute Goldgräberstadt gehörte, mit Sutters Sägemühle als Glanzstück in der Mitte. Mit dieser künstlichen Stadt sollten dort drei hundertfünfzigjährige Jubiläen gefeiert werden: der Goldfund 1848, der Goldrausch 1849, die Gründung des Staates Kalifornien 1850. Die Stadt sei, so sagte ihr Architekt Dave Kirby, *eine Mischung aus Phantasie und Realität.* Eine solche Mischung ist auch die Heldenverehrung für John August Sutter, den Pleitier und Pionier, der sich um Weizen statt um Gold kümmerte.

Kurz nach Sutters Tod schrieb dessen Vertrauter John Bidwell: *James Marshall hat zufällig das erste Stück Gold gesehen und gegriffen. (...) Aber in einem weiteren und größeren Sinn (...) war Sutter der Entdecker.* Das Gold habe, so meinte Bidwell weiter, *unser Land zu neuem Leben erweckt. Seine wundervolle Macht hat die Welt bewegt (...). Und Sutter war das bescheidene Werk-*

zeug der Vorsehung, der Vorbote, der unmittelbar Handelnde bei dieser großen Entdeckung, von der die Welt in so außerordentlicher Weise gesegnet worden ist.

Posthum ist Sutter Verehrung zuteil geworden; schon seit langem spielt er eine Hauptrolle im amerikanischen Traum. In Amerika selbst wie auch im Ausland hat er die Gemüter erregt, und von ihm aus führen Spuren zu liebenswürdigen, seltsamen und grausamen Gesellen: zum Beispiel zu dem Philosophen Josiah Royce und dem Dichter Blaise Cendrars, zu Sergej Eisenstein, Stalin, Luis Trenker und Goebbels. Zieht man die Kreise weiter, gelangt man zu Thorstein Veblen, dem Kritiker der feinen Leute, und Henry Ford, dem Vater der *Tin Lizzie*, zu dem Schriftsteller John Dos Passos, dem Technokraten Harold Loeb und den Präsidenten Woodrow Wilson, Franklin Delano Roosevelt und Bill Clinton. Aber bitte der Reihe nach.

+++

Im Jahr 1844, kurz vor dem Goldrausch, als Sutters *New Helvetia* noch gedieh, hielt Ralph Waldo Emerson eine Lobrede auf den *jungen Amerikaner*, die zugleich eine Lobrede auf den Handel und das Geld war. Emerson, alles andere als ein Pressesprecher des Kapitalismus, ging selbstverständlich davon aus, daß der Handel die Humanität befördere: *Der Handel (...) ist ein neuer Akteur auf der Welt, und er entfaltet große Wirkung; er ist eine sehr intellektuelle Kraft. (...) Der Handel ist dabei, die Regierungen bedeutungslos zu machen und jede Art von Fähigkeit jedes einzelnen Individuums, die einem anderen irgendwie dienen kann, auf den Markt zu bringen (...), wo ein jeder finden mag, was er zu kaufen wünscht, und ausstellen kann, was er zu verkaufen hat: nicht nur Produkte und Erzeugnisse, sondern auch Kunst, Fähigkeit, intellektuelle und moralische Werte. (...) Der Historiker wird einsehen, daß der Handel das Prinzip der Freiheit geworden ist, daß der Handel Amerika begründet und den Feudalismus zerstört hat; daß er Frieden bringt und Frieden hält und die Sklaverei abschafft. (...) Diese wohltätige Tendenz, die ohne Gewalt allmächtig ist, existiert und wirkt.*

Emerson wollte dem Handel nichts entgegensetzen, sondern ihn zum Werkzeug machen, um mit dessen Hilfe die Selbstentfaltung der Menschen zu befördern, die dann freilich über das schnöde Geld hinausführen sollte. Auch einige Zeitgenossen, bei denen man dies so nicht erwartete, etwa der im Vergleich zu Emerson nicht minder schwülstige Walt Whitman, schlugen ähnliche Töne an: Whitman duldete die *Gier nach Wohlstand* als *unverzichtbaren Bestandteil* in seinem Konzept einer besseren Welt. Sie alle waren – mehr oder minder begeisterte – Anhänger einer der bestgehüteten Überzeugungen in Amerika: daß nämlich die Freiheit des Marktes (und des Geldes) die Freiheit jenseits des Marktes (und des Geldes) befördere. Alle, die sich ihnen anschließen, tun sich schwer damit, diejenigen, die um des Goldes willen über Sutter herfielen, rundweg zu verdammen.

+++

Im Jahr 1855, als Sutter um sein Land kämpfte, brachte in einem kleinen Dorf am *Sacramento River* Sarah Royce ihren Sohn Josiah zur Welt. Sie gehörte zu den sogenannten 49ern, nach denen heute noch Sportvereine heißen: zu den Pionieren des Goldrauschs also, die 1849 den großen Treck nach Westen unternommen hatten. In ihren Erinnerungen beschrieb Sarah Royce ihre Ankunft in *Sutter's Fort* fast im Ton einer Wallfahrt – als wäre damit ein lang gehegter Traum in Erfüllung gegangen. Ihr Sohn Josiah Royce fand später den Weg nach Harvard und wurde einer der wichtigsten Philosophen der USA; sein bedeutendstes Werk war die *Philosophie der Loyalität*, der John Rawls später den Begriff des *Lebensplans* entnehmen sollte. Aber Royce verfaßte auch eine allseits geschätzte Geschichte Kaliforniens – mit dem Untertitel *Eine Studie über den amerikanischen Charakter*. In seiner Heimat sah er den Übungsplatz für eine neue Lebensart, und als Historiker wie als Philosoph machte er sich daran, ihn zu erkunden. *Was war an diesem Land, das es verdiente, neu oder gar roh genannt zu werden? Dies fragte ich mich, und nach und nach merkte ich, daß es Teil meiner Lebensaufgabe sei, herauszufinden, was all diese Wunder bedeuteten.*

Über John August Sutter, den ehemaligen Herrn des *Sacramento Valley*, hatte Royce freilich nichts Wunderbares zu sagen: *Vom Charakter her war Sutter ein leutseliger und gastfreundlicher Visionär mit vernebelten Ideen, einem großen Bedürfnis nach Popularität und der Sucht, viel zu viel zu unternehmen. Eine heldenhafte Figur war er nicht, obwohl er mit seiner romantischen*

*Stellung als Pionier im großen Tal vielen Reisenden und Histori-
kern so erschien. Als dann die Goldsucher kamen, verlor der eh-
geizige Sutter völlig den Kopf und verspielte all seine wahrhaft
wunderbaren Möglichkeiten. (...) Sein Schicksal war das eines
hartnäckigen und unbelehrbaren Träumers. Er bleibt am Ende eine eher pittoreske als mannhafte Figur in unserer kalifornischen
Geschichte.*

Was Royce in seiner Philosophie umtrieb, war ein *Paradox*, das
geradewegs seinen kalifornischen Erfahrungen entsprang. Einerseits erklärte er: *Ich und ich allein kann vor mir selbst meinen eigenen Lebensplan moralisch rechtfertigen. Keine äußere Autorität
kann mir je einen wahren Grund für meine Pflichten geben.* Andererseits *kann ich, mir selbst überlassen, niemals einen Lebensplan finden. Mir ist kein Ideal angeboren, das in mir natürlicher-
weise gegenwärtig ist.* Royce meinte, daß ein *Individuum* sich
doch nur behaupten könne, wenn es über sich hinausschaue, einer
guten Sache diene und in dieser *Loyalität* reife; beschwörend legte
er seinen Landsleuten die Moral der *Samurai* ans Herz und arg-
wöhnisch beäugte er die Grätsche zwischen Individualismus und
Gemeinschaft, in der Amerika sich übte. Sein Leben lang wurde
Royce von der Sorge gequält, daß seine Landsleute zu puren
Egoisten werden würden: *In unserem modernen amerikanischen
Leben gibt es so viele gesellschaftliche Triebkräfte, die den Menschen den wahren Geist der Loyalität zu nehmen scheinen und sie
verstört und verwirrt zurücklassen. (...) Die Selbstsüchtigen waren schon immer unter uns. Aber das göttliche Recht, selbstsüchtig
zu sein, wurde niemals einfallsreicher verteidigt als (...) heutzutage.*

Bei seinem Plädoyer bemerkte Royce offenbar nicht, daß der
von ihm abgetane John August Sutter, auf dessen Grund und Boden er fast geboren worden wäre, das Paradox des *ethischen Individualismus*, mit dem er sich abmühte, in Vollendung verkörperte.
In den Widersprüchen von Sutters Charakter hätte Royce beides
entdecken können: die gewissenlose Verfolgung von Eigeninteres-
sen, deren Ausbreitung er so sehr beklagte, und das hartnäckige
Festhalten an einer Sache, einem Gewerbe, an Recht und Gesetz.
Sutter hätte deshalb zu Royce' Paradebeispiel werden können,
weil er genau die Gelegenheit an sich vorübergehen ließ, die einen
ungebrochenen Egoisten zum Erfolg geführt hätte: die Goldwä-

sche. Statt dessen hielt er fest an dem, was nur langsam Geld bringt: Land, Vieh, Getreide, Holz.

Mag auch der Stolz auf das eigene Land zur Standardausstattung des amerikanischen Gefühlshaushalts gehören, so pflegt man doch in gleichem Maße die Abneigung gegen eine gemeinsame ‚Sache'. In unbedingter Loyalität sehen die Individuen einen Anschlag auf die Freiheit, die zu ihrem Wohlergehen gehört. So schätzen sie die Instrumente, mit denen sie sich Bindungen entziehen und der Festlegung auf die ‚Sache' entgehen können. Was aber ist das strikte Gegenteil der ‚Sache' überhaupt? Das Ungreifbare, was selbst nicht festliegt, eigentlich gar nicht da ist, sondern nur für etwas anderes steht und beliebig austauschbar ist. Also: das Geld.

Das Geld dient sich an als Garant des Individualismus, als wirksamstes Mittel der sozialen Lockerung, als Gegengift zu Royce' *Loyalität*. Es macht Front gegen inhaltliche Festlegungen. Wer Geld hat, spielt mit – für sich. Mit allen tauscht man sich aus, macht dabei sein ‚Ding' und kommt eben deshalb ohne gemeinsame ‚Sache' aus. Wohlstand und Wohlergehen sind in einem Wort verbunden: *prosperity*. Mit dem Rückenwind dieses Wortes wird die amerikanische Geschichte getrieben zu der Frage, ob Geldbewegung und Selbstentfaltung, Kapitalwachstum und humaner Fortschritt ein erfolgreiches Kombinationsspiel entwickeln oder aneinander vorbei laufen.

In die Geschichte dieses Landes ist eine gewaltige Zickzacklinie eingekratzt: Mal ist der Ruf des Geldes ruiniert, mal lassen sich alle von dessen Lockruf verführen. Natürlich hat es immer wieder Amerikaner gegeben, die – wie Sutter – mit dem Geld und seiner Wirkung auf das gute Leben hadern; der erste und berühmteste unter ihnen war Thomas Jefferson, selbsterklärter *Feind der Banken*. Und deshalb ist Sutter auch nicht bloß irgend eine kuriose Figur aus der amerikanischen Geschichte, sondern der Ahnherr eines Streits ums Geld, dem dieses Land bis heute die Treue hält.

+++

Frédéric Louis Sauser wird am 1. September 1887 in La Chaux-de-Fonds, Kanton Neuchâtel, geboren. (Übrigens kommt im selben Ort, gut einen Monat später, Albert Jeanneret zur Welt, der unter dem Namen Le Corbusier Berühmtheit erlangen, mit Sauser zusammentreffen und als Architekt in Amerika zahlreiche Spuren hinterlassen wird.) Nach einem abgebrochenen Medizinstudium, nach Gelegenheitsarbeiten als Matrose, Jongleur und Landarbeiter avanciert Sauser zum Abenteurer und Literaten, und am 11. Dezember 1911 erreicht er *Ellis Island*, den Hafen für die Einwanderer in New York. *Wir kommen im Mondschein an, und der Himmel ist voller Sterne. (…) Es ist, wie wenn ich von einer Welt in eine andere gelangt wäre. (…) Eine Neugeburt! (…) Werde ich schreien wie ein Neugeborener?* Kurze Zeit später verkündet Frédéric Sauser, seinem großen Vorgänger Arthur Rimbaud folgend: *Ich bin ein Anderer*, und er gibt sich einen neuen Namen, mit dem er bekannt werden wird: Blaise Cendrars.

Er flaniert, hungert, will weg, bleibt, schreibt von den *Banalitäten des Alltags*, vom Ende der *Metaphysik*, und *trinkt* in der Untergrundbahn *Geschwindigkeit, diesen Absinth des Körpers*. In Amerika erfindet seine Phantasie auch denjenigen, den er einen *neutralen Gott* nennt: *Gott der Herr sitzt in seinem amerikanischen Büro. Hastig unterzeichnet er zahllose Papiere. (…) Er erhebt sich, zündet eine dicke Zigarre an, schaut auf die Uhr, läuft nervös in seinem Büro herum, hin und her, an der Zigarre kauend.* (Von dem Maler Fernand Léger, dem langjährigen Freund Cendrars', gibt es eine schöne Zeichnung dieses Gottes mitsamt Zigarre, Zylinder und Aktenbergen.) Cendrars' amerikanischer Gott tritt auf als Geschäftsmann, der international operiert – sogar *interplanetarisch*, denn gelegentlich reist er auch zum Mars.

Blaise Cendrars kommt, anders als jener *neutrale Gott*, in Amerika nicht zu Geld, und im Mai 1912 fährt er zurück nach Europa – als ein in New York Neugeborener und doch Gescheiterter. Langsam lebt er sich wieder ein in der Pariser *Bohème*, und am 31. August schreibt er an seinen Freund, den Bildhauer August Suter, mit dem er sich schon länger verbunden fühlt: *Mit großem Interesse habe ich das kleine Büchlein gelesen. Welch ein großes Schicksal, das Schicksal Ihres Großvaters! Ein Mensch, ruiniert durch die Entdeckung des Goldes! Wunderbar! Wunderbar! Wunderbar!* Bei dem Buch, das ihn fasziniert, handelt es sich um eine Biographie mit dem Titel *General Joh. Aug. Suter* von Martin Birmann; Cendrars trifft auf die Geschichte eines Schweizers, den Amerika – wie ihn selbst – aufgenommen und zurückgestoßen hat.

Dreizehn Jahre später, im Frühjahr 1925, veröffentlicht Cendrars seinen ersten Roman: *Gold. Die wunderbare Geschichte des Generals Johann August Suter.* Es ist nicht das beste, wohl aber das historisch interessanteste Buch aus seiner Feder. Viele Kritiker gehen ungnädig um mit dem *ungelehrten Weltenbummler und Abenteurer*, dem sie mangelnde Faktentreue zur Last legen. Die Schweizer beschweren sich über die Schilderung von Sutters zwielichtigem Charakter, die Amerikaner über die unvorteilhafte Darstellung der Pioniere, die vom Goldrausch ergriffen wurden. Cendrars kümmert das wenig, er sieht sich nicht als Historiker, sondern als Romancier, und natürlich hat er Sutters Geschichte verändert, ausgeschmückt, dramatisiert. Vor allem hat er sie eingestimmt auf einen bestimmten Ton in dessen Charakter, der in der amerikanischen Geschichte scheppernd nachklingt: den Ton des aufrechten Pioniers, der von Geschäftemachern vernichtet wird.

Am Vorabend des Goldrausches erscheint Sutter bei Cendrars nicht als launischer, dem Alkohol zugeneigter Geschäftsmann, sondern als Landwirt, der ein Paradies bewirtschaftet: *Endlich kommt der Frieden. Eine neue Ära beginnt. (...) Neue Saatfrüchte kommen aus Europa an, Setzlinge aller möglichen Fruchtbäume. In den Niederungen pflanzt er Oliven- und Feigenbäume, auf den Hügeln Apfel- und Birnbäume an. Er beginnt auch zum ersten Mal mit dem Anbau von Baumwolle und versucht, an den Ufern des Sacramento Reis und Indigo heimisch zu machen. Und schließlich erfüllt er eine alte Herzenssehnsucht: Er pflanzt Wein an.* In diese Idylle bricht dann effektvoll der Goldrausch hinein. *Stille. Der Friede. Nein. Nein. Nein. Nein. Nein. Nein. Nein. Nein. Nein: Es ist das GOLD! Das Gold. Der Rush. Goldfieber befällt die Welt.*

Sutters Scheitern wird von Cendrars zurückgeführt auf die aufrechte Hilflosigkeit eines Menschen, der anderes im Sinn hat als Gold und Geld, auf eine geradezu tragische Treue zu sich selbst. *Bald werden seine Kornreserven und all seine Vorräte zu Ende sein. Mögen andere daran reich werden. Mögen sie nur. Er tut nichts. Er tut nichts. (...) Dieser Mann der Tat* par excellence, *der nie in seinem Leben gezögert hat, zögert heute. (...) Das Gold. Das Gold hat ihn ruiniert. Das kann er nicht verstehen.* Am Ende erscheint Cendrars' Held als ein Don Quixote des Wilden Westens, als trauriger Streiter für sein Recht, das ihm der junge Staat abschlägt, um statt dessen die Profiteure des Goldrauschs zu begünstigen, die sich die besseren Anwälte leisten können.

Cendrars beschließt seinen Roman mit einer (erfundenen) Szene auf den Stufen des Kongreßgebäudes in Washington. Dort sitzt Sutter, der alte Mann, und wartet auf eine Entscheidung des Parlaments. Als ein kleiner Junge die Nachricht überbringt, daß der Kongreß ihm Hunderte von Millionen Dollar als Entschädigung zugesprochen habe, sagt Sutter *Danke!* und bricht tot auf den Stufen zusammen, ohne noch zu erfahren, daß der Junge ihn nur auf den Arm genommen hat. *Der Kongreß tagte an jenem Tage nicht.*

Cendrars' Roman handelt eben von dem Beziehungsproblem zwischen gutem Geld und gutem Leben, das schon Josiah Royce mißtrauisch begutachtet hatte. In Cendrars' Version kennt die große Masse beim Kapital, beim Gold kein Halten mehr, und als einsame Gegenfigur tritt jemand auf, für den das Wachstum, die Mehrung des Wohlstandes kein völlig losgelöster Prozeß ist, sondern an äußere Umstände und harte Arbeit gebunden bleibt. Wer produziert, ist festgelegt. Wer Geld hat, ist flüssig.

John August Sutter wirkt schwerfällig und altmodisch im Vergleich zu denen, als deren Wegbereiter er später in Kalifornien gefeiert wird, zu denjenigen, die vom Gold berauscht über *New Helvetia* hereinfallen. Doch zeitgemäß wirkt er immer dann, wenn das Geld seinen Charme verliert, und so kommt es, daß man um das Lehrstück von der zerstörerischen Macht des Geldes, zu dem Sutters Geschichte von Cendrars gemacht worden war, Anfang der dreißiger Jahre, zur Zeit der Wirtschaftskrise, nicht mehr herumkommt.

+++

Am 12. Mai 1930 fährt die *Europa* im Hafen von New York ein, an Bord ein sowjetischer Filmregisseur mit einem Vertrag von *Paramount* in der Tasche. 500 Dollar pro Woche sind ihm als Honorar garantiert. Hollywood erwartet ihn neugierig, denn sein Film *Panzerkreuzer Potemkin* hat auch dort Furore gemacht. Sergej Eisenstein schwärmt davon, sich in Hollywood *der großartigen Organisation und aller technischen Verbesserungen bedienen zu können*, auch schätzt er die *großzügige Auffassung von der Film-*

kunst, die er bei seinem neuen Chef Adolph Zukor kennengelernt hat. Eine Zeitlang will er deshalb halb in der Sowjetunion, halb in den USA arbeiten.

Eisenstein hält Vorträge in Harvard und in Columbia, wo er von dem Philosophen John Dewey eingeführt wird, dann macht er sich schnell auf nach Hollywood. Dort trifft er Marlene Dietrich, die er nicht mag, Walt Disney, dessen Mickey Mouse er liebt, und Charlie Chaplin, mit dem er Tennis spielt. Ein gewisser Major Frank Pease macht Propaganda gegen den *Juden, Sadisten* und *roten Hund* Eisenstein, der aus dem Land *hinausgeworfen* werden soll, damit der *amerikanische Film* nicht *in eine kommunistische Jauchegrube* verwandelt wird.

Einstweilen läßt sich Eisenstein davon nicht beeindrucken, und für sein erstes ernsthaftes Projekt greift er zurück auf ein Buch, dessen Autor er im Frühjahr dieses Jahres 1930 in Paris kennengelernt hat: auf Blaise Cendrars' *Gold*. Eisenstein reist nach Sacramento, besichtigt *Sutter's Fort* und besucht *schwachsinnige Greisinnen*, die sich noch daran erinnern, *wie der 'Kapitän' sie, als sie noch kleine Mädchen waren, auf seinen mächtigen Knien hüpfen ließ.* Als er durch die *grauen Hügel* fährt, hat er *den Eindruck, als lege diese Landschaft Zeugnis davon ab, wie die Goldgier den organischen Frohsinn der Natur verschlingt. (...) Berge von Schutt, die heute noch, wie zu Lebzeiten Sutters, aus den halbverwüsteten Goldgruben ausgestoßen werden, decken das saftige Grün der umliegenden Felder zu. (...) Dem Gold zuliebe*, so klagt Eisenstein, werden *die sprießenden Lebenstriebe erbarmungslos* begraben.

Ende Juli 1930 schreibt er dann in wenigen Tagen ein Drehbuch für den Film *Sutters Gold*. Der Film soll – wie Eisenstein schreibt – den *unerhörten Kampf* schildern, den ein *einzelner Mensch* gegen die *Wahnsinnigen* ausficht, die vom *Reichtum berauscht werden, Menschen, die imstande wären, jeden* für Gold *zu ermorden.* Für Eisenstein ist Sutters Geschichte eine der *Tragödien des Individualismus*, die ihn in jenen Jahren faszinieren: eine Niederlage des *sittlich-ethischen Systems* gegen das *Gold*.

Die Herren von *Paramount* sind angetan von dem Entwurf – und lehnen eine Verfilmung sogleich ab. Vielleicht hat die Ablehnung mit einem Machtkampf in der Studioleitung zu tun, vielleicht hat sie andere Gründe; Eisenstein wird später schreiben:

Meine amerikanischen Gastgeber wurden nicht umsonst von Be-
sorgnis gepackt (...). „Bolschewiken an das Thema Gold heran-
lassen?" Sie wiegten bedenklich die Köpfe und legten schließlich
das ganze Projekt ad acta. Bald nach der Ablehnung von *Sutters*
Gold ist Eisensteins amerikanisches Experiment gescheitert und
er kehrt in die Sowjetunion zurück.

+++

Eisenstein war nicht der einzige russische Leser von Cendrars'
Gold. In der Sowjetunion erschien eine der ersten Übersetzungen
weltweit, besorgt von Victor Serge; sie verkaufte sich millionen-
fach. Die Zeitschrift *Das zwanzigste Jahrhundert* veröffentlichte
daraufhin eine kurze Meldung: *Gemäß den Ausführungen von*
Herrn Serebrowski, Volkskommissär für Bergwerksangelegenhei-
ten, soll Stalin nach der Lektüre von „Gold" beschlossen haben,
den Ural zu industrialisieren. Ein gewisser V. A. Krawtschenko
wußte Näheres: *Eines Tages im Jahre 1932 war ich bei Sergo*
Ordschonikidse zu Besuch, als Serebrowski, der „Leiter der Zen-
tralverwaltung der Goldminen", in seinem Büro erschien. Ord-
schonikidse dankte ihm für das Buch, das er ihm gegeben hatte
und welches er seinerseits an Stalin weitergegeben hatte. Als Sere-
browski gegangen war, erkundigte ich mich bei Ordschonikidse,
um was für ein Buch es sich handle. Er sagte mir, es sei von Blaise
Cendrars, sein Titel sei „Sutters Gold". Ordschonikidse habe das
Buch Stalin gegeben, weil der Boss sich auch für die Darstellung
der Goldsuche in den Büchern von Jack London interessierte.
(Ordschonikidse – das war übrigens ein berüchtigter Scherge Sta-
lins, der nach der Erschießung von über zehntausend Menschen
einmal lapidar bemerkte, dies sei vielleicht *ein bißchen übertrie-*
ben gewesen.)

Natürlich war Stalin nicht angewiesen auf Literaten, doch nei-
disch entdeckte er in den Büchern von Jack London und Blaise
Cendrars eine ökonomische Dynamik, die er selbst, von Staats
wegen, in der Sowjetunion in Gang setzen wollte. Stalin zögerte
nicht, den *amerikanischen Leistungswillen* als *jene unüberwindli-*
che Kraft zu feiern, *die kein Hindernis kennt oder anerkennt,* und
so las er Cendrars' Buch auch ganz anders als Eisenstein. Während dieser das *Gold* gegen die *Lebenstriebe* setzte, war Stalin fasziniert von der Dynamik des Kapitals und wollte sie im Kampf

der Systeme mit aller Gewalt übertrumpfen. Die Opfer, die die Kollektivierung des Landes und die Industrialisierung Sibiriens mit sich brachten, waren der Preis, den Stalin für seine Art von Fortschritt bezahlen ließ. Für die Brutalität des Prozesses, den er in Gang setzte, lieferten jene von ihm geschätzten Bücher über den Wilden Westen ein geradezu idyllisches Vorspiel.

+++

Am 25. März 1936 wird in Sacramento der Film *Sutters Gold* uraufgeführt, einer der letzten Filme des Regisseurs James Cruze. Das Hollywoodstudio *Universal Pictures*, das inzwischen die Filmrechte von Cendrars erworben hat, präsentiert eine ziemlich unpolitische Verfilmung von dessen Roman. Auf den Straßen Sacramentos wird eine Parade der sogenannten *Neunundvierziger* veranstaltet, in der Menschen mit Kutschen und Kostümen im Stil des Jahres 1849 auftreten. 15 000 Besucher sind in der Stadt, Hollywood-Stars reisen zu einem großen Ball an, Gouverneur Frank F. Merriam erklärt: *„Sutters Gold" (...) feiert die Weitsicht und den Mut der Gründer und Erbauer Kaliforniens. Er regt an zur Verehrung der Ideale der Männer und Frauen, die die Grundlagen einer bis heute fortdauernden Kultur gelegt haben.* Der Film bekommt ziemlich gemischte Kritiken, moniert werden die länglichen Streitereien Sutters und eine dazuerfundene Liebesgeschichte. In die Filmgeschichte wird *Sutters Gold* jedenfalls nicht eingehen.

Blaise Cendrars befindet sich zwar zufällig während der Dreharbeiten in Amerika, ist an ihnen aber nicht beteiligt. Am Tag der Uraufführung weilt er wieder in Frankreich; ohne den Film gesehen zu haben, schreibt er an den kalifornischen Gouverneur, der eine Gedenkwoche ausgerufen hat: *In meinen Augen ist dies tatsächlich ein historisches Ereignis, denn es ist das erste Mal, daß die oberste Behörde unter dem Patronat des Gouverneurs von Kalifornien den alten General J. A. Sutter öffentlich ehrt. Erlauben Sie mir, Sie zu diesem Entschluß zu beglückwünschen.*

Hollywood festigt – ohne Sergej Eisenstein – Sutters Ehrenplatz in der kalifornischen Geschichte; der Weg zum Heldentum ist geebnet, bei dem es nicht mehr so genau darauf ankommt, wofür der gefeierte Mensch eigentlich steht. Seltsam an den neugewonnenen Verehrern des Gründungsvaters Kaliforniens bleibt die Doppelrolle, die sie spielen: Sie sind die Nachkommen seiner Gegner. Für solche Finessen haben die Kalifornier keinen Sinn. Wohl aber die Nazis.

+++

Ein paar Monate nach den Feiern von Sacramento, im Sommer 1936, gewinnt der Film *Der Kaiser von Kalifornien* die *Coppa Benito Mussolini* auf den Filmfestspielen von Venedig. Joseph Goebbels kommt am 30. August mit dem Flugzeug aus Berlin, um die Aufführung mit seiner Gegenwart zu beehren. *Der Kaiser von Kalifornien* ist eine Produktion der Berliner UFA. Die Hauptrolle des John August Sutter ist besetzt mit einem neuen Star des deutschen Kinos, der auch das Drehbuch geschrieben und Regie geführt hat: Luis Trenker. Bernhard Minetti verkörpert in einer frühen Rolle einen engelsgleichen Fremden, der Sutter auf seinem Weg begleitet.

Trenker hält sich beim *Kaiser von Kalifornien* nicht an die historischen Quellen, sondern folgt der Handlung von Cendrars' Roman *Gold*, ohne freilich die Rechte dafür erworben zu haben. Viele Details sind direkt übernommen. Cendrars schreibt entsetzt: *Absolut meine Erfindung!* und leitet juristische Schritte gegen Trenker ein, die aber bis zum Ausbruch des Zweiten Weltkriegs nicht zum Erfolg führen.

Die Stoßrichtung des Films ist klar: Die Standhaftigkeit, die Männlichkeit Sutters wird gefeiert, er verkörpert den Germanen im Wilden Westen, der von verkommenen Existenzen, deren Gier nur dem Gold gilt, ins Verderben getrieben wird. Die menschliche Tragödie, zu der Cendrars die zwielichtige Biographie Sutters umgedeutet hat, erfährt nun eine zweite Umdeutung. Es geht um finanzielle vs. männliche Werte, schnelles Geld vs. festen Boden, schmutzige Geschäfte vs. saubere Arbeit. Die Fronten werden neu gezogen. Auf der Geldseite stehen nun nicht mehr nur die Goldgräber, sondern auch schmierige, gierige Bankiers, die Sutter mit Kredit- und Zinsforderungen in den Ruin treiben (nur die jüdischen Nasen fehlen für das perfekte Klischee). Umgekehrt ist die Filmfigur Sutter von allem Anfang an frei von der Ambition, selbst Gold zu suchen, und wird als treuer Ehemann, als gute Seele ohne Fehl und Tadel ins Reine gezeichnet.

Nachdem Goebbels den Film gesehen hat, notiert er in sein Tagebuch: *Ein stürmischer Erfolg. (...) Herrlich gemacht. (...) Ein typischer Trenker. Glänzende Massenszenen. Kampf zwischen Blut und Geld.* Nur vom Schluß des Films ist er nicht begeistert: Der von Bernhard Minetti vorgetragenen zweideutigen Prophezeiung, daß Amerika eine reiche Zukunft bevorstehe *(Recht oder Unrecht. Wer kann's wissen?),* hätte er eine Brandrede im Geist des antikapitalistischen Nationalsozialismus vorgezogen. Trotz Goebbels' Intervention ändert Trenker jedoch nichts, verläßt sich auf den Erfolg des Films und bewegt sich in Halbdistanz zum Regime. *Der Kaiser von Kalifornien* stützt Hitlers Deutschland, deckt aber nur einen Teil der ideologischen Felder ab, die die NS-Propaganda bewirtschaftet.

+++

Der Stein, der 1848 von Kalifornien aus ins Meer der Weltgeschichte geworfen wurde, hat Kreise gezogen, die bis nach Deutschland, bis in die Sowjetunion reichen. Fast bei all diesen Umdeutungen von Sutters Schicksal geht freilich das Besondere verloren, das in dieser Geschichte steckt: das Amerikanische.

Der zweitklassige Western aus Hollywood nimmt das typisch amerikanische Dilemma zwischen Geld und Wohlergehen gleich gar nicht ernst; Stalin ist nur besessen von der Idee, den Goldrausch noch zu überbieten; Luis Trenker geriert sich zur Freude von Goebbels als germanischer Geldfeind. Jenes besondere Dilemma bleibt nur in der Spannung zwischen *Gold* und *Frohsinn* noch lebendig, die Sergej Eisenstein bemerkt hat. Und damit wird der von Hollywood verschmähte *Bolschewik* zum Spürhund des stattlichen Dramas zwischen Ökonomie und Ethik, das den Amerikanern zwar widerwillig, aber regelmäßig zu Bewußtsein kommt, wenn die Leidenschaft für das Geld an sich selbst zweifelt.

+++

Sutters Geschichte mitsamt ihren Folgen zeigt: Amerika lebt nicht nur vom Geld allein, sondern auch von dessen Gegnern, die es begleiten wie Kletten. Auch sie gehören zur amerikanischen Geld-Geschichte.

In der Sutter-Figur ist der Gegensatz zwischen Geld und Gütern, Zirkulation und Produktion schon weit entfaltet, und in diesem Schema kommt dann bald auch der beharrlichste, stattlichste amerikanische Geld-Gegner zum Einsatz: der *Ingenieur*. Während andere dem Gelde nachjagen, kümmert er sich um die Produktion, die Maschinerie, und sorgt dafür, daß alles läuft. Er wird in Amerika zum Sinnbild all derer, denen das Geld suspekt ist. Natürlich laboriert er mit dem Image, im Vergleich zu den Geldleuten eine zwar unverzichtbare, aber doch nachrangige Aufgabe zu übernehmen. Umgekehrt macht er seinerseits nie einen Hehl aus seinem gebrochenen Verhältnis zu denen, die die von ihm so geliebten Maschinen zum bloßen Mittel des Profits erniedrigen.

Ein wirkungsmächtiger Freund der Ingenieure war der Soziologe und Ökonom Thorstein Veblen, der am 3. August 1929 verarmt starb, kurz bevor die ihm verhaßten Geldleute vom Schwarzen Freitag 1929 gedemütigt wurden. Sein berühmtes Buch *The Theory of the Leisure Class* lieferte eine hinreißende Kritik an den *feinen Leuten*, der *Klasse der Müßiggänger*; sein weniger berühmtes Buch *The Instinct of Workmanship* war ein hartnäckiges Hohelied auf den Ingenieur. Veblen verachtete die Finanzwelt, er träumte von der *Abschaffung der abwesenden Eigentümer* und von der Machtübernahme der *Menschen aus der Industrie*, der *Techniker*.

Freilich bemerkte Veblen den Widerstand der amerikanischen Gesellschaft gegen die Herrschaft der Ingenieure, er spürte deren Vorliebe für das Geld. In seinem Zeitporträt präsentierte Veblen den Helden des Geldes widerwillig als Siegertyp. Der *business man* trat bei Veblen als übermächtiger Gegenspieler des von ihm geschätzten *Technikers* auf: *Diese sentimentale Hochachtung des amerikanischen Volkes für den Scharfsinn ihrer Geschäftsleute ist fest verwurzelt und lebendig. (...) Nach der in diesem Land verbreiteten Auffassung erschiene es unerträglich, wenn die Techniker die Verantwortung übernähmen, die nach verbreiteter Einschätzung doch eine irgendwie seltsame Bruderschaft überspezialisierter Spinner darstellen (...). Ähnlich allgemein ist die ehrfürchtige Hochachtung, mit der man zu den großen „abwesenden Eigentümern" als Führer und Vorbild aufblickt. (...) Sie sind die großen und guten Menschen, deren Leben „uns alle daran erinnert, daß wir unser Leben erhaben machen können". Dieses allseits vermarktete Denkmuster ist das stabile Ergebnis eines beständigen, Generationen währenden Trainings (...); es ist zur zweiten Natur geworden.*

Unablässig propagierte Veblen seine Idee eines *Regimes* oder gar eines *Sowjets* der *Techniker*, aber er war sich – fast – sicher, daß er damit auf verlorenem Posten stand. Veblen selbst führte seine Niederlage auf die Borniertheit der Amerikaner zurück, die vom Geld nicht loskamen. In der Tat wäre es verwunderlich, wenn der Affekt gegen das schnelle Geld in einem Land, das der Bewegung frönt, zu einem haltbaren Gefühl avancieren könnte.

Ein stattlicher Verbündeter Veblens – und auf seine Art auch ein Außenseiter – war der Industrielle Henry Ford, von dem gesagt worden ist, er sei die *lebendige Verkörperung von Veblens idealem Ingenieur*, eine *sensationelle Ausnahmeerscheinung im Kreis der Unternehmer*. Sein Haß auf die Aktionäre brachte Ford am Ende dazu, ihnen einfach alle Anteile abzukaufen und die Firma ganz zu übernehmen. In einem Rechtsstreit gegen die eigenen Aktionäre sagte Ford vor Gericht: *Das Geld gehört mir nicht, damit ich damit machen kann, was mir gefällt. Die Menschen, die mit mir arbeiten, haben dabei geholfen, es zu schaffen. Nachdem sie ihre Löhne und einen Anteil am Gewinn erhalten haben, ist es meine Pflicht, das, was bleibt, zu nehmen und wieder in den Betrieb zu stecken, um mehr Arbeit für mehr Menschen mit höheren Löhnen zu schaffen.* Und einer von Fords Fürsprechern, Walter Lippmann, schwang sich auf zu einer der wenigen stattlichen Brandreden gegen die Geldleute, die die amerikanische Geschichte zu bieten hat: *Die Idee, daß 200 000 Aktionäre einer Stahlfirma je zur energischen Kontrolle ,ihres Besitzes' im Sinne der Öffentlichkeit angestiftet werden könnten, ist so phantastisch wie alles, was je dem Gehirn eines faulen Moralapostels entsprungen ist. (…) Ich will damit natürlich nicht sagen, daß ein Mensch, der Aktien besitzt, notwendigerweise borniert oder tyrannisch ist. Er mag so gütig sein, wie man sich das wünschen kann. Aber die Tatsache, daß er Aktien besitzt, bringt ihn nicht dazu, dabei seine Güte auszuleben.*

Der Schriftsteller John Dos Passos hat in seiner großen Trilogie *U.S.A.* Thorstein Veblen und Henry Ford zusammengebracht – und ihnen seinen traurigen Romanhelden Charley Anderson zur Seite gestellt. Ford bekam bei Dos Passos einen Auftritt als der *große Amerikaner seiner Zeit*, der die *Bankiers gründlich ausgetrickst* hat; dabei wird freilich nicht verschwiegen, daß Ford keine Skrupel dabei hatte, demonstrierende Arbeiter erschießen zu lassen. Thorstein Veblen durfte bei Dos Passos eine welthistorische Alternative entwerfen: Auf der einen Seite stand demnach die *Sabotage der Produktion durch das Geschäft, die Sabotage des Lebens durch das blinde Streben nach Profit*. Auf der anderen Seite stand *eine neue, sachliche Gesellschaft des gesunden Menschenverstands, geleitet von den Bedürfnissen der Männer und Frauen, die die Arbeit machen, und von den unglaublich großen Möglichkeiten des Friedens und des Überflusses, die der technische Fortschritt bietet.*

Charley Anderson, Dos Passos' Romanheld, war auch bloß *ein Mechaniker, mehr nicht*; doch er hielt sich nicht an Veblens Ideal und wechselte von der Konstruktion zur Spekulation. Er verdiente immer mehr, vorerst jedenfalls; am Ende trank er immer mehr und stieg betrunken in ein Auto, um neben einem Schnellzug die Straße entlangzurasen, vor dessen Lokomotive er gerade noch den Bahnübergang kreuzen wollte. Dort wurde er überfahren, zum Überleben hätte er noch schneller sein müssen (oder einfach langsamer). Mit der Geschichte von Charley Andersons Scheitern wollte Dos Passos vor der Gier nach Geld warnen und die Menschen zur handfesten Arbeit bekehren. Jahrzehnte später endete er als Anhänger Ronald Reagans.

+++

Auf dem Schauplatz, auf dem ums Geld gestritten wird, treten zwei Präsidenten an prominenter Stelle auf: die beiden Demokraten Woodrow Wilson und Franklin Delano Roosevelt. Wenn mit dem Namen Franklin Roosevelt der Begriff *New Deal* verbunden ist, so mit dem Namen Woodrow Wilson der Begriff *New Freedom*.

Kurz vor dem Ersten Weltkrieg, lang vor dem Schwarzen Freitag rief Woodrow Wilson auf zum Kampf gegen Großkonzerne und Kartelle; er erhoffte sich die *neue Freiheit* von einer dynamischen Kraft aus der Mitte der Wirtschaft selbst: den selbständigen Geschäftsleuten. Seine Sympathie gehörte demjenigen, der *im Werden* ist und *etwas aus sich macht*, nicht demjenigen, der schon etwas geworden ist, also nicht dem *gemachten Mann*. Er sah eine Verbindung zwischen wirtschaftlicher Freiheit einerseits, sozialer und politischer Freiheit andererseits. Wilson versuchte, die kleinen Geschäftsleute gegen die Großkonzerne zu stärken, dabei aber gleichzeitig den staatlichen Einfluß, die berühmt-berüchtigte *Regierung* in engen Grenzen zu halten. *Desintegration* war bei ihm noch positiv gemeint: Sie stand bei ihm für die Auflösung der Kartelle. Woodrow Wilson war wohl für *big business*, aber gegen *trusts*: *Wir erklären, daß die Einschränkungen für privates Unternehmertum aufgehoben werden sollen, damit die nächste Generation junger Menschen, die heranwächst, nicht die Günstlinge großzügiger Kartelle werden müssen, sondern frei sind, mit ihrem eigenen Leben das zu machen, was sie wollen. So sollen sie am Ende den Trank der Freiheit, nicht der Wohltätigkeit, in vollen Zügen genießen – den einzigen Wein, der den Geist eines Volkes je erfrischt und erneuert hat.* Wilsons Plädoyer hat im übrigen Echos bis in die Gegenwart: Im neuen Hightech-Zeitalter ist der *businessman*, der selbständig, fern der Konzerne, seinen Weg geht, eine besonders attraktive Figur geworden; gefeiert wird er zur Zeit in der Zeitschrift *Fast Company*, die das *freie Handeln*, das echte, eigene Leben und die *Unabhängigkeit* von der *Plastikwelt* der *Konzerne* feiert. Die Befreiung der Geschäftsleute wurde zu Woodrow Wilsons Zeit z.B. von Walter Lippmann als Weg in die Anarchie kritisiert: *Wenn man viele Geschäftsleute, mindere Künstler und moderne Philosophen reden hört, könnte man den Eindruck gewinnen, daß die bestmögliche Welt durch einen reinen Konflikt ökonomischer Egoisten, einen reinen Ausbruch der Phantasie und durch die reine Verfolgung blinder Instinkte geschaffen werde.* Lippmann wollte dagegen eine politische Strategie für das Wohlergehen eines Volkes entwickeln, die kein Anhängsel der Ökonomie war, und damit zeichnete er den Einsatzpunkt von Roosevelts *New Deal* vor.

Der Affekt gegen das Geld entlud sich in den Jahren der Wirtschaftskrise wie ein Unwetter, und es gibt kein eindrucksvolleres Zeugnis dafür als die Rede, die Franklin Delano Roosevelt zum Amtsantritt als Präsident der Vereinigten Staaten am 4. März 1933 gehalten hat – eine Rede, in der er auf die biblische Vertreibung der *Wechsler*, *Käufer* und *Verkäufer* anspielte (Mt. 21, 12): *Die skrupellosen Geldwechsler (…) kannten nur die Regeln einer selbstsüchtigen Generation. (…) Nun sind die Geldwechsler geflohen von ihren hohen Stühlen im Tempel unserer Kultur. Nun können wir diesen Tempel wieder den alten Wahrheiten widmen.*

Messen läßt sich deren Wiedereinsetzung daran, wieweit wir so-
ziale Werte anwenden, die edler sind als bloßer Profit. Das Glück
liegt nicht im bloßen Besitz von Geld; es liegt in der Freude, etwas
zu erreichen, im Reiz schöpferischer Bemühung. Die Freude und
moralische Anregung der Arbeit darf nicht länger vergessen wer-
den in der verrückten Jagd nach vergänglichen Profiten.

In seinen ersten Konzepten zum *New Deal* wollte Roosevelt
nicht, wie Wilson, die Selbstheilungskräfte des Geldes und der
Wirtschaft wirken lassen, sondern von Staats wegen eingreifen.
Angesichts des Chaos, das die Wirtschaft auf eigene Faust angerichtet hatte, setzte Roosevelt auf Gesellschaftsplanung. Die Rede
war von *nationaler Kontrolle*, als federführende Behörde wirkte
die *National Recovery Administration*. Um die Macht des Geldes
in die Schranken zu weisen, wurden auch der Konkurrenz, mit
der Wilson das Wohl der Wirtschaft und der Gesellschaft herbei-
führen wollte, wieder Grenzen gesetzt. Zur Stabilisierung der
Wirtschaft wurde so etwas wie ein Plan auf freiwilliger Basis eingeführt: mit festgelegten Verkaufspreisen, Löhnen und Produkti-
onsquoten. Unternehmen, die sich an diese Vorgaben hielten,
durften ihre Produkte mit einem Gütesiegel, dem *blauen Adler*,
schmücken, und der Staat forderte zum Kauf dieser Produkte auf.
Der Höhepunkt dieser Kampagne war die *Blue Eagle Parade* mit
einer Viertelmillion Menschen im September 1933 in New York.
Im Schatten der Wirtschaftskrise gelangte Roosevelt auf dem
Schauplatz, auf dem in Amerika ums Geld gestritten wird, an einen Ort, der ganz in der Nähe Veblens und seiner Anhänger lag.
Er ging auf Distanz zum Geld.

+++

Eine der Blüten der Wirtschaftskrise in den Vereinigten Staaten
war eine theoretische Bewegung, die die Produktion vom Geld
abkoppeln und damit die ökonomischen Probleme lösen wollte.
Deren Verfechter mußten mit Sutters Untergang hadern, mit Veblens Vorliebe für Ingenieure sympathisieren und auf Roosevelts
Unterstützung hoffen. Sie nannten sich *Technokraten*, plädierten
für rabiate planwirtschaftliche Eingriffe und machten die Unwägbarkeiten des freien Marktes für die Große Depression verant-
wortlich. Die Technokraten wollten die Bewegung planen; sie
wollten die unkoordinierten Prozesse der Wirtschaft ordnen, statt

die *unsichtbare Hand* Adam Smiths zugreifen zu lassen, deren wohltuender Wirkung sie mißtrauten.

In der amerikanischen Zeitschrift *Literary Digest* vom Dezember 1932 hieß es: *Technokratie ist jetzt die große Mode. Überall im Land spricht man darüber, erläutert sie, wundert sich darüber, preist sie und verdammt sie.* Es war Präsident Roosevelt selbst, der die Gedankenspiele der Technokraten ermutigte und damit sozialistischen Ideen verblüffend nahe kam. Im Jahr 1934 vergab die US-Regierung unter Roosevelt einen Auftrag für eine großangelegte Studie über neue Wirtschaftsstrategien an den Ökonomen Harold Loeb, einen führenden *Technokraten* und Schüler Thorstein Veblens.

Harold Loeb? Sie kennen ihn vielleicht nicht, aber berühmt geworden ist er unter dem Namen Robert Cohn, als Gegenspieler von Jake Barnes in Hemingways erstem Roman *The Sun Also Rises* (der auf Deutsch *Fiesta* heißt). Dort bekommt er die zweifelhafte Ehre, als *Trottel* aufzutreten, der *nicht merkt, daß er unerwünscht ist: Ich habe ihn niemals,* so bemerkte Jake, *eine Bemerkung machen hören, die ihn in irgend einer Weise aus dem Kreis der Leute um ihn herausgehoben hätte.*

Nun aber durfte Loeb im Auftrag der Regierung untersuchen, welches Potential in der amerikanischen Wirtschaft steckte, *wenn die Produktion an der Befriedigung der menschlichen Bedürfnisse und vernünftigen Wünsche ausgerichtet werden würde.* Unter den neugierigen Blicken der Regierung entwickelte Loeb Konzepte, um die Bewegung der Wirtschaft vom Geld abzukoppeln und an einen festen Haken zu hängen: eben an *menschliche Bedürfnisse und vernünftige Wünsche.* Harold Loeb und die *Technokraten* wollten in einer Welt, in der alles veränderbar, vermehrbar geworden war, etwas Feststehendes finden. *Das Problem*, so meinte Loeb, *besteht nicht nur darin, daß der Kapitalismus daran scheitert, die grundlegendsten ökonomischen Ziele zu erreichen, sondern daß er auch niemals förderlich für ein gutes Leben war. (…) Die New Yorker ‚Skyline' ist einmalig, originell und phantastisch. Sie erfüllt auf bewunderswerte Weise die Absichten ihrer Schöpfer. Aber für das menschliche Leben ist sie trotz ihrer ästhetischen Vorzüge nahezu nutzlos. (…) Die meisten Ausdrucksformen des Mystizismus des Geldes sind von dieser Art. (…) Die Technokratie braucht den Mystizismus des Geldes nicht, diese Religion des*

Kampfes, die Habsucht zur Tugend macht und Anmaßung zur Politik; sie braucht auch dessen Ausdrucksformen nicht, wie eindrucksvoll sie auch sein mögen.

Die ökonomische Alternative der *Technokraten* war von mal rührender, mal gefährlicher Naivität. Zwanzigtausend Gemeinden mit festgelegten ökonomischen Funktionen wollten sie in Amerika schaffen; schon die Schulen sollten vorwiegend der Berufsausbildung dienen; die Wirtschaft sollte vom Geldmarkt abgekoppelt und in die Hände der Ingenieure gelegt werden. Gerade mit diesem starren Gerüst meinten die *Technokraten* eine enorme Dynamik, eine Vervielfachung der Produktion zum Wohle der Menschen und zur Befriedigung klar definierter natürlicher Bedürfnisse auslösen zu können. Doch wie schon Thorstein Veblen, so scheiterten auch die *Technokraten* mit dieser Festlegung des Brauchbaren, dieser Einschränkung der amerikanischen Beweglichkeit.

Die technokratische Mode wurde kein Klassiker. Franklin Delano Roosevelt, der ihr zunächst nicht ganz abgeneigt war, kehrte ihr doch schnell wieder den Rücken. Im Zuge der Weiterentwicklung des *New Deal* schwächte er die Planungselemente stark ab, die mit der *National Recovery Administration* eingeführt worden waren. Am Ende näherte sich Roosevelt den Ideen wieder an, die hinter Wilsons *New Freedom* standen – vor allem der Überzeugung, daß es einen Zusammenhang gebe zwischen wirtschaftlichem Spielraum und politischer Selbstbestimmung. Louis D. Brandeis, einer seiner wichtigsten und beliebtesten Berater, nahm den ökonomischen Wettbewerb in Schutz: *Zweifellos bringt Wettbewerb unnötige Verluste mit sich. Welche menschliche Tätigkeit tut das nicht? Die Demokratie bringt die größten offensichtlichen Überflüssigkeiten mit sich, aber wir finden in ihr eine Kompensation dafür, die weit überwiegt und die Demokratie effizienter macht als den Absolutismus. So verhält es sich auch mit dem Wettbewerb.*

+++

Die technokratische Mode war noch in voller Blüte, als Blaise Cendrars, zu jener Zeit gerade Reporter für *Paris-Soir*, im Winter 1935 im Expresszug von Chicago nach Los Angeles saß. Er sah Amerika, *die reichste Gegend der Erde*, in der doch *50 Prozent* der Bevölkerung *der Armut nahe* waren, nicht nur von einer ökonomischen, sondern auch von einer sozialen *Katastrophe* bedroht.

Im Speisewagen des Expresszugs traf Cendrars – er schreibt: *zufällig!* – seinen *Freund Harold Loeb*, den er schon *1921 in Rom kennengelernt und 1925 in Paris wiedergesehen hatte* und der nun gerade auf einer erfolgreichen Vortragsreise durch's ganze Land war. Loeb schwärmte – *sein Buch auf dem Tisch, in Statistiken blätternd, (…) mit Zahlen jonglierend* – von dem *rationalen Plan*, den er entworfen hatte, um die Produktion in Amerika ungemein zu steigern. Cendrars merkte offenbar nicht, daß ihm hier eine seltsame Reprise der Geschichte widerfuhr, die er ein Jahrzehnt früher in einen Roman verwandelt hatte: Sutters Geschichte. Nun saß ihm im Speisewagen Loeb gegenüber: Wiederum wurde Produktion gegen Geld gestellt – und ihm sollte am Ende der Erfolg ebenso versagt bleiben wie seinem schweizerisch-kalifornischen Vorgänger.

Doch dem Technokraten Harold Loeb stand Blaise Cendrars ferner als seinem abenteuernden Landsmann John August Sutter, und aus den Reden, die sein Gegenüber schwang, hörte er die Weltfremdheit der technokratischen Utopie heraus: *Als er anfing, von der Zukunft und von der Abschaffung der Armut zu reden, (…), verlor sich plötzlich, ich muß es gestehen, mein Interesse. (…) Jedes Mal, wenn einer dieser PS-Propheten vor mir seinen Reformplan ausbreitet, habe ich Lust auszurufen: Laßt doch die Sowjets in Frieden arbeiten! Wir werden sehen, ob es den Genossen Ingenieuren gelingt, in ihrem Räderwerk die alten Verdrehtheiten der Menschen zu beseitigen, die doch alle Rechnungen verfälschen und vereiteln.*

Das technokratische Modell scheiterte nicht nur deshalb, weil das Geld als Garant amerikanischer Beweglichkeit zu gelten hat. Es scheiterte aufgrund hausgemachter Schwächen. Die Gesellschaftsplaner litten an gewaltiger Selbstüberschätzung, wenn sie meinten, menschliches Wohlgefühl über die Betroffenen hinweg definieren und die Produktion von Gütern entsprechend festlegen zu können. Mit dieser Attacke war das Geld vom amerikanischen Schauplatz nicht zu vertreiben.

+++

Spätestens seit Ronald Reagans Präsidentschaft gibt es im amerikanischen Volk eine stabile Mehrheit für die Auffassung, daß der Staat die Wirtschaft weitgehend in Ruhe lassen solle, auf daß sie mit all ihrer Dynamik den Menschen diene. Thorstein Veblens Diagnose, daß das Prestige des *Geldmanns* in Amerika dem des *Technikers* eindeutig überlegen sei, ist heute noch treffender als damals. Während sich Henry Ford seinerzeit den Einfluß der Aktionäre, die Einmischung des Geldes in die Produktion brüsk verbat, ist der *shareholder value* nun auch jenseits der Wirtschaft zum Maßstab geworden. Kein Politiker, der Mehrheiten sucht, würde heute ein schlechtes Wort über die Geldleute verlieren.

Bill Clinton erklärte im Herbst 1997 lakonisch, er habe Maßnahmen ergriffen, die *sehr positive Auswirkungen auf den Aktienmarkt* haben würden, und er schien darin, quasi-automatisch, einen Beitrag zum Wohl des ganzen Volkes zu sehen. Später wunderte sich der Journalist Jacob Weisberg in der *New York Times* eben darüber, daß sich niemand über diesen Satz gewundert hatte. In früheren Jahren hätte – so meinte Weisberg – nicht einmal Ronald Reagan diesen Satz von sich gegeben, ohne die besondere Zuwendung zur Börse noch ausgiebig zu rechtfertigen und um Verständnis zu werben.

Inzwischen aber ist die Macht der *shareholder* unangefochten, das Prestige der Finanzjongleure glänzend und die Abhängigkeit von ihnen beträchtlich. Die Stimmung an der *Wall Street* hat heute mehr nationale Bedeutung denn je. Jacob Weisberg hat deshalb den ironischen Vorschlag gemacht, die Abkürzung USA umzudeuten in *United Shareholders of America. Politische Führer neigen nun dazu,* so meinte Weissberg, *sich dem Markt zu fügen, verhalten sich so, als wäre dessen weiteres exponentielles Wachstum gleichbedeutend mit dem Wohl des Landes. (…) Die* Wall Street *treibt die Mehrheit der Amerikaner auf einer sehr grundsätzlichen Ebene zu einer ganz anderen Auffassung von Staatsbürgerschaft und einer ganz anderen Erfahrung von Demokratie (…). Das neue Ideal des finanziell unabhängigen Individuums (…) verkörpert das zeitlose amerikanische Verlangen nach Individualismus und Selbständigkeit. (…) Aber der zeitgenössische* Shareholder-Citizen, *Aktionär-Staatsbürger ist zugleich eine verarmte Ausformung jenes Ideals, er konzentriert sich auf die materiellen Aspekte der Unabhängigkeit, während er die Erfah-*

rung der Gemeinschaft und die Ausbildung bürgerlicher Tugen-
den weitgehend ausschließt.

Die Schlagzeile *Freihandel oder Tod* stand im Juni 1998 auf
dem Titelblatt des linksliberalen Magazins *New Republic*, und im
Blatt wurde der ultrarechte Politiker Patrick Buchanan dafür kritisiert, daß er staatliche Eingriffe in die Wirtschaft forderte und
sich gegen den *Irrglauben* wehrte, *daß, wenn wir nur dem Evan-
gelium des freien Handels folgen, auf Erden ein Paradies errichtet
werden kann.* Staatliche Eingriffe in die Wirtschaft sind nicht zuletzt bei Wertkonservativen beliebt, die sich um die moralische
Ordnung im Land sorgen.

Das Zutrauen in die Selbstheilungskräfte des Geldes ist ebenso
wankelmütig wie die Wirtschaft, die in einem Rhythmus, den
keiner durchschaut, Krisensymptome zeigt. Es wurde behauptet,
das *einzig aktive Interesse* in Amerika sei die *Anbetung des Geldes* (Henry Adams), die *Liebe zum Geld* sei *das Haupt- oder Ne-
benmotiv, das allem, was Amerikaner tun, zugrundeliegt* (Tocqueville). In dem Film *Wall Street* sagt *Gordon Gekko* alias Michael
Douglas: *It's all about bucks, kid. The rest is conversation.* Doch
in Gehweite neben der Liebe zum Geld stand immer auch die
Kritik am Geld, die sich mal mehr, mal minder lautstark Gehör
verschaffte. So gehört auch die Zeit um 1930 mit den Aversionen
gegen das Geld als Gegenbild zur Gegenwart. Diese zwei Zeiten
sind Gegen-Zeiten: Während damals zwischen Geld und Wohlergehen eine Kluft aufbrach, setzt man heute aufs Geld und macht
das Wohlergehen zur abhängigen Größe. Aber nur mit beiden
Zeiten und beiden Seiten ist das amerikanische Selbstbild voll-
ständig; dieses Land bleibt sich selbst nur treu, wenn das Spiel
zwischen Ökonomie und Ethik offenbleibt.

+++

Zur aktuellen Geldbesessenheit gibt es eine passende Krankheit.
Behandelt wird sie von dem Psychotherapeuten Robert Leahy,
der seine Kundschaft vor allem unter den Angestellten – zumal
den bestverdienenden – der *Wall Street* findet. Bei seinen Patienten trifft er auf eine leicht modernisierte Version der Geschichte
des goldgierigen König Midas. Leahy hat beobachtet, daß seine
Patienten, die Frage, wieviel Geld ihnen denn genug wäre, gar
nicht beantworten können. Einer erklärt, ihm flöße der Gedanke,

befriedigt zu sein, Angst ein, und er sagt: *Wenn ich zufrieden und befriedigt bin, schlaffe ich ab und verliere meinen Schwung.*

Karl Marx hätte gesagt, Leahys Patienten seien Agenten des Tauschwerts, die unfähig sind, sich einem Gebrauchswert – welchem auch immer – zuzuneigen. Diese Kranken von der *Wall Street* ,leben' gewissermaßen den Tauschwert, und weil dies letzten Endes doch nicht geht, treten bei ihnen Symptome auf wie Schlaflosigkeit oder Minderwertigkeitskomplexe. Leahy spricht von einem beständig *zurückweichenden Bezugspunkt*, auf den sie fixiert seien, ohne ihn doch je zu erreichen. Sie blicken auf ein Ende, das doch angesichts nie versiegender Möglichkeiten zur Bereicherung unendlich fern bleibt. Ihr Leben ist beherrscht von der Sorge um verpaßte Chancen, Verluste, die doch meist virtuell bleiben. So mögen diese Börsianer zum Beispiel Geld investiert haben, das nach einiger Zeit fünfzig Prozent Gewinn abgeworfen hat; es hätte aber, wie sich nachträglich herausstellt, auch eine Anlagemöglichkeit gegeben, die hundertzwanzig Prozent gebracht hätte. Statt sich also über ein Plus von fünfzig Prozent zu freuen, trauern diejenigen, die an jenem *Wall Street*-Syndrom laborieren, den entgangenen siebzig Prozent nach. Dieser Verlust ist auch deshalb nur virtuell, weil sie es sich sowieso nicht gestattet hätten, das gewonnene Geld tatsächlich auszukosten. Der Gewinn, wie hoch er auch ausfallen mag, bleibt abstrakt, weil deren Genuß anrüchig wäre und als alarmierendes Zeichen nachlassender Dynamik gewertet würde.

Natürlich sind nicht alle, die im Jahr Millionen verdienen, von dieser Krankheit befallen. Die wenigsten Geldleute an der *Wall Street* haben Probleme damit, zwischen zwei Transaktionen einen Ferrari zu kaufen, selbst wenn ihnen damit die Zeit für eine dritte Transaktion, deren Reingewinn einem zweiten Ferrari entspräche, verlorengeht. Robert Leahys Patienten verkörpern auf dem Schauplatz, auf dem in Amerika ums Geld gestritten wird, ein Extrem in Reinform. Sie sind besessen von einem Wohlstand, der sich so weit gegen das Wohlergehen gekehrt hat, daß er das eigene psychische Elend herbeiführt.

+++

Sagen, was man denkt: Null Dollar.
An sich selbst glauben: Null Dollar.
Etwas Neues anfangen: Null Dollar.
Für alles andere gibt es Mastercard.
(Werbeslogan, 1999)

Den Klodeckel oben gelassen?
Die Schwiegermutter beleidigt?
Den Geburtstag vergessen?
Bettle nicht um Verzeihung. Kauf sie dir.
(Werbeplakat der Juwelenhändler an der Diamond Row, New York City, 1999)

Diese zwei Werbetexte preisen jeweils eine Lebensart an, die ums Geld kreist – aber nicht genau dieselbe. Die Juwelenhändler nähren die Phantasie, daß auch noch die widerspenstigsten Erscheinungen des Alltags – sogar Schwiegermütter! – beim Gelde weich werden. In deren Werbewelt gibt es also zwei Seiten: Geld einerseits, Probleme andererseits. Auch in der Werbewelt des Kreditkartenunternehmens spielt Geld natürlich eine wichtige Rolle. Doch daneben tritt nun ein Selbstgefühl, das sich über bloßes Geld erhebt: *An sich selbst glauben, etwas Neues anfangen* etc. Dieses Selbstgefühl ist unbezahlbar, doch schlechterdings *geldfremd* ist es nun auch wieder nicht. Es ist nicht übertrieben zu sagen, daß Haltungen wie die Distanz zur Tradition und die Versessenheit auf Möglichkeiten mit dem Geld in Zusammenhang stehen. Zwar hängen sie nicht vom Geld ab, wohl aber kann dieses als passender Statthalter für Alternativen und Möglichkeiten und insofern auch als Symbol jener Haltungen eingesetzt werden.

In jenen zwei Werbewelten gehört das Geld also zu unterschiedlichen Les- und Lebensarten. Auf der einen Seite kommt dem Geld eine Allmacht zu, die den Rest des Lebens zur abhängigen Größe macht. Auf der anderen Seite tritt das Geld eher in einer dienenden Rolle auf und wird zum Repräsentanten eines bestimmten Selbstgefühls. Mal wird alles in Abhängigkeit vom Geld gebracht. Mal wird das Geld zum Sinnbild einer inneren Lebens-Qualität. Zwischen diesen zwei Seiten – zwischen Geld als Selbstzweck und Geld als Mittel und Ausdruck seiner selbst – schwankt das amerikanische Leben.

Ein Vater sagte kürzlich zu einem anderen: *Your son is a terrific long-term investment. And your daughter – she has a one-million-dollar face.* Einen drastischeren Versuch, den Wert eines Lebens auf Verwertbarkeit zu reduzieren, könnte man sich kaum vorstellen. Irritierend an dieser Bemerkung war allerdings, daß sie in geradezu treuherzigem Wohlwollen ausgesprochen wurde und keineswegs zynisch gemeint war, sondern als ernsthaftes Kompliment. Wie paßt der kalte Inhalt zum warmen Ton?

Wenn man gutwillig ist, kann man jenes seltsame Kompliment auch so deuten: Hier weist jemand darauf hin, daß in diesen Kindern ein immenses Potential steckt, Anlagen, die jetzt noch gar nicht inhaltlich einzugrenzen sind. Und um jede inhaltliche Festlegung zu vermeiden, wird einfach der formale Statthalter für unbegrenzte Möglichkeiten eingesetzt: eben das Geld. – Wenn man weniger wohlwollend sein will, erkennt man in jenem Spruch freilich den Chauvinismus desjenigen, der beim Mädchen den Erfolg vom Aussehen abhängig macht und doch auch die Auffassung verficht, daß sich der Erfolg der Selbstentfaltung an der Höhe der Rendite messen lasse.

+++

Von Europa aus wird die amerikanische Neigung zum Geld gern als Beleg für geistlosen Materialismus gedeutet. Und doch kann man sagen, daß Geld in einem bestimmten Sinne höchst ‚geistvoll‘ ist. Es selbst ist ja nichts Gegebenes, sondern ein Hort der Vorstellung. Oft wirkt Geld wie ein Versprechen von etwas anderem, das noch erst kommt (wenn man nämlich dafür bezahlt). Im Geld nimmt das Bedürfnis, über gegenständliche Bindungen hinauszukommen, äußere Gestalt an. So liegt in der Wertschätzung, die man dem Geld entgegenbringt, eine Bekräftigung der Möglichkeit, etwas anderes tun, erleben oder haben zu können. Deshalb kann man gar eine Verwandtschaft erkennen zwischen dem Geld, das für einen Reigen von Möglichkeiten steht, und der Phantasie, die in andere Welten ausschweift.

Natürlich gibt es eine Menge drängender und bedrückender Probleme, die diesseits solcher Ausschweifungen mit Geld zu tun haben. Daß in Amerika selbst und erst recht weltweit Ressourcen und Chancen so ungleich verteilt sind, hängt natürlich mit der Verteilung des Geldes zusammen, und da hört der Spaß auf. Und doch kann man mit diesem Befund nicht einfach schließen. Wenn man dem Geld gerecht werden will, muß man ihm, ob man das mag oder nicht, einen ‚geistigen‘ Effekt zugestehen. Für ihn ist man in Amerika deshalb besonders empfänglich, weil er der Bewegung des Lebens förderlich ist.

Wie bei den Patienten des Psychologen Robert Leahy (vgl. S. 135 f.) zu erkennen war, kann sich das Geld-Projekt verselbständigen und die Gegenwart vergiften. In anderen Fällen kann das Hinaustreiben über die Gegenwart eine befreiende Wirkung haben: Wenn alles nach Wunsch verläuft, ist die Vorliebe für Geld in der Tat nur eine Vor-Liebe: ein Platzhalter für Kommendes, mit dem die Erwartung eingelöst und das Gegebene überwunden wird.

Bei denjenigen, die geldbesessene Amerikaner aus der Ferne verachten, ist viel Scheinheiligkeit im Spiel, zumal auch fern von Amerika kaum einer vom Gelde lassen will. Und doch findet man jene Einsicht von der geistigen Funktion des Geldes auch in Europa; freilich muß man im Abseits nach ihr suchen, nämlich z.B. bei dem Philosophen Arthur Schopenhauer. Er erfindet den treffendsten Beinamen zum Geld, den man sich vorstellen kann. Es sei *natürlich, wohl gar unvermeidlich*, so meint er, im Geld nichts anderes zu sehen als die Glückseligkeit *in abstracto*.

Wenn das Geld ein Speicher von Möglichkeiten ist, die noch auszuleben sind, dann liegt darin sein Glanz und sein Elend. Denn ausgelebt ist mit ihm selbst eben rein gar nichts; umgekehrt freilich potenziert es Möglichkeiten und regt dazu an, sich in andere Welten zu versetzen. Früher nannte man diese Welten *künstliche Paradiese*, heute spricht man von *künstlichen Realitäten*.

Vom Geld wurde gesagt, es sei *gefrorenes Begehren*; folgt man dieser schönen Wendung, so hat man Glanz und Elend wiederum zusammen: die Lust und den Frost. Zu fragen ist, was passiert, wenn dieses *gefrorene Begehren* gewissermaßen ‚taut‘. Von der *künstlichen Realität* könnte man dann sagen, sie sei nichts anderes als eben dies: aufgetautes Geld. Kein Wunder, daß man sich in Amerika dafür erwärmt.

Künstliche Realität

Ein paar Regeln vorab +++ Baseball: im Fernsehen +++ und als Lachnummer +++ Wie im Stadion die virtuelle Realität geschaffen wird +++ Baseball im Weltall +++ Fakten kann man machen +++ Maxim Gorki in Coney Island +++ Rem Koolhaas in Manhattan +++ Martha Rosler in der U-Bahn +++ Matrix im Kino +++ Ein Mörder am Bildschirm: Tote können nicht nerven +++ Ein Yankee an König Arthurs Hof

Sie wissen nicht, wie *das* amerikanische Spiel funktioniert? Hier, bitte sehr, kommt eine kurze Einführung.

Baseball wird auf einem rund 8000 Quadratmeter großen Platz gespielt, der die Form eines platten Kaffeefilters oder Keils hat. An dessen Spitze ist das Schlagfeld, die *home plate*. Kommen Sie mit dorthin, dann eröffnet sich von dort aus der Blick auf das ganze Spielfeld zwischen den zwei Seitenlinien, die von Ihnen aus weit auseinanderlaufen. In den vorderen Teil des Spielfelds, direkt von Ihrem Standplatz aus, ist das Innenfeld eingezeichnet: ein Quadrat mit 27 Meter Kantenlänge, der sogenannte *diamond*. Die *home plate*, auf der Sie stehen, ist eine der Ecken dieses Quadrats, die anderen drei sind die sogenannten *bases*, die dem Spiel seinen Namen gegeben haben. Dahinter liegt das Außenfeld, der ganze Rest der weiten Fläche. Spielen Sie eine Runde mit?

Wenn Sie an der Reihe sind, stehen Sie mit Ihrem ein Meter langen Holzschläger am Schlagfeld – als einziger aktiver Vertreter Ihrer Mannschaft, allein gegen alle. Der gegnerische Werfer *(pitcher)* baut sich in 18 Meter Entfernung vor Ihnen auf und versucht, den Ball, der etwas größer und sehr viel härter ist als ein Tennisball, innerhalb eines engen Zielbereichs knapp an Ihnen vorbei zu werfen. Hinter Ihnen wartet der Fänger, ein Teamkollege des Werfers, darauf, daß sie den Ball durchlassen und zum Fang preisgeben. Die anderen gegnerischen Spieler verteilen sich auf dem Feld, um den Ball abzufangen, falls sie ihn irgendwohin schlagen.

Beim Spiel von Wurf und Schlag gibt es nun verschiedene Varianten. Der Werfer erzielt einen Punkt *(strike),* wenn Sie als Schlagmann einen in Reichweite geworfenen Ball seitlich ins Aus schlagen, wenn Sie ihn passieren lassen oder durchziehen, ohne überhaupt zu treffen. Landet der Ball des Werfers dagegen außerhalb Ihrer Reichweite, wird ihm ein Fehlwurf *(ball)* angekreidet. Geschieht dem Werfer dieses Mißgeschick viermal, dann dürfen Sie als Schlagmann, ohne je getroffen zu haben, gleich von der *home plate* zur ersten *base* spazieren *(walk)*. Umgekehrt scheiden Sie aus, wenn Sie drei gültige Bälle verpaßt haben *(strike out)*. Dann werden Sie von einem Mannschaftskollegen abgelöst. Dasselbe widerfährt Ihnen, wenn Sie den Ball hochschlagen, er aber noch in der Luft von einem gegnerischen Feldspieler abgefangen wird *(fly out)*.

Sie sollten den Ball so schlagen, daß ihn die gegnerische Mannschaft nicht gleich zu fassen bekommt. Gelingt Ihnen dies, beginnt ein Wettlauf: Die Feldmannschaft versucht, den Ball unter Kontrolle zu bekommen, während Sie sich auf der ersten, zweiten oder gar dritten Ecke des Vierecks in Sicherheit bringen wollen. Werden Sie zwischendurch abgefangen, sind Sie wiederum ausgeschieden *(ground out)*. Wenn Sie dagegen rechtzeitig bei einer der *bases* ankommen und dort anhalten, sind Sie in Sicherheit. Dort müssen Sie dann allerdings warten, bis einem Ihrer Nachfolger am Schlagfeld wieder ein Treffer gelingt. Dann dürfen Sie und evtl. noch andere, die inzwischen auf den *bases* gelandet sind, zur nächsten Ecke weiterlaufen. Zugleich räumen Sie damit für den Nachrückenden eine *base*, denn immer nur ein Spieler hat an einer Ecke Platz.

Einen Punkt erzielen Sie erst, wenn Sie den ganzen *diamond* umrundet haben. Sie können dies aus eigener Kraft schaffen, wenn Sie nach Ihrem Schlag das Viereck auf einmal ablaufen *(home run)*. Dies gelingt in der Regel nur dann, wenn der Ball unerreichbar für das gegnerische Team über den hinteren Feldrand hinaus geschlagen wird – und dieser Schlag ist in der Tat erlaubt, ja sogar ersehnt. Der einträglichste Spielzug ist der *grand slam*: Wenn eine Mannschaft schon Läufer an allen drei Ecken des *diamond* plaziert hat *(bases loaded)* und dann ein Schlagmann einen *home run* erzielt, dürfen er sowie alle anderen Läufer nach Hause kommen. Sie erringen vier Punkte auf einmal.

Wenn drei Schlagmänner einer Mannschaft ausgeschieden sind, werden die Rollen getauscht, und es beginnt die zweite Hälfte eines Durchgangs, die wieder nach dem selben Schema funktioniert. Die Schlagmannschaft wird zur Feldmannschaft, und Sie verteilen sich mit Ihren Teamkollegen auf dem Feld, während nun die andere Mannschaft ihre Spieler wechselweise zum Schlagfeld schickt. Wenn neun solcher Durchgänge *(innings)* absolviert sind, ist ein ganzes Baseballspiel zu Ende. Bei Gleichstand kommt es zur Verlängerung, bis eine Entscheidung gefallen ist.

+++

Ein Spiel kann vier Stunden dauern, und die Spiele der Heimmannschaft werden natürlich *live* im Fernsehen übertragen. Schalten wir uns irgendwann während dieser Übertragung kurz ein.

Männer sitzen in einem Unterstand *(dug out)*, einem Verschlag, der aussieht wie eine halb vergrabene Bushaltestelle auf dem Land; sie stieren ins Leere und kauen Kaugummi; ein beleibter Mann steht daneben und übt das Wedeln mit einem Stück Holz; hinter ihm hockt ein Vermummter; wieder ein paar Meter weiter steht jemand auf einer Erhebung, die an einen festgetrampelten Maulwurfshügel erinnert; draußen auf dem Spielfeld stehen Männer und warten auf irgend etwas; der Mann auf dem Hügel hebt das Bein, holt weit aus und wirft einen Ball; der Schlagmann zieht mit seinem Holz voll durch und trifft den Ball nicht; der Fänger fängt; der Werfer verzieht keine Miene, lockert die Schultern, wirft wieder; der Schlagmann rührt sich nicht; der Fänger fängt; der Werfer spuckt auf den Boden, bläst sanft in die Hand, zieht die Kappe tiefer ins Gesicht, wirft einen Ball; der Mann mit dem Schläger tut nichts; der Fänger fängt; beim nächsten Ball haut der Schlagmann daneben; er trottet zurück zu dem Unterstand, setzt sich auf die Bank, schaut ernst, trinkt und spuckt; ein anderer kommt hervorgekrochen; der Mann auf dem Hügel wirft wieder; der andere schlägt und trifft nicht; noch ein Wurf; diesmal ein Treffer, der Ball fliegt hoch in die Luft; der Mann, der geschlagen hat, wirft sein Holz halb entschlossen, halb achtlos zur Seite und beginnt zu rennen; einer der Männer auf dem Spielfeld regt sich, hält die Hand über die Augen, schaut in den Himmel, macht ein paar Schritte, hebt seinen dick gepolsterten Handschuh und fängt den Ball in der Luft ab; der Schläger läßt seinen Lauf austrudeln, dreht auf dem Absatz um und geht mit gesenktem Kopf zurück zum Unterstand; Werbung.

+++

– *Was hält dieses Land wirklich zusammen (...)? Der Sternen-
banner? Ist es das, worüber die Männer beim Bier reden? Wie
sehr sie ihn lieben? Was sagt in Straßenbahnen, Zügen oder
Bussen ein Amerikaner zum anderen, um ein Gespräch anzu-
knüpfen? (...) Was ist es, das Millionen und Abermillionen
Amerikaner brüderlich vereint, aus Wettstreitern Verwandte,
aus Fremden Nachbarn, aus Feinden Freunde macht – wenn
auch nur solange das Spiel währt? Baseball! Und die da, sie haben sich vorgenommen, Amerika zu zerstören, (...) ihr teufli-
scher, genialer Plan ist es,* unser nationales Spiel zu zerstören!
– *Aber – aber wie? Wie können sie so etwas schaffen?*
– *Indem sie einen Witz daraus machen*! eine Lachnummer! Ihr
Plan ist es, uns ins Grab zu lachen!
(Aus: Philip Roth, *Der große amerikanische Roman*)

+++

Wenn Fußballweltmeisterschaften ausgetragen werden, wundern
sich die Amerikaner über die weltweite Begeisterung, von der dieses Turnier getragen wird. Sie ist ihnen deshalb unheimlich, weil
sie es lieber sähen, wenn das, was auf der Welt Furore macht, von
ihnen ausginge. In den Zeitungen wird dann gelästert über merk-
würdige Fußballspiele (die 0:0 ausgehen und vorwiegend am
Mittelkreis ausgetragen werden). Gelegentlich weist ein bis zur
Selbstkasteiung unparteiischer Sportreporter darauf hin, daß umgekehrt Baseball, dieses fulminante Spiel, im Ausland auf Unver-
ständnis stoße, weshalb man doch auch Fußball mit völkerkundli-
cher Toleranz zur Kenntnis nehmen solle. Spürbar wird hier die
verwunderte Befürchtung, daß Baseball öde wirken und als Kette
von Fehlschlägen erscheinen könnte. Gibt es vielleicht wirklich
eine internationale Verschwörung, die aus diesem Spiel – also aus
diesem Land! – eine *Lachnummer* machen will?

In seinem *Großen amerikanischen Roman* schildert Philip Roth
Querelen um eine (erfundene) Baseball-Liga in den vierziger Jah-
ren, die *Patriot League*. Die Anzeichen mehren sich, daß die Ver-
schwörung gegen Baseball gar ins eigene Land eingedrungen ist
und einige den Ruf dieses Spiels zugrunderichten wollen. (Bei
Philip Roth sind dies Kommunisten, wer sonst?) Ligapräsident
General Oakhart sieht sich zur Verteidigung gezwungen. *Wie der
General sagte, bestanden die Schönheit und die Bedeutung von*

Baseball in der festen Geometrie des ‚Diamanten' und der Prü-
fung, die er für Beweglichkeit, Kraft und Zeitgefühl bereithält.
Baseball war ein Spiel, das von jedem einzelnen Platz im Stadium
anders aussah (...); und das galt auch für die Momente, aus denen
tatsächlich die halbe Spieldauer oder sogar mehr bestand – die Zeit
nämlich, in der überhaupt nichts passierte, jene Momente des
Wartens und Zögerns, des Bereitseins und des Wiedereinnehmens
der Ausgangsstellung, Momente, in dem alles zurückging, auch der
Lärm der Menge, die jedoch für den Reiz des Spiels ebenso aus-
schlaggebend waren wie die wenigen entscheidenden Sekunden,
wenn ein geschlagener Ball über die Wand segelte.

+++

Als Zuschauer eines Baseballspiels kann man nicht davon fasziniert sein, das zu sehen, was man sieht. Denn die meiste Zeit passiert nichts.

Als Zuschauer eines Baseballspiels ist man fasziniert von
dem, was man nicht sieht. Das Bild, das man sieht, ist nur das
Zweitbild. Das Spiel, das im *ballpark* stattfindet, ist nur das
Zweitspiel. Die eigentliche Leistung von Baseball ist, daß es eine
andere Wirklichkeit schafft. Obwohl Baseball altmodisch wirkt
im Vergleich zu den anderen Sportarten, die in Amerika heute
populär sind – American Football, Basketball, Eishockey –, ist es
doch ein Spiel im Dienst der Zukunft. Mit ihm ist, lange vor der
Computersimulation, die *virtual reality* in Amerika eingeführt
worden.

Seit jeher sind die Amerikaner fasziniert von technischer Simulation und *Science fiction*, von einer Welt ganz nach Wunsch. An
der Quelle dieses Traumes steht die Idee, daß die Welt nicht so
bleibt, wie sie ist, daß sich etwas ändert. Mark Twain hat gesagt,
das Baseballspiel sei *das eigentliche Symbol, der offene, sichtbare*
Ausdruck für Treiben und Drängen und Rennen und Kämpfen.
Mit diesem Spiel wird der Keil zwischen Gegenwart und Zukunft,
zwischen Wirklichkeit und Möglichkeit so tief ins Erleben hin-
eingeschlagen wie durch nichts sonst.

Man sollte sich also nicht darüber beklagen, daß das Spiel, das
man gerade sieht, öde ist. Je weniger passiert, desto stärker wird
man über die Grenzen der Realität hinausgetrieben, desto stärker
lebt man in den Möglichkeiten, die einer anderen, besseren mögli-

chen Welt angehören. Sie wird kostenfrei mitbesucht, wenn man ein Baseballspiel sieht.

In anderen populären Mannschaftsspielen fällt diese andere mögliche Welt schwächlich aus. In ihnen gibt es Attraktionen, die das Auge bannen, die Aufmerksamkeit auf das, was auf dem Feld passiert, fixieren. Es gibt dort reihenweise Szenen, die man *gerne sieht*, weil sich darin technische Meisterschaft, spielerische Eleganz oder schiere Kraft zur Schau stellen: das Dribbling fern vom Tor beim Fußball; die flüssige Kombination beim Eishockey; die Ballbeherrschung beim Basketball; die Wucht, mit der die Spieler beim American Football übereinander herfallen. Die eigene Attraktivität dessen, was man sieht, nimmt der anderen Welt atemberaubender Möglichkeiten die Brisanz.

Nun kommt es natürlich auch beim Fußball zu brenzligen Situationen, in denen der Reporter sagt, daß ein Tor in der Luft liege (ein Tor also, das man auch nicht *sieht*). Diese Situationen sind aber chaotischer, unzuverlässiger, kurzlebiger als im Baseball. Hier bekommt die Chance selbst einen festen, aufdringlichen Platz – nämlich in Gestalt der Spieler, die schon draußen auf den *bases* stehen. Wenn sie sich dort lange Minuten für den Spurt zur nächsten *base* bereithalten, sind sie nichts anderes als Repräsentanten der virtuellen Welt im Stadion. Scheinbar haben sie schon etwas erreicht, doch dies ist null und nichtig, wenn sie den weiteren Weg nach Hause nicht schaffen und unverrichteter Dinge wieder in den Unterstand zurückkehren müssen. Ihre Existenz gewinnt Sinn nur aus der Zukunft, in der vielleicht einem Teamkameraden noch ein Treffer gelingt und sie endlich weiterrennen dürfen. Diese stabile Zurschaustellung der reinen Chance gibt es nur im Baseball.

Wenn Michael Jordan Basketball spielte, mußte dies schön sein, um gut zu sein; wären seine Bewegungen plump gewesen, hätte er auch keinen Erfolg gehabt. Schönes mag es gelegentlich auch im Baseball geben. So wurde der 1999 verstorbene Joe DiMaggio in Nachrufen dafür gerühmt, seinen Sinn für Ästhetik nicht nur bei der Wahl seiner Ehefrau Marilyn Monroe, sondern auch beim Fangen von Bällen zum Ausdruck gebracht zu haben. Freilich machten diese Nachrufe zugleich deutlich, daß DiMaggio in dieser Hinsicht eine Ausnahmeerscheinung war. Ein Baseballspiel bietet nicht viel fürs Auge, es hält nicht den Trost bereit, den man aus einem schönen Spielzug schöpft, mag er unter Umständen auch unergiebig sein. Es handelt sich um ein trostloses Spiel. Darin kann man aber auch einen Vorzug sehen. Denn jeder Trost ist natürlich ein fauler Trost. Man wird abgespeist mit etwas anderem, statt das Echte zu bekommen. Wenn man sich im Augenschmaus verliert, wird man abgelenkt vom Unsichtbaren, das in der Zukunft liegt. Im Baseball kann es jederzeit seinen großen Auftritt haben – bei jedem einzelnen Wurf, über hundertmal pro Spiel. Nirgends sonst ist der Kontrast größer zwischen dem, was passiert, und dem, was passieren könnte – zum Beispiel dem Schlag über den Stadionrand. Baseball ist das einzige Spiel, in dem man dafür honoriert wird, ein Spielgerät aus dem Stadion zu entfernen. Die Grenzverletzung ist Planziel.

Stellen wir uns vor, wir seien im neunten, also letzten Durchgang eines Spiels und die Heimmannschaft liege 0:3 hinten; drei Punkte Rückstand sind im Baseball eine Menge. Immerhin haben sich die Spieler dieser Mannschaft im letzten Durchgang schon auf alle drei *bases* vorgearbeitet. Nun steht ihr allerletzter Schlagmann an der *home plate*. Was ist das Bild, das man sieht? Draußen an den Ecken des *diamond* sieht man Spieler herumstehen, unruhig, aber auch untätig, scheinbar arbeitslos. An der *home plate* starrt der Schlagmann dem Werfer entgegen. Der hat auch nicht viel zu tun. Ihm würde es reichen, drei Bälle in die Trefferzone zu werfen, die vom Schlagmann verfehlt würden, und er könnte als Sieger vom Platz gehen. Nichts Ansehnliches wäre passiert, das Spiel wäre vorbei.

Bemerkenswert ist, was man nicht sieht: die unerhörte Möglichkeit, die in diesem Moment liegt, die außerordentliche Zukunft, für die alles nur als Vorbereitung dient. Die öde Szenerie ist der Stachel, der die Phantasie anreizt. Alles spitzt sich zu auf einen Moment. Der Ballwurf. Das helle Krachen, mit dem das Holz den Ball trifft und in die Ferne drischt. Der lange Flug. Der Jubel. Die Spieler auf dem Weg nach Hause. Vier Punkte. Das Spiel gewonnen.

Aber was hätte man gesehen, wenn es tatsächlich so gekommen wäre? Doch wiederum nicht allzu viel. Ein Ball wäre weit geflogen, ein paar Leute auf dem Feld hätten sich gemächlich bewegt. Einen erhebenden Anblick, der zeigt, wie der menschliche Körper sich im Sport hervortut, kann man das nicht nennen.

Wenn der Bauch über dem strammgezogenen Gürtel herausquillt, beeinträchtigt dies das Renommee eines Baseballspielers in keiner Weise. Im Jahr 1998 haben zum Beispiel zwei Baseballspieler epochale Leistungen vollbracht: Mark McGwire von den *St. Louis Cardinals* brach den jahrzehntealten Rekord für die meisten *home runs* in einer Saison, David Wells von den *New York Yankees* gelang ein sogenanntes *perfect game*, hat also als Werfer das Kunststück fertiggebracht, in einem ganzen Spiel keinem einzigen Gegenspieler auch nur den Weg zur ersten *base* zu erlauben. Beide Helden würden vom Aussehen her besser ins Wirtshaus oder an eine Tankstelle passen als ins Stadion. Die Faszination von Baseball liegt jenseits der physischen Erscheinung der Spieler. Das heißt, kurz gesagt: Baseball ist nichts anderes als ein *meta-physisches* Spiel. Die physische Welt, die man wahrnimmt, ist nur interessant als Sprungbrett, das in eine andere führt.

In seinem Roman *Unterwelt* beschreibt Don DeLillo den Moment davor, wenn *alle auf den Werfer warten*, dessen *Gesicht (...) eine einzige Vorahnung* ist. Und *der Unterschied kommt, wenn der Ball geschlagen wird. Dann ist nichts mehr wie zuvor. Die Männer geraten in Bewegung, springen aus der Hocke auf (...). Und auch die Menge befindet sich in diesem verlorenen Raum, die Menge, die sich in jener Tausendstelsekunde wandelt, wenn der Schläger und der Baseball aufeinandertreffen.* Der Reiz dieses Spiels liegt in der Erfahrung, mit der DeLillo seine Beschreibung beginnt: in einem Leben, das *eine einzige Vorahnung* ist. Zu ihm gehört ein Zeitgefühl, das all denen fernsteht, die ganz in der Gegenwart leben, von der Zukunft nur die Wiederkehr der Vergangenheit erwarten oder sich vom Strom der Zeit treiben lassen. Anthony Bartlett Giamatti, ein Literaturprofessor, der zunächst zum Präsidenten der *Yale University*, dann (noch besser!) zum Präsidenten der *National League*, einer der zwei obersten amerikanischen Baseball-Ligen, aufstieg, sagt: *Jedes Spiel beginnt von neuem – jedesmal wenn der Werfer wirft und der Schlagmann schwingt.*

+++

Das, was möglich ist, macht den Spielern ihre Existenz erträglich, die doch üblicherweise eine Kette von Demütigungen ist. Viele warten Monate auf einen *home run* oder bestreiten ein ganzes Spiel, ohne jemals den Ball zu treffen. Dem Scheitern werden großzügige Möglichkeiten eingeräumt in diesem Spiel. So darf, wie vorhin erwähnt, der Werfer viermal an der Trefferzone vorbeiwerfen; erst dann schenkt er dem Schlagmann den *walk*, der ihn ohne dessen eigene Leistung zur ersten *base* bringt. Umgekehrt genügen dem Werfer schon drei Treffer, um seinen Gegner in den Unterstand zurückzuschicken. Der Weg zum Erfolg ist kürzer als der zum Scheitern.

Das heißt freilich auch, daß lange Phasen des Spiels eben dem Scheitern gewidmet sind. So ist der Alltag des Baseballspielers, der in der Saison fast jeden Abend stundenlang im Stadion zubringt, ziemlich eintönig – aber doch nicht wie der des Fabrikarbeiters, bei dem sich tagein, tagaus die Handgriffe wiederholen, eher vielleicht wie der eines Menschen, der das Lottospiel in Akkordarbeit betreibt. Anders als beim Lotto hat man es beim Baseball aber selbst in der Hand, den Treffer zu erzielen.

Wenn dem Scheitern viel Raum gegönnt wird, so sind umgekehrt dem Gelingen auch keine Grenzen gesetzt. Nicht nur darf man den Ball nach Belieben weit schlagen. Wenn alle Spieler einer Mannschaft ohne Unterlaß träfen, wenn keiner von ihnen je ausschiede, dann nähme der große Reigen an der *home plate* gar kein Ende. Ein Baseballspiel kann theoretisch unendlich lange dauern – getreu der Empfehlung Shakespeares: *Zeit sei dein,/ Und eigne Zierde; nutze sie nach Lust!* Dieses Spiel kennt keine Fristen, es wird nicht in Minuten gezählt. Zeit ist im Baseball, wie A. Bartlett Giamatti bemerkt hat, tatsächlich eine *grenzenlos verfügbare Ressource: Wie das Wasser und die Wälder, wie unser Land selbst ist die Zeit anscheinend immer verfügbar.*

Die Verfügbarkeit der Ressourcen in diesem Land hält viele Amerikaner in anderen Lebensbereichen davon ab, ökologische Probleme ernst zu nehmen. So ist auch Baseball in gewissem Sinne unökologisch: Dieses Spiel hält sich nämlich nicht an die Regeln, die im Haushalt *(oikos)* der Natur für das menschliche Leben vorgesehen sind. In dieser Spielwelt wird die schmerzlichste Grenze, die dem Leben sonst gesetzt ist, einfach aufgehoben: die Zeit.

Zwar steht Baseball mit dieser Unendlichkeit nicht ganz allein. Auch ein Tennis-Match kann theoretisch endlos dauern, wenn nur kein Spieler in der Lage ist, die entscheidenden zwei Punkte Vorsprung herauszuschlagen. Diese Unendlichkeit im Tennis tritt aber nur in dem Fall ein, daß ein Spiel ohne Unterlaß auf des Messers Schneide steht. Dagegen kann die Unendlichkeit im Baseball auch durch jubilierendes Gelingen zustandekommen: Wenn nur immer alle treffen, nimmt das Spiel einfach kein Ende. Ein Baseballspiel kann 1:0 ausgehen, aber – *theoretisch* – auch 1000:0 oder 800:798. (Es ist wohl überflüssig zu sagen, daß solche Ergebnisse nie wirklich vorkommen. Es geht ja gerade nicht um Wirklichkeit, sondern um Möglichkeit.)

+++

Wo wäre eine Debatte über die virtuelle Realität von Baseball besser aufgehoben als in *Science fiction*?

Einer der Helden der Fernsehserie *Star Trek* ist *Lieutenant Commander Benjamin Sisko*. Er befindet sich am Rand des Weltraums, in *Deep Space Nine*, und hat den Auftrag, auf dem vom Krieg heimgesuchten Planeten *Bajor* Ordnung zu schaffen. Dort gerät er irgendwann in die Verlegenheit, einem *alien* erklären zu müssen, wer er ist und woher er kommt. Sisko beginnt zögernd:

– *Wir gehören sehr verschiedenen Gattungen an. Es wird eine Zeit dauern, bis wir uns verstehen.*

Auf diese Feststellung reagiert der *alien* freilich schon verständnislos:

– *Zeit. Was ist das?*
– *Man kann sagen,* so erklärt daraufhin Sisko, *daß ein Mensch letztlich die Summe seiner Erfahrungen ist.*
– *Erfahrungen – was ist das?*
– *Erfahrungen* seien, so sagt Sisko dann, *Ereignisse aus meiner Vergangenheit.*
– *Vergangenheit?*
– *Dinge, die früher als jetzt passiert sind. (...)*
– *Was* früher *als jetzt passiert ist, unterscheidet sich*, so wendet der *alien* ein, *nicht von dem, was jetzt* ist *oder noch kommt. Es ist Existenz. (...)*
– *Dann gibt es für dich also gar keine lineare Zeit,* stellt Sisko verwundert fest.

- *‚Lineare Zeit' – was ist das? (…)*
- *Meine Art*, so sagt Sisko schließlich, *lebt an einem bestimmten Punkt in der Zeit. Und wenn wir über diesen Punkt hinausgehen, wird er zur Vergangenheit. Die Zukunft – all das, was noch kommt – existiert für uns noch nicht. (…) Das ist das Wesen linearer Existenz. Jeder Tag beeinflußt den nächsten.*

Bei seinen angestrengten Bemühungen, das Wesen des Menschen und der linearen Zeit zu erklären, verfällt Sisko schließlich auf ein anschauliches Beispiel: Baseball.

- *Ich werfe den Ball. Und dieser andere Spieler steht da mit einem Schläger und versucht, den Ball zu treffen. (…) Die Regeln sind nicht wichtig. Wichtig ist: es ist linear! (…) Jedes Mal, wenn man diesen Ball dem anderen zuwirft, können in diesem Spiel hundert verschiedene Dinge passieren. Er mag durchschwingen und daneben schlagen oder treffen. Der entscheidende Punkt ist, daß man das vorher nie weiß. Man versucht, den nächsten Zug zu erahnen, so gut wie möglich eine Strategie zu entwickeln für all die Möglichkeiten, die sich ergeben könnten. Aber am Ende läuft die Sache darauf hinaus, daß man einen Ball nach dem anderen wirft und schaut, was passiert. Mit jeder neuen Folge beginnt das Spiel Form anzunehmen.*
- *Und du hast keine Ahnung, wie diese Form aussieht, solange sie noch nicht vollendet ist?*
- *Das ist richtig*, sagte Sisko mit wachsender Begeisterung: *In der Tat würde sich das Spielen gar nicht lohnen, wenn man wüßte, was dabei herauskommt. (…)*
- *Du schätzt die Unwissenheit über das Kommende?*
  Sisko nickte und brachte das, was er sagen wollte, zum Abschluß.
- *Das mag das Wichtigste sein, was man beim menschlichen Wesen zu verstehen hat. Das Unbekannte bestimmt unsere Existenz. Wir sind immer auf der Suche – nicht nur nach Antworten auf unsere Fragen, sondern auch nach neuen Fragen. Wir sind Erkundende. Wir erkunden Tag für Tag unser Leben, und wir erkunden den Weltraum.*

Die Umstände für diese Debatte zwischen Mensch und *alien* sind in ihrer Doppelbödigkeit besonders reizvoll: Innerhalb einer virtuellen Welt, die sich der Mensch ausgedacht hat, verteidigt er eben die Idee, daß es so eine virtuelle Welt gibt, gegen einen (von ihm erdachten) Fremden, der davon nichts zu halten scheint. Er verteidigt seine Fähigkeit, sich andere Welten auszudenken – unter anderem eben auch die, in der er nun auf diesen Fremden trifft, mit dem er über Baseball debattieren muß.

Baseball ist die Schule, in der Amerikaner lernen, von Möglichkeiten besessen zu sein. Angesichts dieser Besessenheit ist es kein Wunder, daß dieses Land anderen überlegen ist, wenn es um die Entwicklung neuer Technologien geht, die virtuelle Welten schaffen und ausnutzen. (Der Golfkrieg bot die Zusammenführung von Kriegstechnik und Virtualität.) Die künstliche Realität ist den Amerikanern so vertraut, daß man sagen könnte, sie sei ihr wahres Zuhause, ihre *home plate*.

+++

Die Faszination für die künstliche Realität, für eine neugemachte Welt hat ihre Quelle in der Vorliebe für einen ganz bestimmten *Wahrheitsbegriff*. Natürlich kennen die Amerikaner auch die Wahrheit von Aussagen, natürlich wissen auch sie: Es ist wahr, daß der Mond um die Erde kreist und daß zwei mal zwei vier ist. Das ist so klar, daß es schon wieder langweilig ist. Viel interessanter ist doch, wenn sich etwas *bewahrheitet*, wenn zum Beispiel ein Traum *wahr wird*. Um dieser *Wahrheit* willen hat John F. Kennedy seinerzeit davor gewarnt, sich auf die *Klischees* der *Vorfahren* zu verlassen (vgl. S. 44).

Wer von Wahrheit redet, verweist gern auf Fakten; was aber, wenn man Fakten schafft? Der Pragmatist William James hat die passende Formel für den dazugehörigen Wahrheitsbegriff erfunden, als er verkündete, daß der feste Glaube an etwas helfen werde, Fakten zu schaffen: *Your belief will help create the fact*, sagte er im Jahr 1897, und damit hat er der *self-fulfilling prophecy* einen ganz unverächtlichen Sinn gegeben. Ralph Waldo Emerson meinte: *Das Größte ist es, (...) für die Welt das Beste zu hoffen, denn wer dies tut, verläßt die Welt der Erfahrung und schafft erst die Welt, in der er lebt.*

Eine solche geschaffene Wahrheit und Wirklichkeit ist abhängig von etwas anderem: vom Willen, sich vorzustellen, was dadurch erst Realität wird. Je stärker der Wille, desto wahrheitsfähiger wird er. Letztlich orientiert sich dieses Modell der Bewahrheitung an demjenigen, der produziert, am Menschen als Macher, am *homo faber*. Die Fakten, die er schafft, ergeben eine gemachte Welt, und in ihr lebt der ,gemachte' Mann – oder die ,gemachte' Frau. Und wer die Koordinaten seines Lebens selbst vorzeichnet, darf dann ,selbstgemachter' Mensch heißen, was freilich plumper klingt als im Englischen der *self-made man*. Die höchste Erfüllung des *self-made man* besteht am Ende darin, sich eine *self-made world* zu Füßen zu legen.

Was als Orientierung am Machbaren ganz pragmatisch und bodenständig anfängt, findet seine Steigerung im kreativen Exzeß, im schieren Schaffen künstlicher Welten, die doch alles andere als handfest sind. Da genau zeigt sich am amerikanischen Wahrheitsbegriff ein heikler Punkt: Eine *Wahrheit*, die man *machen* kann, hat schon etwas Beunruhigendes, Unzuverlässiges. An all den *geschaffenen Fakten* nagt der Verdacht, daß sie vielleicht doch nicht wirklich sind, sondern ,nur Mache'. Leicht verrutschen diese Fakten zu Fiktionen. Wer die Welt gestalten will, wünscht sich zwar, sie sei aus Wachs. Und doch will man nicht in einer wächsernen Welt leben; in ihr kommt die Angst auf, alles sei Simulation – eine Angst, die doch genau durch den eigenen Machbarkeitswahn geschürt wird.

Jüngst hat die Architekturkritikerin Ada Louise Huxtable bemerkt, daß *Ersatzerfahrungen und künstliche Szenarios* geradezu zum *bevorzugten ,way of life'* in Amerika geworden seien. Manchmal ist es offenbar am einfachsten, die Welt zu lassen, wie sie ist, und sich in eine Scheinwelt zu verziehen – zumal wenn man darin geübt ist, sie zu ,machen'. Diese Wendung zum Künstlichen ist aber nur die halbe Wahrheit. Denn wo der Schein grassiert, wird auch das Echte zum Kult. Gerade deshalb, weil die Amerikaner sich in Scheinwelten besonders virtuos herumtreiben, sind sie auch besessen vom Authentischen. Ein Extrem düngt das andere. Neben Hollywoodisierung und Kalifornisierung steht die Suche nach dem echten Leben, die in Amerika keine bloße Mode ist, sondern eine lange Tradition hat: Sie beginnt bei Henry David Thoreau, der am *Walden Pond* das *Mark aus dem Leben saugen wollte*, führt weiter zu John Muir, dem Pionier des Naturschutzes im kalifornischen Yosemite-Nationalpark, und sie endet bei Jedediah Purdy, der in seinem Buch *For Common Things* gerade erst eine Streitschrift gegen ironische Leichtlebigkeit und für *Authentizität* geliefert hat.

Die amerikanische Lust am Schweben durch künstliche Realitäten hat eine (nicht minder amerikanische) feindliche Schwester: die Angst vor Schein und Weltverlust. Die Geschichte der Vereinigten Staaten ist auch eine Geschichte des Wechsels zwischen Gestaltungslust und Verlustangst, und der neueste *run* auf *virtual reality* ist nun deshalb so interessant, weil sich an ihm beides zu erkennen gibt: die Lust daran, sich eine Welt zurechtzumachen, und die Angst, das zurechtgemachte Leben sei doch nicht echt.

Diese Lust und diese Angst sind die ständigen Begleiter der künstlichen Realitäten, Scheinwelten und Simulationen – wo auch immer man sie antreffen mag: in Vergnügungsparks, in Großstädten, in der U-Bahn, im Kino oder am Computer.

+++

Oft geht es in der künstlichen Welt einfach nur um die gute *Show*. Geboten werden Kompensationen für den tristen Alltag. Kritiker der Konsumkultur sehen hinter den künstlichen Inszenierungen unbegrenzter Möglichkeiten eine Strategie am Werk, mit der die elende Wirklichkeit Amerikas übertüncht werden soll. Sie sehen nicht in erster Linie die Macher, die mit Möglichkeiten wuchern, sondern diejenigen, die von dem schnöden Sein in den schönen Schein gelockt werden. Folgt man dieser Lesart, sind die künstlichen Welten nichts anderes als ideologische Konstrukte. Kommunisten sind bekanntlich überzeugte Anhänger einer Ideologiekritik solcher Art. Manche von ihnen haben sich gar nach Amerika gewagt.

Im Jahre 1906 kommt Maxim Gorki nach New York und ist umgehend entsetzt. Er trifft auf Menschen, die *in trauriger Selbstverblendung glauben, sie seien die Herren ihres Geschicks.* Das Träumen von unbegrenzten Möglichkeiten stellt sich Gorki geradezu als Effekt einer Massenhypnose dar. In den *Augen dieser Menschen* erkennt er keinerlei *innere Freiheit: Diese Energie ohne Freiheit erinnert an den kalten Glanz eines Messers, das noch nicht stumpf geworden ist. Das ist die Freiheit blinder Werkzeuge in der Hand des Gelben Teufels, des Goldes.*

Im Park hinter der Straße voll hastender Menschen entdeckt Gorki ein Denkmal, eine Bronzefigur, die erstarrt, *bedrückt* scheint von den Gedanken: *War es ein solches Leben, das ich schaffen wollte? (...) Haltet ein! Das ist kein Leben, das ist Wahnsinn!* Nirgends sonst habe er, so erklärt Gorki, Menschen gesehen, die zugleich so *versklavt* und so *tragikomisch selbstzufrieden* seien. Die Ideologie hat gesiegt, die Scheinwelt funktioniert, und ihre Hauptstadt findet Gorki in *Coney Island.*

Man fährt lange mit der Elektrischen (...), ehe sich die blendende Herrlichkeit von Coney Island zeigt: der erste Vergnügungspark der Neuen Welt, ein gigantischer Rummelplatz, eine *lichterfunkelnde Phantasiestadt.* Wer dort ankommt, ist – so bemerkt Gorki – *sogleich überwältigt, man hat ihm mit dem Glanz das Bewußtsein erdrückt, die Gedanken aus seinem Kopf gejagt* und bietet ihm Glück in allen Spielarten feil. *Die Vergnügungen sind ohne Zahl*, geboten werden Gondeln in allen Variationen, eine Höllenfahrt durch Pappmaché, Elefanten aus Holz, ein Engel an dünnem Draht, abgestumpfte Bengaltiger, Affenmutter und -kind, die vom Publikum geprügelt werden. Angewidert wendet sich Gorki ab von dieser künstlichen Welt, in der die Menschen *geblendet* werden und *entzückt und schweigend das billige Gift* trinken, *das ihnen die Seele ertötet.* Und *irgendwo tief innen ist eine wogende, saugende Leere, aus der plötzlich etwas Unklares, Beunruhigendes, ja Furchtbares aufbrechen kann. Der Mensch fühlt die Möglichkeit einer Frage in sich, und das ruft sofort den instinktiven Wunsch hervor, ihr auszuweichen.*

Gorkis Kritik an der Mischung aus elendem Alltag einerseits, kurzem Rausch und simuliertem Glück andererseits könnte eindrucksvoller kaum sein. Und doch gibt es einen seltsamen Unterton in seiner Tirade, einen verstiegenen Anspruch. Er träumt nicht nur vom Ende des Elends, sondern letztlich vom Ende der *show.* Den Menschen erteilt er den Auftrag, aus dem Spiel der Illusionen auszusteigen und ganz auf sich selbst zurückzukommen. Da *tief* drinnen pocht er auf die menschliche *Seele*, und für sie muß in Gorkis Zukunftsvision ein Programm wahrer Freude vorgesehen sein. Irgendwann soll es dann vielleicht nur noch echte, gute, schöne Vergnügungen geben. Dies ist allerdings eine beklemmende Aussicht für diejenigen, die weiter Karussell fahren wollen, sich ihre Verspieltheit nicht nehmen lassen und nichts davon halten, daß die Seelentiefe rund um die Uhr lebensleitend wird.

Am Ende haben die Amerikaner den Europäern vielleicht sogar die Einsicht voraus, daß gerade das Pathos der Echtheit auf Gedeih und Verderb angewiesen ist auf sein Gegenstück, den Exzeß des Künstlichen. Manche Amerikaner mögen sich auf der Fassade, auf der Oberfläche so sehr zu Hause fühlen, daß sie gar nicht mehr wissen, was dahinter steckt – ja, daß sie die Frage danach gar nicht mehr verstehen. Doch selten funktioniert diese künstliche Realität, dieses Leben als Fassade ganz ohne Hintergedanken – bestünden sie auch nur in der dumpfen Befürchtung, daß irgendwo dahinter oder darunter das schreiende Elend herrschen könnte. Diese Hintergedanken werden umso aufregender, je aufdringlicher der Vordergrund ist.

Wer über die Oberflächlichkeit in Amerika schimpft, sollte nicht vergessen, daß durch sie die Verführungskraft dessen, was dahinter ist, enorm gesteigert wird. Das Künstliche verweist auf das Echte, aber ebenso ist das Echte angewiesen auf sein Gegenstück, das Künstliche. Sam Mendes' großartiger Film *American Beauty* mit Kevin Spacey und Anette Benning handelt von einem ins Extrem gesteigerten Überdruß am Schein, einer Suche nach dem Echtem, das doch selbst nichts als eine große Phantasie ist. Das ist Hollywood, der Hauptstadt der Scheinwelt, fünf Oscars wert. So schließt sich das Bild.

+++

Der holländische Architekt und Manhattan-Liebhaber Rem Koolhaas ist ein Bewunderer des großen, alten Vergnügungsparks von *Coney Island*, den Maxim Gorki so gehaßt hat (und von dem heute nur noch das verrostete Gerüst einer Achterbahn steht). Gorki findet bei ihm keine Gnade, er hält nichts von dessen *Vorurteilen* gegen die Experimente einer *phantastischen Technologie*, mit denen die *Diskreditierung* der schnöden *Wirklichkeit* betrieben werden kann.

Koolhaas beklagt sich nicht über die Tricks, mit denen den Menschen Zufriedenheit vorgegaukelt wird, ihn interessiert nicht die kapitalistische Gehirnwaschanlage, sondern das künstliche Paradies. Die Schöpfer von *Coney Island* lobt er dafür, der Lust auf eine neue Welt gefrönt und sich nicht um Umwelt und Umstände geschert zu haben. Darin waren sie Geistesverwandte der italienischen Futuristen, die proklamierten, *daß unter Architektur die*

Anstrengung zu verstehen sei, *die Welt der Dinge als eine direkte Projizierung der Welt des Geistes wiederzugeben.* Koolhaas nimmt Architektur als Instrument, mit dem der Mensch seinen Projektionen und Phantasien freien Lauf lassen kann.

Im *Coney Island* vom Beginn des 20. Jahrhunderts sieht er schon ein *Manhattan im Embryonalstadium*, und das ausgewachsene Manhattan ist für ihn dann die Krönung Amerikas, eine sich permanent ändernde *Maschine, die wunschgemäße Formen menschlichen Verkehrs hervorbringt und verstärkt.* Manhattan – das ist für ihn ein *Laboratorium*, in dem *großstädtisches Leben erfunden und getestet* wird, ein *kollektives Experiment*, in dem die ganze Stadt *eine Fabrik menschengemachter Erfahrung wird* und wo *das Reale und das Natürliche aufhören zu existieren.* Nach Koolhaas steckt dahinter eine gestandene *Theorie*: der sogenannte *Manhattanismus*, dessen Programm darin besteht, *in einer Welt zu leben, die total von Menschen hergestellt ist – und das heißt: innerhalb der eigenen Phantasie zu leben.*

Nicht nur die virtuelle Computer-Welt ist künstlich, sondern schon die Welt von Manhattan. Nichts ist einfach schon da, alles ist entworfen, inszeniert, gebaut, gemacht. Insofern funktioniert Manhattan auch anders als zum Beispiel Las Vegas. Mit den Hotels und Casinos dort wird vor allem eine gute Kopie geboten: von New York, Paris, Venedig, der Pyramide, der Schatzinsel. So ist die Künstlichkeit gebrochen: In Las Vegas merkt man dauernd, daß es noch eine andere Welt gibt, denn der Eiffelturm ist kleiner, das Wasser im Canal Grande sauberer als in Wirklichkeit, ganz zu schweigen von den Spielautomaten in der Pyramide. Manhattan ist nicht Kopie, sondern Original. Hier verweist nichts noch auf anderes, hier gibt es für die Künstlichkeit selbst keinen Ersatz. Man muß gar nicht mehr mühsam betonen, was alles machbar ist, man hat sowieso nur mit Gemachtem zu tun – und wird so zum Mitglied einer künstlichen Welt.

Die schlimmste Demütigung, die man New Yorkern zumuten kann, ist der Hinweis darauf, daß ihre künstliche Welt nicht alles ist, sondern aufsitzt auf einem Wust von Ungewolltem, Ungemachtem, Kunstlosem: auf Natur. Wenn es Streit gibt zwischen New York und dem Umland, dann wird die Stadt immer wieder solchen Demütigungen ausgesetzt und zu unsanften Landungen gezwungen. So hat sich zum Beispiel der Staat Virginia darüber beschwert, immer neue Müllkippen für den Abfall aus der Metropole anlegen zu müssen, woraufhin der New Yorker Bürgermeister erbost erklärte, solche lächerlichen Bagatellen seien doch im Vergleich zu der Strahlkraft der Metropole nicht der Rede wert. Jene Beschwerde ist für New Yorker ein Affront, denn wo ihre Welt am besten funktioniert, ist vergessen, daß es Müll überhaupt gibt. (Und es gibt ihn doch.)

+++

Die New Yorker U-Bahnen erlauben ihren fanatischsten Passagieren einen billigen Ausflug in die künstliche Realität. Da der Steuerplatz des Zugführers an der Spitze nur die halbe Zugbreite einnimmt, bleibt im ersten Wagen der Blick nach vorn für den Fahrgast frei. Die Fahrt beginnt, man preßt sein Gesicht auf die Frontscheibe und ist ganz Auge. Nirgends ist die Welt künstlicher als hier, unter der Erde. Nichts ist einfach schon da. Was man sieht, wird erst künstlich sichtbar durch Scheinwerferkegel. Festgeklammert an Haltestangen spürt man die Vibrationen des Waggons, die Schläge der Schwellen. Die Bewegungen der Maschine bestimmen den Rhythmus der eigenen Existenz.

Die Künstlerin Martha Rosler, die mit Fotoserien über die künstliche Welt von Flughäfen bekannt geworden ist, erzählt, daß sie genau so *aufgewachsen* ist: *hinter den Vorderfenstern von New Yorker U-Bahnzügen, phantasierend von Flügen durch Tunnel ohne Hindernisse, ohne Anstrengung.* Mit ihren Lichtern und Reflexen verwandeln sich die Tunnelwände für den Betrachter in ein virtuelles Panorama, und die rasende, ratternde Fahrt, in der man sich auf die traumwandlerische Steuerkunst der Schienen verläßt, wird zum Vorbild für ein perfektes Videospiel: ein Rennkurs ohne Anecken, ohne Schleudern, ohne Unfall. Jodi Hauptman, Kunsthistorikerin und Bewundererin von Martha Rosler, meint gar, für kurze Momente, zwischen den Stationen, verwandle man sich in einen *Cyborg*, in eine Mensch-Maschine aus Metall, Fleisch, Sensoren, Augen.

Die Bremse greift, der Zug wird langsamer, fährt in den Bahnhof ein. Lichter überall. Menschen drängen heran. Der Traum ist vorbei. Für diese künstliche Realität gilt der Minutentakt.

Wer nach einem Medium für die perfekteste Welt-Simulation sucht, landet – vorerst noch – beim Kino, und deshalb ist das Kino auch zu ‚der‘ amerikanischen Kunstform schlechthin avanciert. Schon im Jahre 1913 schrieb der Philosoph Georg Lukács, die Devise *Alles ist möglich* sei *die Weltanschauung* des *Kino*. Mit gleichem Recht kann man sagen, ‚Alles ist möglich‘ sei die Weltanschauung Amerikas, und so bildet dieses Land mit dem Kino ein unzertrennliches Paar.

Natürlich ist es gerade das Kino, in dem Filme gezeigt werden über die Lust-Angst, von der die künstlichen Realität in Amerika besetzt ist. Der Schein wird genossen, die Echtheit vermißt, manchmal ist dieses Echte aber nur halb so schön wie der Schein. Die Filmgeschichte ist voll von Filmen über dieses Dilemma, am Ende des 20. Jahrhunderts waren sie besonders zahlreich und erfolgreich. Sie hießen u. a. *Matrix, Truman Show, EdTV, eXistenz, Wag the Dog.* Der Film *Matrix* von Larry und Andy Wachowski war der raffinierteste aus dieser Reihe.

Neo (der ‚Neue‘), gespielt von Keanu Reeves, arbeitet bei einer großen Computerfirma, in seiner Freizeit treibt er sich als Hacker im Netz herum. Manchmal ist er sich *nicht sicher, ob er wach ist oder träumt*, er mag *die Vorstellung nicht*, daß er *keine Kontrolle* über sein Leben hat, und trifft im Netz auf *Morpheus*, von dem er sich Aufschluß verspricht über dieses unheimliche Gefühl, das ihn beschlichen hat. *Morpheus* erklärt, ihm sei *eine Welt über die Augen gezogen worden, die ihn für die Wahrheit blind* mache, und hilft ihm, aus dieser Welt, in der doch alles blendend funktioniert, auszusteigen. So landet *Neo* in der *wirklichen Welt*, im *Zuhause* von *Morpheus,* das sich als ein ziemlich schäbiges Boot, als eine Art Oldtimer-Raumschiff herausstellt. Und er begreift: Die Erde, die *wirkliche Welt* ist nach einer ökologischen Katastrophe zu einer Wüste geworden, von der er bislang noch nichts gesehen hat, weil eine anonyme Maschine – die *Matrix* – die Macht ergriffen hat und die Menschen ihr Leben innerhalb einer *neural-interaktiven Simulation*, einer *computer-generierten Traumwelt* führen läßt.

Dieser Konfrontation zwischen der scheinhaften und der echten Welt geht also eine ökologische Katastrophe voraus, die die Menschen selbst durch die Ausbeutung der Natur verursacht haben. Im Film heißt es, daß die Menschheit nicht wie jedes andere

Lebewesen *ein natürliches Gleichgewicht mit ihrer Umwelt ent-wickelt*, sondern sich *immer weiter vermehrt und vermehrt* hätte, *bis alle natürlichen Lebensgrundlagen zerstört* waren. Es gibt – so wird gesagt – nur einen Organismus, der dem Menschen in dieser Hinsicht gleicht: den *Virus*.

Erst als die natürliche Welt schon zugrunde gerichtet war, hat die *Matrix* eine Scheinwelt etabliert, in der der Menschheit genau jene Macht genommen wurde, deren selbst- und weltzerstörerische Tendenz sie zuvor unter Beweis gestellt hatte. So ist Macht in Ohnmacht umgeschlagen, ohne daß man jener doch einfach nachtrauern könnte.

Der Film *Matrix* folgt zunächst einem konventionellen Schema: Die Gegenüberstellung zwischen der scheinbar perfekten Kunstwelt und dem einfachen, echten Leben kennt man auch aus Aldous Huxleys *Schöner neuer Welt* und Ray Bradburys *Fahrenheit 451*.

Doch dazu kommt ein neuer Dreh: *Morpheus* und seine Getreuen verfügen nämlich ihrerseits über die Fähigkeit, sich in diese virtuelle Welt hineinzuversetzen, ihre Existenz dort zu simulieren. Das Spiel von Echt und Unecht ist auch ihr Spiel. Ihr wirklicher Körper verbleibt zwar im echten alten Raumschiff, aber in der Welt der *Matrix* agieren sie virtuell und nach Wunsch. Für den Besuch dort statten sie sich mit Kompetenzen aus, indem sie sich mit Computerprogrammen aufrüsten. Sekundenschnell können sie zum Beispiel ein Programm zum Steuern eines Helikopters in ihren virtuellen Kopf laden. Die Scheinwelt wird zur Bühne, auf der *Neo* und seine Freunde ihre persönlichen Allmachtsphantasien exzessiver denn je ausleben können. Wenn sie sich im *Cyberspace* austoben, wachsen sie über sich hinaus. Dort gibt es keine Naturgesetze, keine unaufhebbare Schwerkraft, sondern nur Regeln, die man – wie alle konventionellen Spielregeln – ändern kann, wenn man es nur unbedingt will. *Laß alles von dir abfallen*, sagt *Morpheus* zu *Neo*: *Befreie deinen Geist*. Die Emanzipation des Geistes vom Körper, die Idee, von der Platon, Christus und Descartes umgetrieben wurden, wird im virtuellen Raum erfahrbar.

Neo entschließt sich nun, mit *Morpheus* und den anderen innerhalb der *Matrix* gegen die *Matrix* zu kämpfen. Ihre Hauptgegner sind *Agenten*, die in der Scheinwelt nach Belieben die Rollen wechseln und *praktisch unbesiegbar* sind. *Neo* fällt in diesem Entscheidungskampf eine besondere Rolle zu. Ihm wird eine *Größe* zugeschrieben, *die ihn in unvorstellbare Höhen emporheben und irgendwann die ganze Welt ändern wird.* Sein Name erweist sich als Programm, wie ein Heiland verspricht er eine Neue Welt. Die Allmachtsphantasie verwandelt sich in eine Glaubensfrage, und der Kampf mit der *Matrix* wird, wie es sich bei rein geistigen Entscheidungen gehört, im Kopf entschieden.

Am Ende ist die Willensstärke *Neos* so groß, daß er mit einer Handbewegung die Kugeln der Agenten, die ihn töten sollen, stoppt, als hätte sich die Luft um ihn her zur kugelsicheren Weste verdickt. Er ändert die Welt-Regeln, und keine Natur ist mehr da, die sich dagegen sperren könnte. Seine sarkastische Botschaft nach dem Sieg lautet: *Ich weiß, ihr seid echt stolz auf die Welt, die ihr gebaut habt: wie sie funktioniert, welche netten kleinen Regeln es gibt und so weiter. Aber es tut mir leid, das sagen zu müssen: Ich habe beschlossen, ein paar Dinge zu ändern.*

Der Film *Matrix* ist ein Cocktail der wilden Sorte. Hätten sich die Wachowski-Brüder mit einem nostalgischen Protestfilm gegen das glatte, künstliche Leben begnügt und ein paar Aussteiger in einem ramponierten Raumschiff porträtiert, wo das Essen schlecht ist, wäre der Film ebensowenig ein Erfolg geworden, wie wenn sie nur eine weitere Version künstlicher Allmachtsphantasien geboten hätten. Auf die Mischung kommt es an: daß *Neo* die Schwerkraft aufheben kann, seine Gefühle aber authentisch sind. Das Basislager, das Reservat der Echtheit, mag zwar ein elender Ort sein, doch *Trinity*, *Neos* scheue Film-Freundin, meint ihre Küsse dort ernst. Künstliche Realität und wahres Leben bleiben unterscheidbar und behalten beide ihren Reiz (anders übrigens als beim Erfinder des Begriffs *Cyberspace*, in William Gibsons Roman *Neuromancer*). Und so gelingt es den Wachowskis, in ihrem Film zwei große amerikanische Sehnsüchte zu vereinigen: Echtheit und Allmacht. Das erste große Ziel ist der Ausbruch aus der Scheinwelt, der Zugang zum echten Leben, dieses aber wird kräftig versüßt mit der Spielfreude, die bei den *Stunts* in der virtuellen Welt aufkommt. Diese Doppelstrategie schützt vor einigen unangenehmen Fragen. Denn was taugte die Allmacht, wenn ihr Einzugsbereich eine reine Scheinwelt wäre? Und was brächte die Echtheit, wenn es uns ‚echt dreckig‘ ginge?

Beiläufig bringt der Film *Matrix* eine gewisse Demut zum Ausdruck: Wer der Allmacht am nächsten kommt, ist der heilandsgleiche *Neo*, und während ihm gewisse religiöse Privilegien zugeschrieben werden, müssen sich normale Menschen bei ihren Machtambitionen bescheiden. *Matrix* ist keine platte Feierstunde für die künstliche Realität. Dies ist vielmehr ein typisch amerikanischer Film über einen typisch amerikanischen Zwiespalt – das Schwanken zwischen Echt und Unecht.

+++

Weil die *virtual reality*, in die man sich heutzutage – diesseits von Hollywood – hineinversetzen kann, immer noch viel platter und dürftiger ist als die gute alte Wirklichkeit, ist auch das Repertoire der Aktionsmöglichkeiten begrenzt, das man dort einsetzen kann. Bei Computerspielen geht es jedenfalls meist nur um Rennen, Lenken, Starten, Landen, Springen, Schlagen, Schießen, Töten. Der Reiz vieler virtueller *settings* ist schnell erschöpft, und die Selbstbehauptung steht unter Wiederholungszwang – bis zum unvermeidlichen *game over*. Die Verkrampfung in der Ich-Perspektive gibt den Inszenierungen etwas Ödes.

DOOM hieß das Lieblingsspiel von Eric Harris und Dylan Klebold, den Schüler-Mördern an der *Columbine High School* von Littleton im Jahr 1999. *DOOM* gehört zu den sogenannten *First-Person- oder Ego-Shooter*-Spielen, die nach dem Prinzip ‚Ich-am-Drücker‘ funktionieren. Man blickt über das Visier einer Waffe auf die Welt. Solche Spiele werden auch von der US-Armee genutzt, um bei Soldaten in der Ausbildung die Hemmschwelle vor dem Schießen abzubauen. Ein Konkurrent für *DOOM* ist *Kingpin*, wo, folgt man der Firmenwerbung, die Wunden der Getroffenen graphisch besser dargestellt werden – *bis hin zur Austrittsöffnung der Kugel!* Wer die Knallerei nicht mag, hält sich lieber an das Autorennspiel *Carmageddon*, wo es für das Totfahren von Omas Punkte gibt. Gut die Hälfte aller amerikanischen *Teens* (rund 14 Millionen) spielt solche Spiele häufig oder gelegentlich.

Das ist gut für den IQ. Patricia Greenfield, Psychologieprofessorin aus Los Angeles, hat festgestellt, daß die Nutzung solcher Computerspiele den Intelligenzquotienten im Bereich der räumlichen Wahrnehmung, Strategieentwicklung und Problemlösung steigert. Wer seine strategische Kompetenz in dieser Form von künstlicher Realität stählt, treibt eine Fähigkeit ins Extrem, die im realen Spiel der Kräfte nachgefragt wird: die Rolle desjenigen, der sich durchsetzen und die Welt im Griff haben will. Manche führen ihr Leben wie einen Krieg, und Rücksichten werden nur im Ausnahmefall genommen.

Auf seiner Website verkündete Eric Harris: *DOOM wird Wirklichkeit werden*. Dort fanden sich auch Auszüge aus den Texten der deutschen Musikgruppe KMFDM. In nicht ganz makellosem Deutsch hieß es dort unter anderem: *Kein Mehrheit für die Mitleid*. Auf Harris' Website gab es einen Abriß seiner sogenannter *Philosophie*, in dem es hieß: *Ich glaube, daß etwas läuft, wenn ich es so sage. Ich bin das Gesetz. Wenn du das nicht magst, stirbst du. (…) Tote Leute können nicht viel machen, sie können zum Beispiel nicht NERVEN.* Hier rutscht das Normale ab ins Mörderische, doch die Abstände sind eng zwischen den virtuellen Spielereien, Harris' und Klebolds *Ego-Shooter*-Blick auf die Welt und dem Lebensplan von Karrieristen, die ihr Leben strategisch organisieren. *Soweit ich das sagen kann*, erklärte eine Kollegin der Mutter von Eric Harris nach dem fürchterlichsten Attentat der amerikanischen Schulgeschichte, *war diese Familie total, total normal.*

+++

Die bis heute beste Satire zum Thema *virtual reality* stammt von Mark Twain, heißt *Ein Yankee aus Connecticut an König Arthurs Hof* und erschien 1889. Dem *Yankee*, Mark Twains Titelhelden, widerfährt schon das, was die Reisenden heute im *Cyberspace* erwartet: eine *Wanderung der Seelen* und eine *Verschiebung von Epochen und Körpern.* Es verschlägt ihn ins 6. Jahrhundert und er traut seinen Ohren nicht, als er hört, daß er am nächsten Tag auf dem Scheiterhaufen verbrannt werden soll: *Meine Situation war, gelinde gesagt, ernst, ob ich sie nun träumte oder nicht. Denn aufgrund meiner alten Erfahrung mit der lebensnahen Intensität von Träumen wußte ich, daß es alles andere als ein Witz wäre, verbrannt zu werden, selbst wenn dies nur im Traum geschähe.* Trickreich überlebt der *Yankee* den Anschlag auf sein Leben, und dann macht er sich seine besondere Rolle zunutze, die mit der von *Neo*, dem *Matrix*-Helden, durchaus vergleichbar ist: Weil er nämlich von außen in diese Welt hineinkommt, verfügt er über unabhängige Ressourcen, und diese Überlegenheit kann er wirkungsvoll und machtbringend einsetzen. Der *Yankee* sieht *ein Betätigungsfeld* vor sich, *wie es größer nicht sein könnte*, und macht sich zum *Boss* einer *Menschenfabrik*, in der er die Leute, auf die er trifft, wie ein pädagogischer Computer-Kämpfer verwandeln will: *Ich hatte sozusagen den Finger am Knopf, jederzeit bereit, ihn zu drücken und diese mitternächtliche Welt in unbarmherziges Licht zu tauchen.* Diese Allmachtsphantasien bieten ein Vorspiel zum *Cyberspace* von heute, doch Mark Twain schildert auch die Schattenseiten der Allmacht.

Unbegrenzte Macht sei *einfach ideal*, läßt er den *Yankee* sagen. Wer am Drücker sitzt, ist in der Tat vor allen Reaktionen geschützt. Das heißt aber auch: Er erfährt nichts, bleibt, wie er ist, und kultiviert deshalb nichts als seine Borniertheit. Selbst wenn Einwürfe von außen kämen, müßte er sie doch schon deshalb abwehren, weil sie aus einer machtlosen Zone kommen, über die er sich erhaben fühlt. Der Preis der Macht ist die Dummheit.

Als Mark Twains *Yankee* in der mittelalterlichen Welt als *Boss* tätig wird, hat er schon eine ziemlich dümmliche Vorstellung davon, was zuallererst zu tun sei. Seine erste Amtshandlung soll zum Beispiel die Gründung eines *Patentamts* sein, ohne das er die Welt ganz unerträglich zu finden scheint. Zur Borniertheit paßt die Brutalität, und so begeht der *Boss*, als die mittelalterlichen Ritter von ihm genug haben, im Namen des Fortschritts Massenmord – mit Dynamit und Elektrozaun. Nach dem Gemetzel bemerkt der *Yankee* zufrieden: *Die Zerstörung des Lebens war eindrucksvoll. (...) Natürlich konnten wir die Toten gar nicht mehr zählen, denn es gab gar keine Individuen mehr, sondern nur noch einheitliches Protoplasma.*

Mark Twain – der Amerikaner! – hat mit seinem Buch über den *Yankee* am Artushof eine Satire gegen fortschrittsgläubige Imperialisten geliefert. Vor allem aber hat er die dunklen Stellen im *Cyberspace* aufgespürt, den es damals doch noch gar nicht gegeben hat.

Geschichte

Häßliches Washington +++ Amerika, du hast es besser (Goethe) +++ Die Lust am Wegwerfen +++ Der Radiergummi im Kopf des Managers +++ Geschichte ist Mumpitz (Henry Ford) +++ Vergessen als amerikanischer Traum +++ Geschichte im Lehrplan +++ Friedrich Nietzsche als Wahlamerikaner +++ Monumentale Vergangenheit mit kleinen Fehlern +++ Walter Benjamin in Texas +++ Der tiefere Sinn des Kaiserschnitts +++ Der kalte Krieg ist vorbei, der nächste Feind ist noch schlimmer

Das Beste an der *Mall*, der Regierungsmeile in Washington, D.C., sind die Kirschblüten im März. Die Architektur der dort aufgereihten Repräsentationsgebäude ist völlig mißraten. Geboten wird der Anblick immerdicker Säulen, immerplumper Treppen. Seltsamerweise merkt kaum ein Amerikaner, welch peinlichen Eindruck das steingewordene Aushängeschild der Weltmacht auslöst. Man pilgert stolz zu den *Memorials* der Präsidenten, die mal wie Tempel, mal wie Tresore aussehen; man schleicht ehrfürchtig in den Versammlungsraum des Repräsentantenhauses im *Capitol*, in dem ein ausgesucht geschmackloser Teppich den Entscheidungsträgern zu Füßen liegt. Um die wenigen modernen Gebäude, die das neoklassizistische Erscheinungsbild der *Mall* stören, gibt es heftigen Streit, nicht aber um den Rest.

Leicht erkennbar ist die Idee, die hinter dieser Bauplanung ursprünglich steckte: Die Amerikaner hatten es darauf abgesehen, sich symbolisch in die Tradition der Antike zu stellen. Wenn ihre eigene Geschichte auch kurz war, so war ihre Vorgeschichte doch lang; den Idealen der Antike blieb die Neue Welt gerade dann treu, als sie in der Alten Welt mit Füßen getreten wurden. Amerika sollte wie der verlängerte Arm der Antike wirken.

Doch wenn Thomas Jefferson damals richtig lag mit seiner Idee, Amerika als Land der Geistesgegenwart zu bestimmen (vgl. S. 74), dann darf dieses Land so vergangenheitsfixiert doch nicht sein. Eine Imitation des Alten muß hier eher störend wirken. (In der Tat wäre es auch ungerecht, würde man Jeffersons architektonisches Meisterstück, die *University of Virginia* in Charlottesville, als Imitat ansehen.) Gleichwohl hat der Neoklassizismus noch im 20. Jahrhundert einen Sieg nach dem anderen gefeiert: Unter der Präsidentschaft von Franklin Delano Roosevelt, dem man einen

Architekturgeschmack nahe bei Mussolini und Hitler nachgesagt hat, baute John Russell Pope in Washington zum Beispiel die *National Archives* und die *National Gallery of Art*. Daß Frank Lloyd Wright, der große Architekt der amerikanischen Moderne, gegen die *Meilen dorischer und korinthischer Säulen*, gegen die *Beleidigung* für das Auge und den amerikanischen Geist in der Hauptstadt seinerzeit bei Roosevelt protestierte, blieb folgenlos.

Das architektonische Antikenprojekt in Washington wirkt heute wie ein tonnenschweres Dementi der bewegten Politik, auf die Amerika sonst erpicht ist. Die Amerikaner, die sich zugute halten, mit ihrem Land etwas Einmaliges, ein Original geschaffen zu haben, kultivieren an dem Ort, wo sich die Weltmacht zur Schau stellt, die Kunst der Kopie. Diese ästhetische Einfallslosigkeit könnte zu der Vermutung anstiften, daß die politische Ordnung der USA ebenfalls einfallslos sei. Es sieht so aus, als wäre dieses Land in der weltgeschichtlichen Kette der Nationen doch nur eine – große – Perle neben anderen: festgeknotet, eingezwängt.

So ganz kann das aber nicht stimmen. Denn würden die Amerikaner dieses Bild von sich selbst haben, dann müßten sie damit leben, daß – innerhalb jener Kette – die anderen Perlen als Nachbarn direkt neben ihnen glänzen. Deren Anblick würde sich ihnen unweigerlich aufdrängen. Wenn die Amerikaner dann aber einen flüchtigen vergleichenden Blick z.B. auf die Pariser Regierungsbauten oder auch nur auf den Berliner Boulevard *Unter den Linden* werfen würden, wäre es schon um sie geschehen: Die optische Blamage wäre offensichtlich, die Erniedrigung für eine Nation, die sich über Konkurrenz erhaben dünkt, ganz unerträglich.

Warum sehen die amerikanischen Repräsentationsgebäude dann so mittelmäßig aus? Die einzig plausible Antwort lautet: Amerika zieht jenen demütigenden Vergleich einfach nicht. Dieses Land sieht sich doch nicht als eine einzelne historische Perle neben anderen, sondern schlägt sich aus der Kette der Vergangenheit heraus, definiert sich neu. Die neoklassizistische Geste hin zur Antike ist eine Geste ins Ungefähre, ausgeführt mit einem gewissen Desinteresse, einer gewissen Borniertheit. Daher rührt die mangelnde Qualität der Architektur. Das Antikenprojekt in Washington hat eine zweite, versteckte Botschaft: daß es nämlich auf den Vergleich, den historischen Zusammenhang mit der Alten

Welt überhaupt nicht ankommt. In der rückwärtsgewandten Ästhetik der Hauptstadt liegt, kaum verhohlen, die Bekräftigung, daß man sich für die Vergangenheit nicht interessiert.

+++

Goethe hat *Den Vereinigten Staaten* eine Lobeshymne gewidmet:

> *Amerika, du hast es besser*
> *Als unser Kontinent, (…)*
> *Dich stört nicht im Innern*
> *Zu lebendiger Zeit*
> *Unnützes Erinnern*
> *Und vergeblicher Streit.*

Und nochmal Goethe über Amerika: *Hier entwickelte sich die Maxime, (…) daß (…) da, wo man auf frischem Boden viele Glieder von allen Seiten her zusammenberufen will, möglichst unbedingte Tätigkeit (…) und freier Spielraum (…) zu vergönnen sei. (…) In der alten Welt ist alles Schlendrian, wo man das Neue immer auf die alte, das Wachsende nach starrer Weise behandeln will. (…). Vorsicht und Verbot helfen in solchen Fällen nichts; man muß von vorn anfangen.*

+++

Wer von vorn anfängt, darf nichts hinter sich haben. Das Desinteresse am Alten lebt sich im Wegwerfen aus. Mit knapp zwei Kilogramm Müll pro Person und Tag sind die Vereinigten Staaten weltweit führend. Üblicherweise schimpft man über die Wegwerfmentalität der Amerikaner und verweist auf den Überfluß an natürlichen Ressourcen, durch den sie dazu verführt werden; in der Tat fällt das Wegwerfen leicht, wenn es genug Platz für Müllkippen und genug Ressourcen für neue Produkte gibt. Insoweit muß man sich mit der Aussicht begnügen, daß auch dieses Land irgendwann an ökologische Grenzen stoßen wird, die das Prestige der Verschwendung beeinträchtigen werden. Doch das Wegwerfen in Amerika hat nicht ausschließlich mit ökologischer Leichtfertigkeit zu tun, es ist vielmehr mit einer höheren Weihe versehen.

Wer wegwirft, vollführt nicht etwa nur eine achtlose Geste, gibt nicht einfach etwas dem Verfall preis, was vielleicht noch der

Reparatur und der weiteren Nutzung hätte zugeführt werden können. Wer wegwirft, reinigt sich vom Alten. Was gerade noch gegenwärtig war, ist schon vergangen. Etwas zu lange zu behalten beleidigt den Geist der Bewegung. Wenn das Leben im Wandel ist, müssen sich auch die Dinge wandeln, die das Leben umgeben. Der bewegte Amerikaner befolgt Nietzsches Devise, Leben heiße, Sterbendes abzustoßen. Im Akt des Wegwerfens demonstriert er die Fähigkeit, das Vergangene abzuschütteln, sich selbst zu entrümpeln, er bekräftigt die eigene Gegenwärtigkeit. Müllvermeidung hat es in Amerika nicht nur deshalb so schwer, weil hier genug Platz ist, um den Müll unaufdringlich verschwinden zu lassen; sie paßt auch nicht zum Ideal der Bewegung.

Würde das Leben nicht eine Müllhalde hinter sich herziehen wie der Komet einen Lichtschweif, dann müßte der Amerikaner mißtrauisch werden gegen sich selbst. Denn das hieße, daß er zuviel behielte. Er geriete in den Verdacht, falsche Anhänglichkeiten zu pflegen. Vergangenes wird geradezu lästig in einer *Neuen Welt*, bei der – wie Walt Whitman 1867 schrieb – nicht wichtig ist, *was sie getan hat oder was sie ist,* sondern *was sie für die Zukunft bringt.*

+++

Alexis de Tocqueville *traf mal einen amerikanischen Seemann und fragte ihn, warum die Schiffe in dessen Lande so gebaut werden, daß sie nicht lange halten. Er antwortete mir, ohne zu zögern, daß die Navigationstechnik tagtäglich so schnelle Fortschritte mache, daß das schönste Schiff bald fast nutzlos würde, wenn es länger als ein paar Jahre hielte.*

Beliebt ist die Verachtung des Alten vor allem in den Branchen, wo es um Innovation geht. Dort ist altes Wissen ein Widerspruch in sich, und so empfiehlt heute der Unternehmensberater Tom Peters, Manager sollten sich einen *Radiergummi* ins Gehirn einbauen. Wenn man *neue, innovative Gedanken in seinen Kopf hineinkriegen* will, muß man erstmal *die alten wegbekommen,* und in der von ihm bevorzugten Ausdrucksweise, die sprachlichem Rülpsen gleichkommt, erklärt Peters: *GROSSE IDEE: Innovation = Radier-Lust. Große Idee: STRATEGIEPLAN FÜRS VERGESSEN. (...) Große Idee: NUR BEKLOPPTE FOLGEN REGELN.* Seine Empfehlung an leitende Manager lautet: *Erstel-*

len Sie eine Liste mit den zehn zentralen Überzeugungen, die in Ihrem Unternehmen oder Ihrer Abteilung gelten. Benennen Sie ein Projektteam, das jede dieser Überzeugungen systematisch attackiert.

Wenn jemand sich auf ein Handwerk versteht, ein Gebiet beherrscht, dann spürt man an ihm einen angenehmen Stolz: Da geht jemand auf in dem, was er tut, weiß, was er kann, und freut sich, wenn man sich auf ihn verläßt. Der Idealtyp dieses Menschen ist der Handwerker als Meister seines Fachs. Er läßt ein Auto an und lauscht dem Motorengeräusch den Schaden ab – so wie ein Dirigent aus einem Orchester das Instrument heraushört, das falsch spielt. Diese Souveränität funktioniert desto besser, je geschlossener die Welt ist, in der man sich bewegt. Weil diese Geschlossenheit in Amerika aber unerwünscht ist, hält sich auch die Reputation jenes Meisters in Grenzen. Die Tugenden, die er verkörpert, zählen nicht zu den höchsten in einer Welt, in der es darauf ankommt, aufzubrechen. Die Verklärung des Wegwerfens und Erneuerns in Amerika hat zur Folge, daß das, was alt wird und gut bleibt, einen schweren Stand hat. Die Kunst des Reparierens ist fast schon eine Sache für Freaks (wie vor Jahren an Robert Pirsigs Buch *Zen und die Kunst, ein Motorrad zu warten* deutlich wurde). Ein *typisches Merkmal der amerikanischen Landschaft* sei, so erklärte vor Jahren schon der Maler Fernand Léger, *die kaputte Landmaschine* am Straßenrand.

Und doch geht die Gleichung Alt = Veraltet nicht immer auf. Nicht alle Produkte werden – wie Software – in immer neuen Versionen angeboten, nicht alle haben ein Verfallsdatum. Vielleicht liegt immerhin in der Hingabe, mit der Amerikaner ihre *historic sites* und ihre Heckflossen-Autos pflegen, ein gewisses Mißtrauen gegen sich selbst. Manchmal scheint den Amerikanern ihre Bereitschaft, Vergangenes zu vergessen, wegzuwerfen oder zu zerstören, unheimlich zu werden. Dann schauen sie, erfüllt von befremdeter Ehrfurcht, auf Dinge, die länger halten.

Im Berufsleben hat die Bewunderung für das Alte, die Hinwendung zum Vergangenen allerdings einen schweren Stand. Der wirtschaftliche Erfolg der USA hängt in erheblichem Maße von der enormen Experimentierfreude und der Rücksichtslosigkeit gegenüber herkömmlichen Verfahren ab. Doch diese Neigung zur Erfahrungslosigkeit gibt es nicht nur bei den Anführern der Innovation, sondern auch bei denen, die die ökonomische Bewegung von einem Job zum anderen schwemmt. Kenntnisse zu erwerben, Erfahrungen zu sammeln wirkt hier schon deshalb unsinnig, weil sie bald sowieso nicht mehr zu gebrauchen sind: Wozu sollte man sich kundig machen, wenn man sich vielleicht morgen schon einen neuen Job suchen muß? Die schlechte Ausbildung, die vielen jungen Menschen, vor allem Latinos und Schwarzen, zugemutet wird, macht es ihnen von vornherein schwer, sich aus dieser Verkettung ungelernter Tätigkeiten zu befreien.

Dazu kommt bei manchen noch etwas anderes: Wenn man sich wirklich *einarbeiten* würde, dann würde man sein Selbstbild an den *Status quo* angleichen, also allen hochfliegenden Plänen untreu werden, denen man vielleicht anhängt – Plänen, die erhaben sind über das immergleiche Umfeld, in dem man sich derzeit (noch!) aufhält. Zwei Jahre lang traf ich in einer kleinen, ambitionierten Buchhandlung immer wieder denselben Verkäufer, der keinerlei Bereitschaft zeigte, sich einzuarbeiten und sich immer wieder – sei es bei der Bedienung der Kasse oder beim Bestellen von Büchern – durch Fehlgriffe hervortat. Mit großem Gleichmut ertrug er seine Ahnungslosigkeit. So verbaute er sich zwar eventuelle Aufstiegschancen in seinem aktuellen Wirkungsfeld, aber er konnte weiterhin einem Traum von einer ganz anderen Zukunft nachhängen, dem er mit der Verachtung aller Altlasten und derzeitigen Lebensumstände die Treue hielt – vielleicht so lange, bis sein Gleichmut in Mutlosigkeit umgeschlagen sein würde. Das Ideal der Bewegung treibt nicht nur die Menschen an, die sich begeistert auf die Zukunft stürzen; zugleich bringt es die Trägheit und Gleichgültigkeit hervor, auf die man in den USA auch oft trifft.

+++

Der Publizist Walter Lippmann entdeckte im Jahr 1914 die *Furcht der modernen Menschen vor der Vergangenheit: Sie ist eine Sammlung von Errungenschaften des Menschen, aber auch von Niederlagen. (...) Sie berichtet von unvorhergesehenen Schwierigkeiten, von Erfolgen, die wie Fratzen von Visionen aussehen. (...) Gefürchtet von den Menschen wird eben die Perspektive, bei der man vom falschen Ende des Opernglases auf das Leben schaut.*

Die Abwehr der Vergangenheit ist auch ein Kampf gegen die Verkleinerung des menschlichen Lebens. Wenn man sich zum historischen Überblick aufschwingt, erhebt man sich über das Leben und schaut von Ferne auf das herab, was kreucht und fleucht. Man verliert die Tuchfühlung mit sich selbst. So ist die Furcht vor der Vergangenheit zugleich eine Angst um die eigene Gegenwart.

Diese Furcht bewegte Lippmann selbst freilich nicht dazu, der Vergangenheit den Rücken zuzukehren – und seine Zugewandtheit macht ihn im amerikanischen Kontext zur Ausnahmeerscheinung. Üblicherweise wird die Vergangenheit mit spitzen Fingern angefaßt, weil sie mit ihrer Endgültigkeit die Unbeschwertheit beeinträchtigt, mit der man in Amerika – mit Goethe gesprochen – *von vorn anfangen* will. Lippmann aber sah in der Vergangenheit keine geschlossene, vereinnahmende Macht, sondern eine Geschichte von *großer Vielfalt.* Ihm erschien sie gar nicht als Gefängnis, das den Gegenwartsmenschen festsetzt, sondern als eine Ansammlung von Einzelheiten, auf die man sich – so oder anders – beziehen kann. Deshalb war der *Überfluß der Vergangenheit* für Lippmann am Ende gar eine *Quelle der Freiheit.*

Henry Ford, der von Walter Lippmann verehrte Held der automobilen Bewegung, schlug dessen Einladung zum Besuch der Vergangenheit brüsk aus. Er ist berühmt geworden mit dem Satz: *History is bunk. – Geschichte ist Mumpitz.* Und Aldous Huxley machte sich einen Spaß daraus, dieses Zitat in seiner *Schönen Neuen Welt* als *erhabenen und erleuchteten Ausspruch Fords des Herrn* anzuführen.

Geschichte ist Mumpitz. Man sollte nicht denken, Ford sei es mit dieser Devise nicht ernst gewesen; er befolgte sie vielmehr, so gut er konnte, und pflegte nach Kräften seine Ignoranz der Geschichte. Einmal beging er den Fehler, jemanden zu verklagen, der ihn als *ignoranten Idealisten* und *anarchistischen Staatsfeind* bezeichnet hatte. In dem darauf folgenden Gerichtsverfahren mußte deshalb auch die Frage geprüft werden, wie es denn wirklich um Fords *Ignoranz* stehe. So entspann sich im Jahr 1916 vor Gericht folgendes Verhör:

– *Gab es irgendwelche Revolutionen in diesem Land?*
– *Ja.*
– *Wann?*

- *Im Jahr 1812.* (Damals führten die Vereinigten Staaten und Großbritannien Krieg gegeneinander.)
- *Ach wirklich, 1812? Oder vielleicht noch ein andermal?*
- *Ich weiß von keiner anderen. (...)*
- *Wissen Sie, was seinerzeit den Revolutionskrieg ausgelöst hat?*
- *Nein, das weiß ich nicht.*

Das Gerichtsverfahren bestätigte, daß Ford tatsächlich keine Ahnung von der Geschichte hatte und von ihr auch nichts wissen wollte. Er interessierte sich nur für das, was zu beeinflussen und zu verändern war. Die Vergangenheit gehörte aus seiner Sicht nicht dazu.

+++

In dem Film *Matrix* sagt der Abtrünnige, der Verräter des wahren, echten Lebens im Vorblick auf die von ihm ersehnte Wiederaufnahme in die heile Scheinwelt: *Ich werde einschlafen, und nach dem Aufwachen werde ich fett und reich sein und mich an rein gar nichts erinnern. Das ist der amerikanische Traum.*

+++

Die Wendung, etwas ,gehöre der Geschichte an‘, kann man im Englischen, leichter als im Deutschen, noch weiter zuspitzen und sagen: *You're history! – Du bist Geschichte!* Wem das gesagt wird, dem werden Gegenwart und Zukunft geraubt, und dies kommt einem Todesurteil gleich. Der Vergangenheit hängt ein schlechter Ruf an. Sie ist nicht das Reich unbegrenzter Möglichkeiten, sondern das Reich begrenzter Wirklichkeiten. Dramatisch schlägt sich die Geringschätzung der Geschichte in den Lehrplänen der Schulen nieder.

In den meisten *High Schools* des Landes sind insgesamt zwei Jahre Geschichtsunterricht im Rahmen der gesamten Schullaufbahn vorgesehen: ein Jahr nationale und ein Jahr internationale Geschichte. Manche Staaten weichen von dieser Regel ab; in Pennsylvania, Michigan und Alaska z. B. kommt man ganz ohne Geschichte im Pflichtprogramm aus, in Ohio ist ein halbes Jahr ingesamt eingeplant, Nevada fordert immerhin drei Jahre US-Geschichte, verzichtet aber auf internationale Geschichte. Das Resultat läßt sich an Umfragen ablesen: 59 Prozent der Achtkläßler wissen nicht, welchem Krieg die Orte Hiroshima oder Jalta zuzuordnen sind. Rund die Hälfte aller Erwachsenen weiß nicht, daß die Sowjetunion im Zweiten Weltkrieg mit den USA verbündet war.

+++

Zu den wenigen Europäern, die ein derart gebrochenes Verhältnis zur Geschichte haben, daß ihre Kandidatur zum Wahlamerikaner Chancen hätte, gehört Friedrich Nietzsche. In seiner Abhandlung *Vom Nutzen und Nachteil der Historie für das Leben* feiert er die *Fähigkeit, unhistorisch zu empfinden,* als wichtige Voraussetzung dafür, daß *etwas wahrhaft Menschliches wachsen kann.* Nietzsche kämpft gegen die Fesselung des Lebens ans Vergangene, für die Stärkung der unbelasteten *Jugend.* Wenn man diese Polemik gegen den *historischen Sinn* neben die amerikanische Abwendung von der Geschichte hält, tritt der entscheidende Punkt heraus, der die Unlust an der Geschichte schürt: daß sie nämlich *zum Totengräber des Gegenwärtigen* zu werden droht. Nietzsche stiftet nun aber zu Nachgedanken über die Geschichte an, die das Urteil, sie sei *Mumpitz,* als voreilig erscheinen lassen, und solche Nachgedanken werden sich dann sogar auch in Amerika selbst entdecken lassen.

Immerhin muß es ja, folgt man Nietzsches Abhandlung, neben dem *Nachteil* auch einen *Nutzen* der Historie geben. Beide Seiten, Nutzen wie Nachteil, haben letztlich sogar dieselbe Wurzel. Ob man nämlich nun den Daumen über die Vergangenheit hebt oder senkt – jedenfalls darf man ihr dann nicht mehr mit Haut und Haaren angehören. Jedes Urteil braucht Distanz, und wenn man sie gewonnen hat, kann man *das Vergangene* auch *zum Leben (...) gebrauchen,* kann neben den *Nachteil* der *Nutzen* treten.

Wenn Amerika vom Pathos des Neuanfangs erfüllt ist, so heißt dies also nicht, daß die Geschichte gleichsam unter den Tisch fallen müßte, auf dem das Frühstück des Lebens angerichtet ist. Vielmehr taugt dieser Neuanfang auch dazu, auf die Geschichte aus der Distanz zurückzukommen. Es eröffnet sich ein gewisser Spielraum, und das nimmt dem ruinösen Verdacht die Spitze, daß die Vergangenheit sich allem aktiven Zugriff verschließe, daß bei ihr ‚nichts mehr zu machen‘ sei. Nietzsche bekräftigt insofern den vorsichtigen Vorschlag Walter Lippmanns, die Geschichte auch als Betätigungsfeld für die *Freiheit* anzuerkennen (vgl. S. 170).

Nach Nietzsche ist dieser *Nutzen der Historie* in drei Versionen lieferbar. Beim *monumentalischen* Umgang mit der Geschichte findet der *Tätige und Strebende* in der Geschichte *Vorbilder* der Größe, die ihn bestärken und begeistern. Beim *antiquarischen* Rückgriff findet der *Bewahrende und Verehrende* Erhaltenswertes, was er *pflegt*: ein *Nest* für sein Leben. Und beim *kritischen* Verhältnis zur Geschichte stählt sich der *Leidende*, um *Befreiung* Kämpfende in der Kraft des Urteilens und Verurteilens. Die nächste Frage, die sich stellt, liegt dann auf der Hand: Welcher von Nietzsches drei Vorschlägen, *das Vergangene zum Leben zu gebrauchen*, paßt nach Amerika?

Zweifellos favorisieren die Amerikaner die *monumentalische* Sicht auf die Geschichte. Das geht – folgt man Nietzsche – darauf zurück, daß sie am liebsten *tätig und strebend* sind, und hierzu paßt eben eine Geschichte als Ansammlung von Vorbildern. Aus ihr zieht man die Bestätigung, daß Großes vollbracht werden kann. Hier ist die Geschichte nicht Altenpflege, sondern Verjüngungskur: Frisch gestärkt von der Erinnerung an alte Heldentaten begeht man neue. Bei manchen mag diese Monumentalisierung der Geschichte wirken wie das Pfeifen im Walde, mit dem sich jemand Mut macht, der eigentlich flennen will. Bei anderen steigert sie sich zum selbstgefälligen Gefühl der Unbesiegbarkeit, und letzteres ist in Amerika sicher weiter verbreitet. In Joy Hakims populärem Geschichtsbuch *A History of US* (der Titel setzt auf das Wortspiel zwischen ‚wir‘ – *us* – und *United States* – *U. S.*) heißt es: *Wenn Sie die Geschichte Ihres Landes kennenlernen, werden Sie verstehen, was es bedeutet, Amerikaner zu sein. Und dies ist ein großes Privileg. Überall auf der Welt sind Menschen erfüllt von der Sehnsucht, auch Amerikaner zu werden. Warum? Weil wir eine Nation sind, die versucht, zu allen Bürgern gerecht zu sein. (…) Je mehr Sie über Geschichte lernen werden, desto eher werden Sie verstehen, daß nicht alle Länder gleich sind. Manche sind besser als andere. Klingt das unfair? Mag sein, aber wir glauben daran.*

Zur Selbstgefälligkeit gehört die Überzeugung der Amerikaner, überall die Weltbesten zu sein. Wenn sie gleichwohl zur Kenntnis nehmen müssen, daß andere in irgendeiner Disziplin oder Technologie führend sind, so führen sie dies in der Regel darauf zurück, daß sie es auf die Spitze dort nicht wirklich abgesehen hätten; andernfalls hätten sie den anderen nämlich längst den Rang abgelaufen. Als eine New Yorkerin im Gespräch erklärte, die Amerikaner würden natürlich auch die Fußballweltmeisterschaft gewinnen, *wenn sie nur wollten*, antwortete ihr ein Franzose, den Amerikanern fehle einfach die körperliche und geistige Begabung dazu. Den Schock, den er bei seiner Gesprächspartnerin auslöste, kann man sich groß genug gar nicht vorstellen.

+++

Durchkreuzt wird die monumentalische Inszenierung der eigenen Geschichte in Amerika durch zwei dramatischen Irritationen: eine *Niederlage* und einen *Zwiespalt*.

Die *Niederlage* ist der Vietnamkrieg, und das Hadern mit ihm zeigt sich modellhaft an den zwei Denkmälern, die in der Hauptstadt Washington an diesen Krieg erinnern. Da gibt es die alles andere als monumentale, grabgleich in die Erde eingelassene schwarze Steintafel mit den Namen aller Gefallenen; um die Trauer doch noch mit Stolz zu impfen, wurde sie aber nachträglich ergänzt mit einer monumentalen Plastik, die kämpfende G.I.s zeigt.

Der *Zwiespalt*, der die Monumentalisierung der eigenen Geschichte erschwert, hat zu tun mit der Spannung zwischen dem Süden und dem Norden. Da wurde ein Krieg gewonnen und ein Krieg verloren – der Krieg zwischen Nord- und Südstaaten, der 1865 mit dem Sieg des Nordens und der Abschaffung der Sklaverei endete. In jeder Stadt der Südstaaten, die etwas auf sich hält, steht ein wahrhaft monumentales Kriegerdenkmal für die Söhne, die gefallen sind. Aber wie soll man mit dieser Vergangenheit bruchlos umgehen? Einfach feiern kann man den Kampf der Südstaaten doch heute nicht mehr. Und wer geht an diesen Denkmälern vorbei? Weiße aus dem Süden, deren Vorväter die Sklaverei verfochten haben; Weiße aus dem Norden, deren Vorväter dagegen gekämpft haben; Schwarze, die über den Sieg der Nordstaaten froh sein können, ohne wirklich zu glauben, daß die Nordstaaten seinerzeit aus lauterer ‚Schwarzenfreundlichkeit‘ agiert hätten.

Während der Norden nur einen Krieg verloren hat, sind es für die Weißen im Süden zwei: der Vietnamkrieg, den sie mit dem ganzen Land verloren haben, und der Bürgerkrieg, in dem die

Nordstaaten gesiegt haben. Die Feinde von einst sind die Mitbürger von heute, und zu ihnen haben viele noch eine höchst heikle Beziehung. Wie sollen sich z. B. die Südstaatler fühlen, wenn alljährlich der Geburtstag von Abraham Lincoln, dem Präsidenten, der sie damals besiegt hat, gefeiert wird? Wieweit ist dies angenehmer als die Vorstellung, den Geburtstag von Ho Chi Minh, dem nordvietnamesischen Führer, zu feiern?

Wegen der tiefen Irritation im Innersten der eigenen Vergangenheit kommt dem Süden ein besonderes Privileg im Umgang mit der amerikanischen Geschichte zu. Hier ist jede Person zugleich Sieger und Verlierer. Die Bandbreite zwischen Sieg und Niederlage, der Widerstreit von Gefühlen, der oft auch in den einzelnen Menschen selbst ausgetragen wird, ergibt ein Durcheinander, das mit dem Vollgefühl der Macht nicht zusammenpaßt. Diese Verwirrung macht es im Süden schwer, an der ungebrochenen Monumentalisierung der eigenen Geschichte mitzuwirken, und damit sind sie vor einem bestimmten Größenwahn gefeit, der es sonst im Land leichter hat. Deshalb finden sich im Süden auch mehr Nuancen, mehr Unterschiede bei den Umgangsformen mit der Geschichte. Da gibt es diejenigen, die mit verkrampftem Patriotismus die Niederlage von damals in einen Sieg umrüsten; da sind diejenigen, die die alte Zerrissenheit wie eine offene Wunde mit sich herumtragen; da gibt es neben der weiß-weißen Rivalität zwischen Nord und Süd den alten, immer neuen schwarz-weißen Konflikt im Süden selbst.

Der Schriftsteller William Faulkner hat einmal über den Süden gesagt: *Die Vergangenheit ist* dort *niemals tot, sie ist noch nicht mal vergangen.* Und Willie Morris, vormals Chefredakteur von *Harper's Magazine*, der dann als Pensionär in Mississippi lebte, antwortete auf die Frage, was der wichtigste Beitrag des amerikanischen Südens zur Nation sei: *Die Antwort darauf läßt sich in ein Wort fassen: Gedächtnis. (...) Der amerikanische Süden heute mit all seinen schrecklichen, an die Existenz gehenden Fehlern (...) hat doch eine Sache, die ihn als Kultur innerhalb der großen amerikanischen Gemeinschaft heraushebt, und das ist Gedächtnis, Erinnerung und alles, was dazugehört. Der Süden vergißt nie, und das ist eine Gnade und ein Fluch.*

+++

Nach Nietzsche kommt es vor allem darauf an, jene drei Umgangsweisen mit der Geschichte – *monumentalische, antiquarische* und *kritische* – miteinander zu mischen. Sonst kommt es ihm zufolge zu verhängnisvollen Übertreibungen, und die Vereinigten Staaten sind in der Tat ein Musterbeispiel für die von Nietzsche beklagte Einseitigkeit. Und doch findet dort mehr statt als nur eine *monumentalische* Großdemonstration mit minderen damit einhergehenden Irritationen. Darüber hinaus üben sich die Amerikaner in einem *pragmatischen* Umgang mit der Geschichte – und wer darüber etwas erfahren will, sollte sich Zeit nehmen für einen Besuch bei Larry McMurtry in *Archer City, Texas.*

Der Pulitzerpreisträger McMurtry ist berühmt geworden für seine kritisch-nostalgischen Bücher über die Welt des Cowboys. Er hat eine schriftstellerische Karriere gemacht, die man stattlich nennen kann. Doch als er im ersten Semester an die *Rice University* von Austin kam, war sein Geist – wie er selbst spöttisch sagt – *einer ,tabula rasa' so nahe, wie man sich das nur vorstellen kann.*

Insoweit entsprach er als Student noch dem amerikanischen Modell der Vergangenheitslosigkeit. Die Geschichte konnte für ihn schon deshalb keine Rolle spielen, weil es für ihn keine gab. In der Wendung von der *tabula rasa*, die er im Rückblick auf seine Jugend gebraucht, gibt McMurtry darüber hinaus einen erhellenden Hinweis auf den Hintergrund seiner Borniertheit – wohl ohne dies selbst zu merken. Denn diese Metapher hat selbst eine lange Vorgeschichte, sie stammt aus dem Kernbestand des europäischen Rationalismus.

So gern die Europäer Amerikas Geschichtslosigkeit angreifen, so europäisch ist doch die Phantasie vom totalen Neuanfang, die dort aufkommt. Das Wort von der *tabula rasa*, dem menschlichen Geist, von dem alles Vorgegebene weggewischt worden ist, kennt man aus europäischen Selbstdeutungen schon lange. Insofern ist es ziemlich verdreht, wenn nun traditionsbewehrte Europäer den Amerikanern vorwerfen, den Erfahrungsschatz der Vergangenheit zu ignorieren; damit pflegen diese eine Haltung, die doch aus Europa selbst stammt. Alexis de Tocqueville sah die *philosophische Denkweise der Amerikaner* darin, daß sich jeder *in fast all seinem geistigen Tun nur auf seine eigene Vernunft verläßt. Amerika ist also eines der Länder in der Welt, in dem man die Lehren von Descartes am wenigsten kennt und am besten befolgt.*

Während die Phantasie von der *tabula rasa* in Europa freilich zu einer intellektuellen Inszenierung gehörte, hat sie in Amerika eine praktische Basis. Die Mentalität des Von-vorne-Anfangens traf dort auf wesentlich günstigere Bedingungen. Die Großeltern Larry McMurtrys waren noch echte *Pioniere, die,* wie er schreibt, *an einen unbesiedelten Ort, in die Leere der Prärie kamen, an einen Ort also, wo es keine Vergangenheit gab. (…) Ich bin einer der wenigen Schriftsteller, die behaupten können, noch ausgedehnten und innigen Kontakt mit amerikanischen Pionieren der ersten Generation gehabt zu haben, mit Männern und Frauen, die in eine fast absolute Leere kamen und begannen, sie mit sich selbst zu füllen.* Wenn nichts da ist, muß auch nichts ausgewischt werden: Die *tabula rasa* steht schon bereit. Und wenn es gar keine Vergangenheit gibt, kann man auch niemandem vorwerfen, sie zu ignorieren.

Einen blinden Fleck gab es bei dieser frohgemuten Pioniermentalität, an die McMurtry erinnert, allerdings doch. Mit mangelnder Berücksichtigung vergangener europäischer Traditionen hatte er freilich nichts zu tun, sondern mit der Ignoranz einer ganz anderen Vergangenheit, für die im übrigen auch alteuropäische Kulturverteidiger ziemlich blind gewesen sind. Denn natürlich herrschte in jener Welt, die die Großeltern Larry McMurtrys entdeckten, nicht wirklich *fast absolute Leere.* Diese Leere mußten sie durchaus erstmal selbst herstellen – und zwar durch die Ausrottung der Indianer. Sie sind die amerikanischen Opfer der europäischen Idee der *tabula rasa.*

Larry McMurtry, der Enkel der Pioniere, gehört längst nicht mehr zu der Generation der *tabula rasa,* der er sich als Student noch zugehörig fühlte. Bei ihm hat sich inzwischen die Geschichte zum Leben gesellt – und zwar auf für ihn wohltuende, pragmatische Weise. Sie kommt, genauer gesagt, zur *Dairy Queen* von *Archer City,* in einen Milchladen, der einer seiner bevorzugten Aufenthaltsorte ist. An diesem unscheinbaren, vielleicht sogar unansehnlichen Ort entdeckt McMurtry einen bestimmten *Nutzen* der Geschichte, den Friedrich Nietzsche gar nicht recht gewürdigt hat – und als ob dieser Vorzug eines solch banalen Ortes nicht genug verblüffte, ergänzt ihn McMurtry noch durch eine weitere Überraschung. Er lädt dorthin einen imaginären Gast ein, einen Denker, der selbst europäischer kaum sein könnte und 1940 bei seinem Versuch, vor Hitler nach Amerika zu fliehen, an der französisch-spanischen Grenze gescheitert ist: Eines der letzten Bücher McMurtrys trägt den Titel: *Walter Benjamin at the Dairy Queen.*

McMurtry schreibt: *,Dairy Queens', einfache Lokale ohne Alkoholausschank, entstanden in den ausgedörrten kleinen Städten des westlichen Texas ungefähr zur selben Zeit (den späten Sechzigern), als Walter Benjamins Werk in der englischsprachigen Welt Aufnahme fand. (...) In der Zeit vor den ,Dairy Queens' gab es in den kleinen Städten keinen Ort, wo man sich hätte treffen oder miteinander sprechen können. Die ,Dairy Queens' schafften eine angenehme Umgebung, hunderte kleiner, informeller, lokaler Foren entstanden, und so wurde eine Zeitlang die Kraft des Geschichtenerzählens wiederbelebt – eben in der Weise, wie sie von Walter Benjamin hochgeschätzt wurde.*

Die Einladung an Walter Benjamin, einen Ausflug nach Texas zu unternehmen, hat absurde Züge – und paßt doch. Benjamin hat in seinem großen Essay *Der Erzähler* in der Tat einen pragmatischen Blick auf das Vergangene empfohlen. Damit folgte er Nietzsches Appell, nach dem Nutzen der Geschichte für das Leben zu suchen, doch er fügte sich nicht in Nietzsches dreiteiliges Schema, monumentalisch zu feiern, antiquarisch zu sammeln oder kritisch zu urteilen. Benjamin ging es zunächst mal darum, nach Brauchbarem Ausschau zu halten: *Die Ausrichtung auf das praktische Interesse ist ein charakteristischer Grundzug bei vielen geborenen Erzählern;* allemal halten sie *Ratschläge* bereit, bringen, so sagte Benjamin, *offen oder versteckt* einen *Nutzen* mit sich, und wenn sie von der Vergangenheit erzählen, dann kann man sich daran *wärmen* wie an einem Herd- oder Lagerfeuer. Die *Wärme* von Benjamins Geschichten hat Larry McMurtry gerade in der texanischen *Dairy Queen* entdeckt, und damit findet sich auch in Amerika ein ganz unverächtlicher *Nutzen der Historie für das Leben.* Von Aversion oder platter Monumentalisierung im Blick auf das Vergangene ist hier nichts zu merken – mag beides sonst auch oft zu finden sein.

Jene Erfahrungen und Ratschläge, die auf der Vergangenheit fußen, sind nie so schematisch wie ein Kochrezept oder eine Wegbeschreibung. Wenn sie einen *Nutzen* bringen, so läßt sich mit ihnen doch kein plattes Bedürfnis erfüllen. Man lebt von der

Geschichte nicht wie von der Hand in den Mund. Wenn man sie ‚brauchen' kann, dann eher so, wie jemand zu einem geliebten Menschen sagt: ‚Ich brauche dich!' Wenn so geredet wird, ist auch kein Gebrauchsgut gemeint.

+++

Der Schauplatz, auf dem Amerikaner über die Bedeutung der Geschichte streiten, wird definiert durch eine Überzeugung, die man auf allen Seiten findet: daß nämlich die Geschichte nicht einfach etwas fest Gegebenes ist, sondern sich verschiedenen Zugangsweisen öffnet, also auch verschiedene Nutzungsweisen erlaubt. Nun wird man vielleicht einwenden, damit könne man der Geschichte, die uns mit ihrem eigenen Recht vorausgeht, doch nicht angemessen begegnen. Aber gibt es wirklich einen starken Grund, sich mit der Geschichte ganz jenseits solchen Nutzens, also ganz ohne Nietzsche zu befassen? Und ist dies überhaupt möglich, wenn doch noch die bescheidenste Materialsammlung im Sinne Nietzsches *antiquarischer* Geschichtsschreibung dem Bau eines *Nestes* dient (vgl. S. 173)? Am Ende macht die in Amerika forcierte Orientierung am *Nutzen der Historie* nur deutlich, daß dieser Nutzen beim Umgang mit der Geschichte sowieso immer mitspielt.

Zwischen Vergangenheit und Gegenwart gibt es keine feste Klammer, sondern ein nach Bedarf geknüpftes Band. Viele Amerikaner sehen einfach keinen solchen Bedarf und halten die Geschichte eben für *Mumpitz*, andere nutzen die Vergangenheit zur Selbstverherrlichung, wieder andere brauchen sie als Erfahrungsschatz. Hier hat man Glanz und Elend Amerikas gleichermaßen versammelt: selbstgefällige Borniertheit und ruckhaltlose Neugier.

+++

Wenn sich Amerikaner auch gern als *self-made men* sehen, wenn Amerika *eine Trainingsstätte* sein soll, *die Menschen erster Klasse hervorbringt* (Walt Whitman), so gibt es für dieses Unternehmen, ‚sich selbst zu machen', doch Grenzen. Die Geschichte ist kein stahlhartes Gehäuse, aber sie ist doch alles andere als eine beliebig formbare Masse: Dem Machen sind Grenzen gesetzt, man stößt auf das, was *zweite Natur* genannt worden ist. An dieser Bezeichnung schon wird deutlich, wer die – gar noch sperrigere – Schwester der Geschichte ist: eben die (erste) Natur selbst. Sie tritt als gewaltige Ansammlung von Ungetanem, Unwillkürlichem an die Seite der Geschichte und setzt dem Tatendrang Hindernisse entgegen.

Auch Amerikaner sind bekanntlich (noch) natürliche Wesen. Sie müssen sich damit begnügen, nicht alles selbst machen zu können. Immerhin versuchen sie aber, die eigene Natur, das eigene Lebens-Material nach Kräften zu optimieren. Dies verträgt sich übrigens durchaus mit der tiefen Gläubigkeit vieler Amerikaner: Auch wenn ihre Natur Gott zu verdanken ist, sehen sie darin den Auftrag, sie zu verbessern. Was hierfür erforderlich ist, würde man in der Automobilbranche *Tuning* nennen. *Tuning* gibt es aber auch bei amerikanischen Schulkindern. 800 000 Rezepte für die *happy pill* Prozac und deren pharmazeutische Vettern Zoloft und Paxil sind im Jahr 1997 in den USA ausgestellt worden. Die amerikanische Jahresproduktion von Ritalin, einem ähnlichen Mittel, verzehnfachte sich binnen zehn Jahren auf zuletzt rund 15 Tonnen. Stimmungsschwankungen gelten als Störfaktor, der durch technische Eingriffe von außen zu bekämpfen ist. Der biotechnische Pannendienst verspricht Abhilfe gegen das, was im Nachrichtenmagazin *Time* ein *no-fun life* genannt worden ist. Was wäre denn, so wurde dort weiter gefragt, wenn dank der Pillen *all unsere Kinder ein bißchen glücklicher wären? Haben wir ein Problem damit?* Mit ‚Glück‘ hat dieses pharmazeutische Lebens-Tuning allerdings nicht mehr viel zu tun. Der Griff zu den Pillen ist vor allem ein Zeichen dafür, daß die natürlichen Unwägbarkeiten des Lebens immer weiter ausgeschaltet werden sollen.

Diese Unwägbarkeiten laufen im Leben, mehr oder minder auffällig, immer mit; an zwei Stellen freilich tritt die Natur mit aller Gewalt auf: am Anfang und am Ende, bei der Geburt und im Tod. Mit diesen Grenzen des Lebens hadern viele Amerikaner in besonderem Maße.

Eine unscheinbare Merkwürdigkeit in diesem Land ist die enorme Beliebtheit des Kaiserschnitts: Die Quote liegt bei über 20 Prozent, weit höher als in europäischen Ländern. Natürlich gibt es darüber einen Expertenstreit unter Medizinern, doch entscheidend sind hier, wie mir scheint, gar nicht medizinische Gründe, sondern Unterschiede in der Lebensanschauung. Daß der Kaiserschnitt so attraktiv ist in diesem Land, hat damit zu tun, daß der

Geburt damit – soweit es irgendwie geht – das Unwillkürliche, Unkontrollierte genommen werden kann.

Doch dieser Eingriff in die Natur hält sich noch in engen, bescheidenen Grenzen; eigentlich streben die *meisten Amerikaner* etwas weit Höheres, geradezu Exaltiertes an: Sie würden, so bemerkt der Soziologe Robert Bellah, den höchsten *Sinn ihres Lebens* darin sehen, *sich gewissermaßen selbst zu gebären.* Natürlich hat Bellah hier eher die bewußte, praktische Seite der Lebens im Sinn, er denkt an Selbstbestimmung, Selbstgestaltung, Selbstkultivierung, und in diesem Bereich üben die Amerikaner schon lange. Was die körperliche Seite betrifft, so bleibt diese ‚Selbstgeburt‘ (vorerst!) eine absurde Idee. Das hält die Amerikaner aber nicht davon ab, sie mit Verve zu verfolgen, und Gentechnologie und *Neuroscience*, die gerade in diesem Land so vehement vorangetrieben werden, nehmen jener Idee langsam, aber sicher das Absurde.

+++

Wenn die Geburt aus der Sicht eines Lebens, in dem man möglichst viel selbst machen will, ein Skandalon ist, so gilt dies umso mehr für dessen natürliches, auch nicht ‚selbst gemachtes‘ Ende: den Tod.

Eine ganzseitige Anzeige in der *New York Times* forderte im Jahr 1998: *Die Vereinigten Staaten müssen den Verteidigungshaushalt drastisch erhöhen!* Auf einen *rücksichtslosen Krieg* soll sich das Land gefaßt machen, und wer ist der *schlimmste Feind*, der es – mehr noch als seinerzeit die *Sowjetunion* – bedroht? *Krankheit.* Weiter im Text: *Wenn wir über Verteidigungsausgaben nachdenken, sollten wir überlegen, gegen welche Feinde wir uns zuallererst verteidigen müssen. Bis heute haben wir als Land versagt im Kampf gegen eine Handvoll schwerer Krankheiten. (...) Das Ziel, Heilungsmethoden für diese schlimmsten Krankheiten binnen des nächsten Jahrzehntes zu finden, mag ehrgeizig sein. Aber wir waren immer ein ehrgeiziges Volk, und wir waren immer erfolgreich, wenn wir den ganzen Willen unserer Nation eingesetzt haben.*

Nachdem der Kommunismus besiegt ist, nachdem die menschlichen Feinde an Bedrohlichkeit verloren haben, führen die Amerikaner einen Feldzug gegen die natürlichen Gefahren und Grenzen des menschlichen Lebens. Wieweit der Widerstand der Natur in Zukunft erlahmen wird, vermag man nicht zu sagen. Die Computerexperten reden davon, die Grenzen zwischen dem *Geborenen* und dem *Gemachten* zu sprengen, sie träumen vom kompletten Datentransfer aus dem Gehirn in den Computer, auf daß man dann in dieser neuen Hardware sein Leben krankheitsfrei fortsetzen könne. Die Gentechniker sind auf dem Weg zur willkürlichen Gestaltung des Erbguts. Jene Neigung zum Kaiserschnitt – sie erscheint längst als eine geradezu idyllische Ouvertüre für den Großangriff auf das Unwillkürliche.

Auch hier liegen Verlockendes und Abschreckendes nah beieinander. Wer hätte etwas dagegen, wenn auf diesem Wege furchtbare Krankheiten besiegt werden könnten? Und wem gefällt schon das letzte Ziel, das dahinter steckt? Es ist die Abschaffung der Natur. Das wird das Ende der Geschichte hoffentlich nicht sein.

+++

Am Schluß gelange ich also wieder zu der Mischung aus *Schmutz und Glanz*, von der ich am Anfang gesprochen habe. Die Vereinigten Staaten offerieren Gegensätze, mit denen man in Europa wenig Übung hat – und dies gilt sowohl für ihre abschreckenden wie auch für ihre anziehenden Seiten. Zur Feier der Selbständigkeit gehören dort besondere Formen von Überheblichkeit und Menschenfreundlichkeit, Größenwahn und Zuversicht; die Suche nach Selbstverbesserung schwankt zwischen moralischer Besserwisserei und Toleranz, zwischen Lebens-*Tuning* und der Lust, sich selbst zu überraschen; das Ideal des bewegten Lebens gipfelt in selbstzerstörerischer Hektik und großzügiger Offenheit; der Individualismus bringt kalte Egoisten und hinreißende Eigenbrötler hervor. Sich auf Amerika einzulassen heißt nicht, einer eintönigen Botschaft zu lauschen, sondern: einen einzigartigen Streit kennenzulernen, in dem eben die Eigenart dieses Landes liegt. Wer meint, es sei *gar nicht klar, sondern der Untersuchung bedürftig, wie man seine eigenen Lebensverhältnisse formen soll* (Aristoteles, Nikomachische Ethik 1142 a 10), muß in jenem Streit eine ergiebige Quelle der Inspiration sehen.

Freilich drängt sich der Eindruck auf, daß die Vereinigten Staaten bei dem, was sie von sich aus in andere Länder exportieren, oft nicht gerade darauf achten, die erste Qualität ihrer Eigenarten beizubringen. Man sollte sich, wie ich finde, nicht abspeisen lassen mit der Sortierung, die von dort nach Gutdünken geliefert wird, sondern eine Gegenoffensive beginnen, um besseren Überblick zu gewinnen und sich – mindestens zum Kennenlernen – das zu sichern, was man beim Losstand auf dem Jahrmarkt die ‚große Auswahl‘ nennt. Natürlich ist nicht jede Wahl lebbar; ob man Inspirationen, die man von drüben aufnimmt, Haltungen und Neigungen, die man sich aneignen möchte, tatsächlich mit eigenem Leben ausfüllen kann, das ist eine Frage, die jenseits des Rahmens liegt, den ich mir in diesem Buch gesteckt habe. Es ist dies eine Frage nicht mehr *unter Amerikanern*, sondern *unter Europäern*.

Wenn man eine andere Lebensart zur Probe kennengelernt hat, so ist das Gefühl danach anders als nach einer Kleiderprobe. Man kann jenes andere Leben nicht einfach ablegen. Für ‚Heimat‘ ist man irgendwie verdorben. So ist dieser Versuch, diese Probe, bereichernd und verstörend. *Manchmal kommt mir in den Sinn/ Nach Amerika zu segeln* – das hat Heinrich Heine vor langer Zeit geschrieben, und dieser Gedanke kommt mir, seitdem ich von dort zurückgekehrt bin, immer wieder, ohne daß er einfach siegte.

> *Jetzt wohin? Der dumme Fuß*
> *Will mich gern nach Deutschland tragen;*
> *Doch es schüttelt klug das Haupt*
> *Mein Verstand (…).*
> *Traurig schau ich in die Höh,*
> *Wo viel tausend Sterne nicken –*
> *Aber meinen eignen Stern*
> *Kann ich nirgends dort erblicken.*
> *Hat im güldnen Labyrinth*
> *Sich vielleicht verirrt am Himmel,*
> *Wie ich selber mich verirrt*
> *In dem irdischen Getümmel.*

Sachdienliche Hinweise

Bei der Arbeit an diesem Buch wurde ich unterstützt von der Alexander von Humboldt-Stiftung und der New School for Social Research in New York, wofür ich beiden Institutionen meinen Dank aussprechen möchte. Für Anregungen bedanke ich mich bei Raimund Bezold, Chris Bever, Alain und Pascale Boutboul, Petra Eggers, Eva Geulen, Daniela Hartmann, Reinhard und Judith Maiworm, Christoph Menke, Ruth Petzoldt, Anna Rosa und Jakob Thomä, Hanne Tügel, Tim Walters. Einige Abschnitte aus diesem Buch sind in früheren Fassungen in der „Neuen Rundschau" und in der „Neuen Zürcher Zeitung" erschienen; für ihr Engagement möchte ich deshalb Martin Bauer, Helmut Mayer und Uwe Justus Wenzel danken.

Zu den Motti

F. Kafka: Der Verschollene [1912–14]. Gesammelte Werke in zwölf Bänden, Bd. 2. Frankfurt a. M. 1994, 55.

Th. Paine: Common Sense [1776]. Collected Writings. New York 1995, 5 f.

L. Wittgenstein: Denkbewegungen. Tagebücher 1930–32, 1936/37. Innsbruck 1997, 43.

Zur Einleitung

S. 9 das amerikanische Wesen ... Selbstüberschätzung ...: SPIEGEL 53/1998; Sombart ...: vgl. J. Radkau: Amerikanisierung als deutsches Nervenproblem. In: Stiftung Bauhaus Dessau/RWTH Aachen (Hg.): Zukunft aus Amerika. Dessau 1995, 108.

S. 10 *Nichts brachte mich mehr auf* ...: P. Gay: Meine deutsche Frage. München 1999, 220.

S. 11 Entscheidungsfindung über Kreditvergabe: F. R., mündlich.

S. 13 *Schmutz und Glanz*: H. v. Kleist: Sämtliche Werke und Briefe. München/Wien 1984[7], Bd. 2, 797 (Brief vom Spätherbst 1807; Kleist meinte freilich nicht Amerika, sondern seine *Seele*).

Zu: Bewegung

S. 15 *Kaum hat man* ...: A. de Tocqueville: Œuvres II. De la démocratie en Amerique [1835/40]. Paris 1992, 278 (dt.: Über die Demokratie in Amerika. Zürich 1987, Bd. 1, 363; Üb. geänd.); *Skyline* ...: D. Trump: The Art of the Comeback. New York 1997, 27.

S. 15–17 Jay Gatsby ...: F. Scott Fitzgerald: The Great Gatsby [1925]. New York 1995, 189, 68.

S. 17 Bill Gates ...: Time, 25. 1. 1999; *Er war einen langen Weg gekommen* ...: Fitzgerald, a. a. O., 189.

S. 18 *Du bist feige* ...: G. Axelrod: Breakfast at Tiffany's (Drehbuch); *Du kannst nicht wirklich davonlaufen* ...: T. Capote: Breakfast at Tiffany's [1958]. New York 1958, 68, 84.

S. 19 *Donald, schau mal* ...: Trump, a. a. O., 11.

S. 19 Tocqueville ...: a.a.O., 752 (dt. Bd. 2, 347; Üb. geänd.); heute im *Silicon Valley* ...: The Economist, 29. 3. 1997.

S. 19–20 Newman ...: H. James: The American [1877/1907]. New York/London 1978, 67; *Ich hasse ...Mein Programm ...Sieg* ...: Trump, a.a.O., 95, XIX f., 154, 223, 233.

S. 20 *das höchste Wohnhaus* ...: New York Times (NYT) 16. 10. 1998.

S. 20 *phantastischer Film* ...: zit. nach M. Singer: Trump Solo. New Yorker, 19. 5. 1997.

S. 20–21 *Antelope Valley ...Einwohnerzahl ...90* Prozent *...im Fluß hier*: W. Finnegan: Cold New World. Growing Up In a Harder Country. New York 1998, 271, 280, 307.

S. 21 Mindy ...: a.a.O., 275–278, 280, 282.

S. 21–22 *Rassenverräterin ...daß Weiße besser sind ...*Darius *...*Jaxon *...raves ...*Dave *...seltsam normal ...Ich flirte* ...: a.a.O., 276, 281, 327 f., 277 f., 280, 339 f.

S. 22 *Es ist gut, wendig zu sein* ...: zit. nach J. G. Cawelti: Apostles of the Self-Made Man. Chicago/London 1965, 71.

S. 22 *Die meisten Leute hier sagen* ...: Finnegan, a.a.O., 282.

S. 23 *Melancholie* ...: Tocqueville, a.a.O., 651 (dt. Bd. 2, 204; Üb. geänd.).

S. 23 Arendt ...: H. Arendt: Zwischen Vergangenheit und Zukunft. München/Zürich 1994, 10; *seltsam zu sehen, wie fieberhaft* ...: Tocqueville, a.a.O., 648 f. (dt. Bd. 2, 200 f.; Üb. geänd.).

S. 24 Purdy ...: J. Purdy: For Common Things. Irony, Trust, and Commitment in America Today. New York 1999, 5.

S. 24 Cash ...: zit. bei P. Applebome: Dixie Rising. How the South Is Shaping American Values, Politics, and Culture. New York 1996, 257.

S. 25 ,der' *amerikanische Philosoph* ...: J. Shklar: Redeeming American Political Thought. Chicago/London 1998, 101; *der Vater* ...: H. Bloom: A Map of Misreading. Oxford u.a. 1975, 64; *der amerikanische Shakespeare*: G. Kateb: Emerson and Self-Reliance. Thousand Oaks u.a. 1995, 197.

S. 25–26 *Das Leben ist Fortschreiten* ...: R. W. Emerson: Essays and Lectures. New York 1983, S. 300; *zeitliche Wesen*: J. Rawls: A Theory of Justice [1971]. Oxford 1983, 420 ff.; *Lebensplan ...Glück ...Bedürfnisse* ...: Rawls, a.a.O., 408, 414 f.; *Das Leben ist eine Reihe* ...: Emerson, a.a.O., 413, Lebensplan ... *vernünftiger* ...: Rawls, a.a.O., 421; *Nimm mal an, du würdest* ...: Emerson, a.a.O., 265.

S. 26 *Apple*-Anzeige ...: New Yorker 23/1998.

S. 27 Fragebogen ...: The Dwight School, New York City 1998.

S. 27 *Think and Grow Rich* ...: zit. nach Cawelti: Apostles of the Self-Made Man, a.a.O., 211 f.

S. 28 Jerry Krause ...: Sports Illustrated, 27. 5. 1996.

S. 28 *Unterschiedenes ist/ gut*: F. Hölderlin: Sämtliche Werke und Briefe. München/Wien 1992, Bd. 1, 410.

S. 29 *Ich liebe es, allein zu sein* ...: H. D. Thoreau: A Week on the Concord and Merrimack Rivers – Walden; or, Life in the Woods – The Maine Woods – Cape Cod. New York 1985, 430; *anscheinend fast nichts für sich allein machen können* ...: J. Buchan: Frozen Desire. The Meaning of Money. New York 1997, 231.

S. 29 *Wer auch immer Mensch sein will* ...: Emerson: Essays and Lectures, a. a. O., 261, 606 f.; *Der amerikanische Traum* ...: W. Lippmann: Drift and Mastery. An Attempt to Diagnose the Current Unrest [1914]. Englewood Cliffs, 1961, 103, 92.

S. 30 *Die Regeln ... Heb dich heraus* ...: E. Fein/S. Schneider: The Rules: Time Tested Secrets for Capturing the Heart of Mr. Right. New York 1996; vgl. die Website: www.therules.com.

S. 31 *They wanted to be different* ...: NYT, 22. u. 25. 4. 1999; *Trenchcoat Mafia* ...: Newsweek, 3. 5. 1999; Braxton ...: NYT 22. 5. 1999.

S. 32–33 *Süden* ... Ellison ... Gantt ... Reeves: Applebome: Dixie Rising, a. a. O., 151, 339, 170, 174.

S. 33 Tocqueville ...: a. a. O., 548 (dt. Bd. 2, 58; Üb. geänd.).

Zu: Bildung

S. 34–35 Vergleichstest ... Herschbach ... Cuban ... Gardner: NYT 2. 3. 1998; *Alles, was unsere Schüler können* ...: ebd.

S. 36 *Ich würde gerne erfahren, Mr. Rifkind* ...: T. Wolfe: Bonfire of the Vanities. New York 1987 (dt. München 1988, 286–289; Üb. geänd.).

S. 36 Spielberg: Neue Zürcher Zeitung, 27. 2. 1998.

S. 38 *Suche allem im Leben eine Folge zu geben* ...: W. Benjamin: Gesammelte Schriften, Bd. VI. Frankfurt a. M. 1985, 205 f.

S. 38–39 *Hunter School*: NYT 15. 12. 1997; *Stuyvesant High School*: NYT 2. 4. 1998; *Das ist das typische* ...: NYT 15. 12. 1997; *New Trier High School* ...: Newsweek, 30. 3. 1998.

S. 39 *Wenige Werte* ...: A. Kohn: No Contest – The Case against Competition. New York 1992; *Die Jugendlichen sagen* ...: Newsweek, 30. 3. 1998.

S. 39 *Wellesley College ... Erörtern Sie* ...: NYT 31. 12. 1997.

S. 40 *Nacktenolympiade* ...: NYT 15. 1. 1999.

S. 41 *Wir hatten eine großartige Zeit* ...: NYT 3. 7. 1997; 16 237 Festnahmen: NYT 3. 5. 1998.

S. 41 Jason Altom ...: NYT Magazine, 29. 11. 1998.

S. 41–42 *Die Herausforderungen* ...*Abenteuer* ...: Website der U.S. Army.

S. 42 *Mancher findet es wahrscheinlich* ...: S. Cavell: Conditions Handsome and Unhandsome. The Constitution of Emersonian Perfectionism. Chicago/London 1990, 16.

S. 43–44 *Commencement Speech* ...: NYT 27. 5. 1998, 10. 5. 1999, 14. 5. 1999.

S. 44 *Der große Feind* ...: Th. C. Sorensen (Hg.): „Let the Word Go Forth". The Speeches, Statements, and Writings of John F. Kennedy, 1947–1963. New York 1988, 165.

Zu: Ethik

S. 46 *Club zur wechselseitigen Verbesserung ...in dem lauteren Geist* ...: B. Franklin: Writings. New York 1987, 1361; erste öffentliche Bibliothek ... Feuerwehr ... Steuern: a. a. O., 1379 f., 1405.

S. 46–47 *Verbesserung junger Bürger ... Ist es möglich* ...: a. a. O., 1402, 210.

S. 47 das *menschliche Gute*: Aristoteles: Nikomachische Ethik I. 4, 1096 b.

S. 48 *Wissen Sie von irgendeinem ... nicht in Selbstverleugnung* ...: Franklin, a. a. O., 206, 242.

S. 49 *Soziologische Abteilung ... Hilfreiche Hinweise ...* Arbeiter-Spion ...: R. Lacey: Ford. The Men and the Machine. Boston/Toronto 1986, 123, 125, 345.

S. 50 *Eure Fordschaft* ...: A. Huxley: Brave New Word [1932] & Brave New World Revisited [1958]. New York 1965, 24, 39 f.

S. 50 *Eros und Wissenschaft* ...: ders.: Seele und Gesellschaft. Essays III. München/Zürich 1994, 152.

S. 50 *Parasiten* ...: zit. nach D. Riesman: Thorstein Veblen. A Critical Interpretation [1953]. New York 1960, 203; s. o. S. 127.

S. 50 in einem mehrseitigen Formular ...: Advanced Management Services, Brooklyn 1998.

S. 53 *eine Zigarre in ihre Vagina eingeführt* ...: NYT 12. 9. 1998.

S. 53 James Dobson ...: NYT 20. 9. 1998.

S. 54 *Je weniger Regierung* ...: Emerson: Essays and Lectures. New York 1983, 567.

S. 54 Hegel ...: G. W. F. Hegel: Vorlesungen über die Philosophie der Geschichte. Werke. Frankfurt a. M. 1970, Bd. 12, 47; ders.: Grundlinien zur Philosophie des Rechts, a. a. O., Bd. 7, 399, 449.

S. 55 *Das Gegenprogramm* ...: Emerson, a. a. O., 567; Roosevelt ...: J. G. Hunt (Hg.): The Essential Franklin Delano Roosevelt. New York u. a. 1995, 118.

S. 55 *Er trat doch nicht vor* ...: NYT 26. 1. 1998; *sogar Präsidenten* ...: NYT 22. 9. 1998.

S. 55 Lieberman ...: NYT 4. 9. 1998.

S. 56 E. L. Doctorow ...: New Yorker, 12. 10. 1998; Arthur Miller ...: NYT 15. 10. 1998.

S. 56 *Sexual McCarthyism* ...: A. M. Dershowitz: Sexual McCarthyism. Clinton, Starr, and the Emerging Constitutional Crisis. New York 1998.

S. 57 *Ich brauche Gottes Hilfe* ...: NYT 12. 9. 1998.

S. 57 *Der scharlachrote Buchstabe* ...: N. Hawthorne: Collected Novels. New York 1983, 163, 344.

S. 58 Hamiltons Schlußwort ...: Foundering Father. A 1797 Confession of Adultery by Alexander Hamilton. Harper's Magazine 11/1998, 51 ff.

S. 59 Jerry Springer ...: J. Springer/L. Morton: Ringmaster! New York 1998, 17, 101 f., 218 f., 247.

S. 60 Carter ...: S. L. Carter: The Dissent of the Governed. A Meditation on Law, Religion, and Loyalty. Cambridge (Ms.) 1998, IX, 97.

S. 60–61 *Gayle ...Dr. Laura* ...: L. Schlessinger: How could you do that? The Abdication of Character, Courage, and Conscience. New York 1996, 13 f.

S. 61 Einmal erzählt eine Frau ...: *Dr. Laura*, Sendung vom 19. 7. 1999.

S. 62 *Ich bin so durcheinander* ...: Schlessinger, a. a. O., 30.

S. 62 Patti LaBelle ...Psychologe ...: a. a. O., 5, 3.

S. 62–63 Tocqueville ...: Tocqueville: Œuvres II, a. a. O., 212 (dt. Bd. 1, 280); *Es ist gegen die Natur* ...: J. Updike: Rabbit Angstrom. A Tetralogy. New York 1995, 966.

S. 64 *Whiteness Studies* ...: NYT Magazine, 30. 11. 1997.

S. 64 *Management-Guru ... 82 der 100 reichsten* ...: A. Wolfe: White Magic in America. Capitalism, Mormonism, and the doctrines of Stephen Covey. New Republic, 23. 2. 1998, 26.

S. 64 *Die sieben Wege* ...: S. R. Covey: The 7 Habits of Highly Effective People. Restoring the Character Ethic. New York 1989.

S. 64 *erfolgreiche Familien* ...: ders.: The 7 Habits of Highly Effective Families. Building a Beautiful Family Culture in a Turbulent World. New York 1998, 35.

S. 65 *Sieben Grundregeln ...Bankkonto für Gefühle* ...: a. a. O., 45 ff.

S. 66 Am 16. März 1832 ...: vgl. A. Jardin: Alexis de Tocqueville. Frankfurt a. M./New York 1991, 158 f.

S. 66–67 Lenau ...: N. Lenau: Werke und Briefe, Bd. 5: Briefe 1812–1837, Teil 1. Wien 1989, 184, 189, 223, 225, 230 f., 235 f., 242, 244, 236 (Rechtschreibung modernisiert); vgl. auch J. W. Ceaser: Reconstructing America. New Haven/London 1997, 162 ff.

S. 67 Der Roman zur Reise ...: F. Kürnberger: Der Amerikamüde [1855]. Wien u. a. 1985, 12–15, 21, 27–30.

S. 68 Weber ...: M. Weber: Die protestantische Ethik und der „Geist" des Kapitalismus [1904–5/1920]. Bodenheim 1993, S. 12 f., 153 f., 161. – Franklin war bei den Deutschen übrigens nicht immer so unbeliebt: Herder sprach hymnisch über ihn in den *Briefen zu Beförderung der Humanität*, Teil I. 2.

S. 68 *Israel Potter* ...: H. Melville: Pierre – Israel Potter – The Piazza Tales – The Confidence-Man – Uncollected Prose – Billy Budd, Sailor. New York 1984, 486, 479.

S. 68 *Wer gut lebt, ist gelehrt genug*: Franklin: Writings, a. a. O., 1201.

S. 68 Viele Interpreten ...: H. S. Commager: The American Mind. An Interpretation of American Thought and Character Since the 1880's. New Haven 1952, 26.

S. 69–70 Sennett ...: R. Sennett: Der flexible Mensch. Berlin 1998, 141 f., 80, 105, 115 (Üb. geänd.), 160, 163.

S. 70 *Stärkung des Ortes* ...: Sennett, a. a. O., 189–191.

S. 71 Lippmann *...bewußte Gestaltung* ...: vgl. Lippmann: Drift and Mastery. Englewood Cliffs 1961, 147 f.; Sennett, a. a. O., 163.

S. 71 *Das Leben ist ein unumkehrbarer Prozeß* ...: Lippmann: A Preface to Politics. Boston 1913, 314; *Es zeigt sich ein guter Instinkt* ...: ders.: Drift and Mastery, a. a. O., 163.

Zu: Politik

S. 72 Prachtvolle Salons ...: vgl. R. Darnton: Condorcet and the Craze for America in France. In: American Philosophical Society (Hg.): Franklin and Condorcet. Philadelphia 1997, 27 ff.

S. 72 *die Erfüllung eben der Träume ... einen amerikanischen Wilden* ...: a. a. O. 31.

S. 73 Farmer Crèvecœur ...: J. H. St. J. Crèvecœur: Letters from an American Farmer. Oxford/New York 1997, 26–28.

S. 73 Jefferson ... *ganz abwegig* ...: Darnton, a. a. O., 36.

S. 73 Condorcet ... *Perfektibilität* ...: Condorcet: De l'influence de la révolution d'Amérique sur l'Europe. Œuvres. Paris 1847, Bd. 8, S. 28.

S. 73 Jefferson ... *der menschliche Geist* ...: Th. Jefferson: Writings. New York 1984, 1064 f. (Brief aus dem Jahr 1799).

S. 74 *Menschen sind wie Pflanzen* ...: Crèvecœur, a. a. O., XXVII, 45.

S. 74 *Weder hatten wir es auf die Originalität* ...: Jefferson: Writings, a.a.O., 1501 (Brief an Henry Lee vom 8. 5. 1825); vgl. – mit falscher Quellenangabe – H. Arendt: Über die Revolution. München 1974, 168.

S. 75 *Die Statuten ... wir handeln beide* ...: Emerson: Essays and Lectures. New York 1983, 559f., 567.

S. 75 *Stadtversammlungen* ...: vgl. Kateb: Emerson on Self-Reliance. Thousand Oaks u.a. 1995, 182ff.

S. 76 Bryce ... Gallup ...: zit. nach J. Fishkin: The Voice of the People. Public Opinion and Democracy. New Haven/London 1995, 74ff., 77ff.

S. 77 elektronisch optimierte Demokratie ...: Tracy Westen vom *Center for Government Studies*, vgl. P. Schrag: Paradise Lost. California's Experience, America's Future. New York 1997, 267.

S. 77–78 Perot ... Klospülung ...: Fishkin, a.a.O., 138, 140.

S. 78 Barber ...: B. Barber: Strong Democracy. Participatory Politics for a New Age. Berkeley 1984; Die Zeit, 45/1998.

S. 78 Reform der kalifornischen Verfassung ...: Schrag, a.a.O., 190–192.

S. 79 *Serrano versus Priest* ... Schulen ... Grundbesitzsteuer ...: a.a.O., 148ff.

S. 80 Steuerzahler ... *in Wut* ...: Wall Street Journal, 5. 6. 1998.

S. 80 *Proposition 13* ... Vergleichstests ...: Schrag, a.a.O., 141ff., 69.

S. 80 öffentliche Bibliotheken ...: Finnegan: Cold New World. New York 1998, 322.

S. 80 nach 1978 ...Volksabstimmungen ...: Schrag, a.a.O., 194, 13, 251, 169, 98.

S. 80–81 Bürokraten und Lobbyisten ...: Schrag, a.a.O., 253, 14.

S. 81 *University of Southern California* ...: NYT 13. 1. 1999.

S. 81 *rent-a-judge* ...: Schrag, a.a.O., 109–111.

S. 81 Das Wahlvolk ...: a.a.O., 68, 125; New York Times Book Review, 3. 5. 1998.

S. 81 begrenzte englische Sprachkenntnisse ... Clarence Lo ...: Schrag, a.a.O., 68, 187.

S. 82 Mike Davis ...: M. Davis: Ökologie der Angst. Los Angeles und das Leben mit der Katastrophe. München 1999; vgl. Die Zeit, 44/1999.

S. 82 *Demokratie ... das Recht auf Fehler* ...: Die Zeit, 45/1998.

S. 82 Sacramento ... *Rancho Seco* ...: vgl. H. Tügel: Der Sonne entgegen. In: GEO 3/1999.

S. 83 konservative Standardargument ...: J. Falter in: Frankfurter Allgemeine Zeitung, 26. 4. 2000.

S. 83 daß *der wütende Haß ...nachläßt*: Schrag, a.a.O., 270.

S. 84 Hirams Vater Grove Johnson ...: a.a.O., 190.

S. 84 Wallace ... Davis ...: P. Applebome: Dixie Rising. New York 1996, 99, 101, 317.

S. 85 Weber ...: M. Weber: Wirtschaft und Gesellschaft. Tübingen 1972[5], 848.

S. 85 Jefferson ...: L. J. Cappon (Hg.): The Adams-Jefferson-Letters. Chapel Hill/London 1987, 173.

S. 85–86 *Regierung* ... Clinton ... *Every man for himself*: NYT Magazine, 1. 11. 1998; NYT Magazine, 16. 5. 1999; G. Stephanopoulos: All Too Human. New York 1999.

S. 86 Derrida ...: J. Derrida: Nietzsches Otobiographie oder Politik des Eigennamens. In: Fugen 1980, 66; ders.: Gesetzeskraft. Frankfurt a.M. 1991, 29.

S. 87 ästhetisches Verhältnis ...: vgl. F. R. Ankersmit: Aesthetic Politics. Stanford 1996.

S. 87 Rousseau ...: J.-J. Rousseau: Schriften. München/Wien 1978, Bd. 1, 462 f.

S. 88 MacKaye ...: P. MacKaye: The Civic Theater in Relation to the Redemption of Leisure. New York/London 1912, 253.

S. 88 Schlußchor ...: T. W. Stevens/P. MacKaye: The Book of Words of The Pageant and Masque of Saint Louis. Saint Louis Pageant Drama Association, St. Louis 1914, 104.

Zu: Wohltätigkeit

S. 90 Bruce Steinberg ...: J. Madrick: In the Shadows of Prosperity. New York Review of Books, 14. 8. 1997.

S. 90–91 Aktienindex ...: NYT 17. 3. 1999; Time 25. 1. 1999; Übergewicht ...: Time, 25. 1. 1999; eine Million Dollar oder mehr ...: Madrick, a. a. O.; Durchschnittsarbeiter ...: B. M. Friedman: The New Demon. New York Review of Books, 8. 10. 1998; NYT 18. 10. 1998; gewerkschaftlich organisiert ...: Sennett: Der flexible Mensch. Berlin 1998, 218; Arbeitslosenrate ...: Wall Street Journal, 4. 6. 1998; NYT 18. 10. 1998; Arbeitsplätze ...: NYT Book Review, 24. 5. 1998; Sozialhilfe ...: NYT 11. 4. 1999; NYT 8. u. 25. 2. 1999; NYT 19. 6. 1998; Armutsgrenze ...: NYT Magazine, 7. 6. 1998; Time 25. 1. 1999; Krankenversicherung ...: NYT 26. 2. 1999; Time, 25. 1. 1999. (Alle Dollarangaben bei den Angaben im Text sind inflationsbereinigt, verglichen werden also Realeinkommen.)

S. 91–92 Tatiana Cheeks ...: NYT 26. 10. 1998; NYT 15. 3. 1999.

S. 92 *EWAKI* ...: R. B. Reich: Clinton's leap in the dark. Times Literary Supplement, 22. 1. 1999.

S. 92 Edelman ...: P. Edelman: The Worst Thing Bill Clinton Has Done. Atlantic Monthly, 279/3, 1997, 58; vgl. J. L. Payne: Overcoming Welfare. Expecting More from the Poor and from Ourselves. New York 1998, 24.

S. 92–93 Elaine Ryan ...: NYT 5. 7. 1998; *Linden Job Center* in Brooklyn ...: NYT 23. 2. 1999.

S. 93 Deborah Sproles ...: NYT 25. 2. 1999.

S. 93 *Warum habt ihr euch überhaupt Kinder zugelegt?* ...: J. Ventura: I Ain't Got Time To Bleed. Reworking the Body Politic From the Bottom Up. New York 1999, 193, 199.

S. 94 *New American Professional* ...: T. Peters: The Circle of Innovation. New York 1997, 183 ff.

S. 94 Roosevelt ...: Hunt (Hg.): The Essential Franklin Delano Roosevelt. New York u. a. 1995, 85 f.

S. 95 *Die Gesellschaft befindet sich* ...: Emerson: Essays and Lectures. New York 1983, 261, 275.

S. 95 *unorthodoxen Überlegungen* ...: G. Stack: Emerson and Nietzsche. An Elective Affinity. Athens 1992, 281; *Erzählt mir ...nicht* ...: Emerson, a. a. O., 262 f.

S. 96 Updike ...: J. Updike: Odd Jobs. New York 1991, 159–162.

S. 96 Bloom ...: H. Bloom: Poetics of Influence. New Haven 1988, 310, 319.

S. 97 Sandel ...: M. Sandel: Democracy's Discontent. America in Search of a Public Philosophy. Cambridge (Ms.)/London 1996, 17.

S. 97 Shklar ...: J. Shklar: Redeeming American Political Thought. Chicago/London 1998, 50 f.

S. 98 Kateb ...: G. Kateb: The Inner Ocean. Individualism and Democratic Culture. Ithaca/London 1992, 225 f.

S. 99 Cavell ...: Cavell: Conditions Handsome and Unhandsome. Chicago/London 1990, 134–137.

S. 100 *Wenn ich sicher wüßte* ...: Thoreau: A Week on the Concord (...). New York 1985, 381 f.

S. 100 *Das Schlimmste an der Wohltätigkeit* ...: Emerson: Essays and Lectures, a. a. O., 1081.

S. 100 *Einem Notleidenden Geld zu geben* ...: ders.: The Complete Works. Boston/New York 1903/4, Bd. 7 (Society and Solitude), 115.

S. 101 ihre *Ungewißheit* und ihr *schwaches Herz* ...: ders.: Essays and Lectures, a. a. O., 63, 272.

S. 101 *das offene Feld*: a. a. O., 630.

S. 102 Theodore Roosevelt ... Robert Baer ... Hamlin Garland ...: zit. nach T. Lutz: American Nervousness, 1903. Ithaca/London 1991, 93, 7, 111 f.

S. 103 *Wenn von Natur aus* ...: M. Olasky: The Tragedy of American Compassion. Washington D.C. 1992, 62.

S. 103 *Das Schlimmste ist* ...: Phyllis Schlafly Report, Februar 1996, Website des Eagle Forum.

S. 103 *tough love*: Payne: Overcoming Welfare, a. a. O., 21.

S. 104 zum *Schlimmsten ..., was Clinton je getan hat*: Edelman, a. a. O.

S. 104–105 Solow ...: R. Solow: Work and Welfare. Princeton 1998, 56, 86, 12, 5, 21.

S. 107 175 Milliarden ...: NYT 26. 5. 1999; 93 Millionen Amerikaner ...200 Milliarden ...: NYT 9. 11. 1997; Neue Zürcher Zeitung, 4./5. 9. 1999.

S. 107 94 Prozent der aufgebrachten Spenden ...: NYT 9. 12. 1997.

S. 108–109 Earl Shorris ...: E. Shorris: New American Blues. A Journey Through Poverty To Democracy. New York 1997; Washington Post, 16. 11. 1997; NYT 7. 3. 1999; NYT 29. 3. 1999.

S. 109 *Philanthropie-Kurs* bei *Rockefeller Foundation* ...: NYT 24. 12. 1997.

S. 109 *Indiana University Center on Philanthropy* ...: Website der *Indiana University at Purdue*; NYT 24. 12. 1997.

S. 109 *Math-A-Thon* ...: St. Jude Children's Research Hospital, 1999.

S. 110 *Single Volunteers* ...: American Way, 15. 4. 1999.

S. 110 *Alle Spenden* ...: NYT 9. 12. 1997. Alan C. Greenberg ...*Viagra* ...: NYT 10. 6. 1998.

Zu: Geld

S. 111 Johann August Suter ...: allgemeine biographische Informationen zu seiner Person aus: K. N. Owens (Hg.): John Sutter and a Wider West. Lincoln/London 1994; R. Dillon: Captain John Sutter: Sacramento Valley's Sainted Sinner. Santa Cruz 1987; J. P. Zollinger: Sutter. The Man and his Empire. New York u. a. 1939; E. G. Gudde: Neu-Helvetien. Lebenserinnerungen des Generals Johann August Sutter. Frauenfeld/Leipzig 1934.

S. 111 Alvarado ...: Johann August Sutter: General Sutter's Diary. In: Owens (Hg.), a. a. O., 4.

S. 111 229 Quadratmeilen …: Owens (Hg.), a. a. O., 104 f.; ihm gehörten …: ebd. (die Schätzungen gehen auseinander; vgl. Dillon, a. a. O., 118 f.).

S. 111 *Die Auswandernden* …: G. W. F. Hegel: Vorlesungen über die Philosophie der Geschichte. Werke. Frankfurt a. M. 1970, Bd. 12, 109, 113 f.

S. 112 Sutter gab den Indianern …: Owens (Hg.), a. a. O., 51ff., 123; Dillon, a. a. O.; Zollinger, a. a. O.

S. 112 *Ich wäre* …: Owens (Hg.), a. a. O., 124.

S. 112 Am Abend des 28. Januar 1848 …und er *bat alle* …: a. a. O., 20 f.

S. 112 Sutter begann nach einigem Zögern …: Dillon, a. a. O., 282 ff.

S. 112 *der große Ansturm …Ich hatte nichts zu tun* …: Owens (Hg.), a. a. O., 22 f., 24 f.

S. 113 *Nach amerikanischem Recht* …: Brief an Birmann, zit. nach B. Cendrars: L'Or [1925]. Œuvres, Bd. 2. Paris 1962, 109–228, hier 192 f. (dt.: Gold. Zürich 1987, 115 ff.; Üb. geänd.); *Ich wurde ausgeraubt* …: zit. nach Dillon, a. a. O., 347.

S. 113 *Sutter Memorial Hospital* …: Sacramento Bee, 7. 11. 1997.

S. 113 *eine Mischung aus Phantasie und Realität* …: Sacramento Bee, 5. 8. 1997.

S. 113 *James Marshall* …: J. Grabhorn (Hg.): Pioneers of the Sacramento. A Group of Letters by and about Johann Augustus Sutter, James W. Marshall and John Bidwell. San Francisco 1953, 28 f. (Brief vom 12. 3. 1881); Owens (Hg.), a. a. O., 43.

S. 114 *Der Handel* …: Emerson: Essays and Lectures. New York 1983, 220 f.

S. 115 *Gier nach Wohlstand* …: Whitman: Poetry and Prose. New York 1982, 975.

S. 115 Im Jahr 1855 … Besuch in *Sutter's Fort* …: J. Royce: California. From the Conquest in 1846 to the Second Vigilance Committee in San Francisco. A Study of American Character [1886]. New York 1948, XI f.; S. Royce: A Frontier Lady. Recollections of the Gold Rush and Early California. Lincoln/London 1977, V, 89, 143.

S. 115 *Philosophie der Loyalität* …: Royce: The Philosophy of Loyalty [1908]. Nashville/London 1995; *Was war an diesem Land* …: a. a. O., IX f.

S. 115 *Vom Charakter her* …: Royce: California, a. a. O., 34.

S. 116 *Ich und ich allein* …: Royce: The Philosophy of Loyalty, a. a. O., 47, 29, 33, 37.

S. 117 *Feind der Banken* …: Cappon (Hg.): The Adams-Jefferson-Letters. Chapel Hill/London 1987, 424.

S. 118 *Wir kommen im Mondschein* …: M. Cendrars: Blaise Cendrars. Paris 1984, 211 (dt. Üb.: Basel 1986, 206).

S. 118 Er flaniert … *Banalitäten …Geschwindigkeit* …: a. a. O, 215, 221 (dt. 211, 218).

S. 118 *Gott* …: B. Cendrars: La Fin du Monde, filmée par l'Ange N. D. [1916]. Œuvres, Bd. 2, a. a. O., 7–50, hier 17, 19.

S. 118 schöne Zeichnung …: C. Lanchner (Hg.): Fernand Léger. New York 1998, 20.

S. 118 Bildhauer August Suter …*Mit großem Interesse* …: M. Cendrars, a. a. O., 191, 229 (dt. 187, 228).

S. 119 Viele Kritiker …: a. a. O., 411 ff. (dt. 418 ff.).

S. 119 *Endlich kommt der Frieden* …: Cendrars: L'Or, a. a. O., 158 (dt. 68 f.).

S. 119 *Stille. Der Friede. Nein* ...: a. a. O., 160 (dt. 71).

S. 119 *Bald werden seine Kornreserven* ...: a. a. O., 176, 189 (dt. 92, 110; Üb. geänd.).

S. 120 *Danke!* ...: a. a. O., 227 (dt. 159).

S. 120 Am 12. Mai 1930 ...500 Dollar ...*Organisation* ...*Filmkunst* ...: W. Sudendorf: Sergej M. Eisenstein. Materialien zu Leben und Werk. München/Wien 1975, 109.

S. 121 Vorträge ...Dewey ...Dietrich ...Disney ...Chaplin ...Major Frank Pease ...: a. a. O., 110 ff.; M. Seton: Sergei M. Eisenstein. A Biography. New York 1960, 166 ff.; I. Montagu: With Eisenstein in Hollywood. New York 1967, 87 ff.

S. 121 *Greisinnen ... Hügel ... Landschaft ... Schutt ... Gold* ...: Sergej Eisenstein, Yo. Ich selbst. Memoiren. Frankfurt a. M. 1988, Bd. 1, 348 f., Bd. 2, 845.

S. 121 in wenigen Tagen ein Drehbuch ...: Seton, a. a. O., 172; Sudendorff, a. a. O., 114; Montagu, a. a. O., 105 ff., 149–206.

S. 121 *Kampf* ...gegen die *Wahnsinnigen* ...*Tragödien des Individualismus* ...: Eisenstein, a. a. O., Bd. 2, 848, 846 f., 964.

S. 121 Die Herren von *Paramount* ...: a. a. O., Bd. 1, 349; Montagu, a. a. O., 108 ff.

S. 122 *Meine amerikanischen Gastgeber* ...: Eisenstein, a. a. O., Bd. 1, 349.

S. 122 *Gemäß den Ausführungen von Herrn Serebrowski* ...: M. Cendrars, a. a. O., 409 f. (dt. 417 f.; Üb. geänd.).

S. 122 Ordschonikidse ...Scherge..: vgl. S. Courtois/N. Werth/J.-L. Panne: Das Schwarzbuch des Kommunismus. München/Zürich 1999.

S. 122 Stalin ...*Leistungswillen* ...: vgl. Th. P. Hughes: Die Erfindung Amerikas. München 1991, 322 ff.

S. 123 Am 25. März 1936 ...*Universal Pictures* ...: M. Cendrars, a. a. O., 418 ff. (dt. 427 ff.).

S. 123 Auf den Straßen Sacramentos ...: Universal Weekly, 14., 21. u. 28. 3., 4. u. 11. 4. 1936; Time, 6. 4. 1936.

S. 123 Gouverneur Frank F. Merriam ...: Universal Weekly, 21. 3. 1936, 9 f.

S. 123 gemischte Kritiken ...: NYT 27. 3. 1936; Variety, 1. 4. 1936; New York Evening Post, 27. 3. 1936.

S. 123 *In meinen Augen* ...: M. Cendrars, a. a. O., 420 (dt. 430).

S. 124 *Coppa Benito Mussolini* ...: S. König/F. Trenkner: Bera Luis. Das Phänomen Luis Trenker. Eine Biographie. München 1992, 215.

S. 124 Goebbels kommt ...: J. Goebbels: Die Tagebücher. Sämtliche Fragmente. Teil I: Aufzeichnungen 1924–1941. Bd. 2. München u. a. 1987, 669 f.

S. 124 *Absolut meine Erfindung!* ... juristische Schritte ...: M. Cendrars, a. a. O., 421 ff. (dt. 432 ff.; Üb. geänd.).

S. 125 *Ein stürmischer Erfolg* ...Nur vom Schluß ...: Goebbels, a. a. O., 627, 669 f. (Einträge vom 17. 6. u. 30. 8. 1936).

S. 126 *Klasse der Müßiggänger* ...Hohelied auf den Ingenieur: Th. Veblen: The Theory of the Leisure Class [1899]. New York u. a. 1994; ders.: The Instinct of Workmanship and the State of the Industrial Arts [1914]. New Brunswick/London 1990; *Abschaffung* ...Machtübernahme ...: Veblen: The Portable Veblen. New York 1958, 443, 457.

S. 126 *Diese sentimentale* ...Idee eines *Regimes* ...: a. a. O., 452, 459 f., 462.

S. 127 Ford ...die *lebendige Verkörperung* ...: Riesman: Thorstein Veblen. New York 1960, 206; *sensationelle Ausnahmeerscheinung* ...: Lippmann: Drift and Mastery. Englewood Cliffs 1961, 57.

S. 127 Anteile abzukaufen ...: Lacey: Ford. Boston/Toronto 1986, 165–179.

S. 127 *Das Geld gehört mir nicht* ...: zit. bei Riesman: Thorstein Veblen, a. a. O., 203.

S. 127 *Die Idee, daß 200 000 Aktionäre einer Stahlfirma* ...: Lippmann: Drift and Mastery, a. a. O., 47 f.

S. 127 Ford ... als *der große Amerikaner*: J. Dos Passos: U. S. A. New York 1937, 51, 54 *(The Big Money)*; Arbeiter erschießen ...: a. a. O., 56; Lacey: Ford, a. a. O., 343 f.

S. 128 *Sabotage* ...Charley Anderson ...: Dos Passos, a. a. O., 101 f., 293, 369.

S. 128 Anhänger Ronald Reagans: R. C. Rosen: John Dos Passos. Politics and the Writer. Lincoln/London 1981, 143, 170.

S. 128–129 Seine Sympathie gehörte ...: W. Wilson: The New Freedom. New York/Garden City 1913, 17; *Desintegration* ...: Lippmann: Drift and Mastery, a. a. O., 86.

S. 129 *big business* ...*trusts*: Wilson: The New Freedom, a. a. O., 164 ff.; vgl. Sandel: Democracy's Discontent. Cambridge (Ms.)/London 1996, 214 f.; *Wir erklären* ...: zit. nach Lippmann: Drift and Mastery, a. a. O., 83.

S. 129 *Fast Company* ...: zit. nach Purdy: For Common Things. New York 1999, 26 ff.

S. 129 *Wenn man viele Geschäftsleute* ...: Lippmann: Drift and Mastery, a. a. O., 148.

S. 129 *Die skrupellosen* ...: Hunt (Hg.): The Essential Franklin Delano Roosevelt. New York u. a. 1995, 31.

S. 130 *National Recovery Administration* ...*Blue Eagle Parade* ...: Sandel: Democracy's Discontent, a. a. O., 253–256.

S. 131 *Technokratie ist jetzt* ...: zit. nach H. Loeb: Life in a Technocracy. What It Might Be Like [1933]. Syracuse 1996, IX (Vorwort von H. P. Segal).

S. 131 Auftrag für eine großangelegte Studie ...: a. a. O., XXXIII.

S. 131 Cohn ...*Trottel* ...: E. Hemingway: The Sun Also Rises [1926]. New York 1954, 43, 177, 45.

S. 131 *wenn die Produktion an der Befriedigung* ...: Loeb, a. a. O., XXXIII.

S. 131–132 *Das Problem* ... *Skyline* ... *Habsucht* ...: a. a. O., 137–141.

S. 132 Zwanzigtausend Gemeinden ...Schulen ...Wirtschaft ...: a. a. O., 142, 114, 60 ff., 179 ff.

S. 132 Berater ...: Sandel: Democracy's Discontent, a. a. O., 235.

S. 132 *Zweifellos bringt Wettbewerb* ...: L. D. Brandeis: The Curse of Bigness. Miscellaneous Papers. New York 1934, 116.

S. 132–133 Er sah Amerika ...: B. Cendrars: Hollywood, la Mecque du Cinéma [1936]. Œuvres, Bd. 4. Paris 1991, 385–468, hier 408, 404.

S. 133 Im Speisewagen ... Loeb schwärmte ... *Plan* ...: a. a. O., 405 f., 411, 408.

S. 133 *Als er anfing* ...: a. a. O., 412, 416.

S. 134 Bill Clinton erklärte im Herbst 1997 ...: NYT Magazine, 25. 1. 1998.

S. 134 Weisberg ... *United Shareholders* ... *Politische Führer* ...: ebd.

S. 135 Die Schlagzeile *Freihandel oder Tod* ...: New Republic, 22. 6. 1998.

S. 135 Adams ...: H. Adams: Novels – Mont Saint Michel – The Education. New York 1983, 1020 f.; Tocqueville ...: zit. nach NYT 30. 5. 1998.

S. 135–136 seinen Patienten ...: R. Leahy: Cognitive Therapy on Wall Street: Schemas and Scripts of Invulnerability. In: Journal of Cognitive Psychotherapy 6/4, 1992, 249 f.

S. 137 *Your son ...your daughter* ...: M. H. zu D. T., 1999.

S. 139 Glückseligkeit *in abstracto* ...: A. Schopenhauer: Aphorismen zur Lebensweisheit. Werke in zehn Bänden (Hg. A. Hübscher). Zürich 1977, Bd. VIII, 380.

S. 139 *gefrorenes Begehren*: Buchan: Frozen Desire. The Meaning of Money, a. a. O.

Zu: Künstliche Realität

S. 143 *Was* hält *dieses Land wirklich zusammen* ...: Ph. Roth: The Great American Novel. New York 1973, 274 f.

S. 143–144 *Wie der General sagte* ...: a. a. O., 90.

S. 144 Mark Twain ...: zit. bei A. B. Giamatti: A Great and Glorious Game. Chapel Hill 1998, 53.

S. 145 Joe DiMaggio ...: NYT 9. 3. 1999.

S. 147 wenn *alle auf den Werfer warten* ...: D. DeLillo: Unterwelt. Köln 1998, 31.

S. 147 *Jedes Spiel beginnt von neuem* ...: Giamatti, a. a. O., 58.

S. 148 *Zeit sei dein* ...: Shakespeare: Hamlet, II. 2 (*Time be thine,/ And thy best graces spend it at thy will!*); *grenzenlos verfügbare* ...: Giamatti, a. a. O., 62 f.

S. 149–150 *Wir gehören sehr verschiedenen* ...: J. M. Dillard: Star Trek – Deep Space Nine. Emissary. New York u. a. 1993, 166 f., 182 f., 196.

S. 150 *Ich werfe den Ball* ...: a. a. O., 213 f.

S. 151 *Your belief* ...: W. James: The Will to Believe. New York 1956, 62.

S. 151 Emerson ...: zit. nach Updike: Odd Jobs. New York 1991, 161.

S. 152 Huxtable ...: A. L. Huxtable: The Unreal America. Architecture and Illusion. New York 1997, 75.

S. 152 Thoreau ... Muir ... Purdy ...: Thoreau: A Week on the Concord (...). New York 1985, 394; E. W. Teale (Hg.): The Wilderness World of John Muir. Boston 1954; Purdy: For Common Things. New York 1999, 20 ff., 195.

S. 153–154 Gorki ...: M. Gorki: Aufsätze und Pamphlete. Moskau 1950, 10–12, 25–43, 47.

S. 155 Futuristen ...: L. Schulenburg/W. Bortlik (Hg.): Drahtlose Phantasie. Hamburg 1985, 27 f.

S. 155–156 Koolhaas ...: R. Koolhaas: Delirious Manhattan [1978]. New York 1994, 30, 68, 235, 152, 6 f.

S. 156–157 Virginia ...Abfall ...: NYT 18 u. 20. 1. 1999.

S. 157 Martha Rosler ...: M. Rosler: In the Place of the Public: Observations of a Frequent Flyer/An der Stelle der Öffentlichkeit. Beobachtungen einer Vielfliegern. Ostfildern-Ruit 1998, 26.

S. 157 *Cyborg* ...: Jodi Hauptman: Imagining Cities. In: Lanchner (Hg.): Fernand Léger. New York 1998, 101, 118.

S. 158 *Alles ist möglich* ...: G. Lukács: Schriften zur Literatursoziologie. Neuwied 1961, 77.

S. 158–160 *Matrix* ...: Wachowski: The Matrix. Warner Brothers 1997 (Dreh-
buch-Skript), 11, 29, 30, 36, 41, 100f., 43, 51, 56, 69, 127f., 130.

S. 161 *DOOM* ...Das ist gut für den IQ ...: Newsweek, 10. 5. 1999, Time,
10. 5. 1999.

S. 162 Auf seiner Website ... *nicht NERVEN*: NYT 23. 4. 1999, 1. 5. 1999,
Newsweek, 10. 5. 1999.

S. 162 *Soweit ich das sagen kann ...total normal*: Chicago Tribune, 25. 4. 1999.

S. 162–163 *Ein Yankee aus Connecticut* ...: Mark Twain: Historical Romances.
New York 1994, 219, 243, 261, 296f., 275, 274, 268, 528.

Zu: Geschichte

S. 164–165 Roosevelt ... Pope ... Wright ... *Säulen* ...: S. M. Bedford: John
Russell Pope. Architect of Empire. New York 1998.

S. 166 *Amerika, du hast es besser ... Hier entwickelte sich* ...: J. W. v. Goethe:
Werke (Hg. Trunz), München 1972ff, Bd. 1, 333, Bd. 8 *(Wilhelm Meisters
Wanderjahre)*, 81f., 332.

S. 166 zwei Kilogramm Müll ...: Time, Special Edition: Earth Day 2000, April/
Mai 2000.

S. 167 in einer *Neuen Welt* ...: Whitman: Poetry and Prose. New York 1982,
953.

S. 167 *traf mal* ...: Tocqueville: Œuvres II, a. a. O., 544 (dt. Bd. 2, 52f.; Üb.
geänd.).

S. 167 *Radiergummi* ...: Peters: The Circle of Innovation. New York 1997, 90,
107.

S. 168 *Landmaschine* ...: zit. nach Lanchner (Hg.): Fernand Léger. New York
1998, 56, 235.

S. 169 *Furcht* ...vor der *Vergangenheit* ...: Lippmann: Drift and Mastery.
Englewood Cliffs 1961, 163.

S. 170 *History is bunk* ...: Lacey: Ford. The Men and the Machine. Boston/
Toronto 1986, 238; Huxley: Brave New World (...). New York 1965, 24 (dt.
Frankfurt a. M. 1975, 38).

S. 170–171 Verhör ...: Lacey: Ford, a. a. O., 200.

S. 171 *Ich werde einschlafen* ...: L. u. A. Wachowski: The Matrix, a. a. O., 91.

S. 171 Geschichte in den Lehrplänen ...: Ch. Hitchens: Goodbye to all that.
Why Americans are not taught history. In: Harper's Magazine, 11/98, 37ff.

S. 172–173 *Vom Nutzen und Nachteil der Historie ... Totengräber ... Kraft ...
drei Versionen ... das Vergangene zum Leben* ...: F. Nietzsche: Sämtliche
Werke. Kritische Studienausgabe. München/Berlin/New York 1980, Bd. 1,
252, 267, 251, 253, 258, 265, 258, 253 (Rechtschreibung modernisiert).

S. 173 *A History of US* ...: zit. nach Hitchens: Goodbye to all that, a. a. O., 43.

S. 175 Faulkner ... Morris ...: zit. nach Applebome: Dixie Rising. New York
1996, 14, 299.

S. 176 McMurtry ...*Rice University* ...: L. McMurtry: Walter Benjamin at the
Dairy Queen. Reflections at Sixty and Beyond. New York 1999; zit. nach
Sue Halperin: Back to Life in Texas. In: New York Review of Books, 2. 12.
1999, 30.

S. 176 *philosophische Denkweise* ...: Tocqueville: Œuvres II, a. a. O., 513f. (dt.
Bd. 2, 11f.).

S. 177 *Pioniere* ...: McMurtry, a. a. O.

S. 178 *Dairy Queens* ...: ebd.

S. 178 *Der Erzähler* ...: W. Benjamin: Der Erzähler [1936]. In: ders.: Gesammelte Schriften, Bd. II. 2. Frankfurt a. M., 1977, 441 f., 457.

S. 179 *Trainingsstätte* ...: Whitman: Poetry and Prose, a. a. O., 976.

S. 180 800 000 Rezepte ... *no-fun life ... all unsere Kinder* ...: Time, 30. 11. 1998.

S. 180 Beliebtheit des Kaiserschnitts ...: NYT 22. 9. 1998 u. 12. 1. 1999.

S. 181 Bellah ...: R. Bellah u. a.: Habits of the Heart. Individualism and Commitment in American Life. Berkeley u. a. 1985, 82.

S. 181 ganzseitige Anzeige ...: NYT 3. 5. 1998.

S. 182 *Geborenen ... Gemachten* ...: vgl. K. Kelly: Out of Control. The Rise of Neo-Biological Civilization. New York 1994; R. Kurzweil: The Age of Spiritual Machines. When Computers Exceed Human Intelligence. New York 1999.

S. 183 *Manchmal kommt mir in den Sinn ... Jetzt wohin?* ...: H. Heine: Sämtliche Schriften, Bd. 11. München/Wien 1976, 101 f. *(Romanzero)*.

Philosophie in der Beck'schen Reihe

Arthur Schopenhauer
Die Kunst, glücklich zu sein
Dargestellt in fünfzig Lebensregeln
Herausgegeben von Franco Volpi
2. Auflage. 2000. 106 Seiten. Paperback
Beck'sche Reihe Band 1369

Malte Hossenfelder
Der Wille zum Recht und das Streben nach Glück
Grundlegung einer Ethik des Wollens
2000. Etwa 210 Seiten. Paperback
Beck'sche Reihe Band 1383

Volker Gerhardt
Individualität
Das Element der Welt
2000. Etwa 240 Seiten. Paperback
Beck'sche Reihe Band 1381

Otfried Höffe
Immanuel Kant
5., überarbeitete Auflage. 2000. 336 Seiten mit 8 Abbildungen.
Paperback
Beck'sche Reihe Band 506

Peter Janich
Was ist Erkenntnis?
Eine philosophische Einführung
2000. 165 Seiten. Paperback
Beck'sche Reihe Band 1376

Udo Marquardt
Spaziergänge mit Sokrates
Große Denker und die kleinen Dinge des Lebens
2000. 191 Seiten. Paperback
Beck'sche Reihe Band 1363

Verlag C.H. Beck München

Kulturgeschichte und Alltagskultur

Verlag C.H. Beck München